四大家族后代秘闻

以最新、最全的资料解读四大家族的子子孙孙

周秀明 编著

台海出版社

图书在版编目（CIP）数据

四大家族后代秘闻／周秀明编著．—北京：
台海出版社，2011.4 （2019.1 重印）
ISBN 978－7－80141－784－8

Ⅰ.①四… Ⅱ.①周… Ⅲ.①四大家族－史料 Ⅳ.
①K262.906

中国版本图书馆 CIP 数据核字（2011）第 043285 号

四大家族后代秘闻

编　　著：周秀明

责任编辑：王　艳
装帧设计：青华视觉　　　　　　版式设计：通联图文
责任校对：韩　海　　　　　　　责任印制：蔡　旭

出版发行：台海出版社
地　　址：北京市东城区景山东街20号　邮政编码：100009
电　　话：010－64041652（发行，邮购）
传　　真：010－84045799（总编室）
网　　址：www.taimeng.org.cn/thcbs/default.htm
E－mail：thcbs@126.com

经　　销：全国各地新华书店
印　　刷：三河市天润建兴印务有限公司
本书如有破损、缺页、装订错误，请与本社联系调换

开　　本：760×1040　　1/16
字　　数：200 千字　　　　印　张：18
版　　次：2011 年 6 月第 1 版　印　次：2019 年 1 月第 3 次印刷
书　　号：ISBN 978－7－80141－784－8

定　　价：39.80 元

目　录

第一编　蒋氏家族的后代

●蒋介石早年在日本学习军事，后主办黄埔军校；"四一二"反革命政变后建立南京国民政府，成为中国国民党当政时期的党、政、军主要领导人；1949年败退台湾后，历任"总统"及国民党总裁，一心幻想反攻大陆。

●蒋家的第二位人主，是在台湾曾经执政的蒋经国。蒋经国早年留学苏联，回国后，先是在江西赣州历练，以后主要随侍蒋介石左右。到台湾后，在蒋介石的扶持下，一步步地成为台湾地方领导人。蒋经国发妻是蒋方良，非婚妻子是章亚若。

●蒋纬国与蒋介石没有血缘关系，实为戴季陶的儿子。蒋纬国以养子身份过继到蒋门，蒋介石对他视若己出。蒋纬国本人具有花花公子特质，在党、政、军界都没有多少发展，晚年还是在宋美龄的干预下才弄了个上将。他有两位妻子，分别是石静宜和邱爱伦。

●蒋孝文乃一纨绔子弟，在美国读书时便被视为"不受欢迎的人"。在台湾纵情酒色，被人视为公害。1970年，因糖尿病复发而失去记忆，并瘫痪。

●蒋孝文的夫人徐乃锦乃革命志士徐锡麟之孙女，蒋经国曾亲自登门求

亲，蒋孝文极其荒唐，徐仍能忍之，后侍于病榻之旁近20年而无悔。 … 17

二、蒋经国的女儿蒋孝章及其女婿俞扬和 …………………………… 21

●蒋孝章乃蒋经国的唯一千金，掌上明珠，备得宠爱，赴美留学之时与年长十几岁的俞扬和私订终身，婚后定居美国，常往返台湾探望家人，育有一子俞祖声。 ……………………………………………………………… 21

●身为蒋经国唯一的上门女婿，且父亲是台湾"国防部"部长俞大维，俞扬和却对政治毫无兴趣。尽管蒋经国再三邀请他回台湾任军政要职，俞扬和都婉言相拒，定居美国，投身商海，并颇有成就。 ………………… 24

●俞扬和与蒋孝章晚年在美国旧金山郊外乡下过着恬然、幽静、与世无争的日子。岂料一场"温哈熊诽谤案"又将二人推到媒体面前，引起台湾各界乃至海外人士的密切关注。 …………………………………………… 27

三、蒋经国的次子蒋孝武及其夫人汪长诗、郑绵绵、蔡惠媚 ……… 34

●在蒋家第三代中，蒋孝武一度政治行情最好，曾被风传为蒋家王朝的"接棒人"。可惜好景不长，先是因"江南事件"牵连被迫外放，淡出决策圈，后又由于蒋经国过世后台湾国民党政权的"本土化"、"非蒋化"，彻底封绝了蒋孝武"东山再起"之路。 ……………………………………… 34

●蒋孝武的私生活比较放纵，绯闻很多。他一生曾结过3次婚。原配夫人是瑞士籍的华侨汪长诗，第二任夫人是曾被列为全球十大最有身价未婚女性之一的郑绵绵，第三任夫人是台湾美女蔡惠媚，据说蒋孝武用了近10年的时间才得以"独占花魁"。 ………………………………………… 38

●蒋孝武的第二任夫人是曾被列为全球十大最有身价未婚女性之一的郑绵绵。这段婚姻十分神秘。根据传闻，这是一桩极富政治意味的婚姻，由于家世和其他政治方面的原因，蒋孝武和郑绵绵的婚礼只能以"地下"的方式秘密举行，除了郑家和蒋孝武的极少数心腹人员知道外，外界鲜有人知。 ……… 41

●汪长诗出走以后，蒋孝武的感情世界并没有留白。他起初沉迷在花天酒地之中，直到认识了蔡惠媚后，他就再也没有传出任何花边新闻。 …… 42

四、蒋经国三子蒋孝勇与夫人方智怡 ……………………………… 45

●蒋孝勇一生与政界无深涉，只专注于工商业，虽然也曾招致"与民争利"之非议，但毕竟没有弄到他的两个哥哥那般"人人侧目"的程度。而且

2

第二编 宋氏家族的后代

第三编　孔氏家族的后代

第四编　陈果夫、陈立夫的后代

引　子

四大家族是指旧中国以蒋介石为首的封建买办统治集团。即蒋介石、宋子文、孔祥熙、陈果夫和陈立夫四大家族，是国民党官僚资产阶级的代表。

四大家族一说最早是由中共领导人瞿秋白在20世纪20年代提出的，后来陈伯达在《中国四大家族》一文中指称四大家族借抗战为名聚敛民财，获得了多达200亿美元的财富，此说法较多出现在20世纪80年代前的国共对峙时期以及改革开放之前的中国大陆，现今已很少出现在我国的主流媒体中。

昔日"蒋家天下陈家党，宋家姊妹孔家财"，而今"金陵王气黯然收"，四大家族业已成为历史名词，名噪一时的豪门似乎也已沉寂于无情的时间长河之中了。然而近年来，随着相关档案的不断解密，对于四大家族以及其后代的情况，媒体的关注度不断升温，史学爱好者的兴趣也愈加浓厚。于是，这些豪门及其子嗣的情形又成为人们关注的焦点。

四大家族中，最属蒋家人丁兴旺，蒋家后代也是被世人了解最多的。如：蒋家第二代中，子承父业的蒋经国与俄罗斯儿媳蒋方良、非婚儿媳章亚若、身世神秘的蒋纬国、三位养女蒋建华、陈瑶光和毛信凤；蒋家第三代中的纨绔子弟蒋孝文、掌上明珠蒋孝章、"接棒人"蒋孝武、不涉政界的蒋孝勇、蒋经国的庶出子章孝严、章孝慈；蒋家第四代供职于各行各业，有现实主义画家蒋友梅、经商的蒋友松、"电脑新贵"蒋友柏、电影界的章蕙兰、法学家章劲松等等。现在，蒋家已经有了第五代，他们是蒋

1

友柏的女儿与儿子蒋得曦、蒋得勇以及蒋友松的女儿 Josepine。

目前，公众了解最少的恐怕要算宋氏家族后代的情况了。宋子文夫妇共生有三女，除长女宋琼颐及其子孙的些许情况于近几年被媒体报道外，其他两个女儿皆因远嫁而无从得知更多信息。孔氏家族的后代中，最具代表性的非孔祥熙的长女孔令仪莫属。因为她见证了四大家族由兴到衰的整个历史过程，见证了那个时代大人物们的起起落落。孔祥熙夫妇虽育有两女两子，但第三代的子嗣中却唯有次子孔令杰的儿子孔德基。至于陈氏兄弟的后代，严格意义上来说，只是陈立夫的后代，因为陈果夫夫妇终生未能生育。

历史的车轮滚滚向前，改变着个人、家族和民族的命运。四大家族已成了历史符号，但他的后人还在延续，他们还活跃在各个领域，时常也会引起人们的关注。在这里，让我们把目光转向他们。

第一编

蒋氏家族的后代

序幕 蒋家的两代人主

蒋家在中国近现代历史上出现过两位重要人物，一位是蒋介石，一位是蒋经国。前者统治中国达 22 年之久，败退台湾后又统治 20 余年，对其评价亦褒亦贬，众说纷纭。与蒋一生有关系的女人有发妻毛福梅，妾姚冶诚、陈洁如，妻子宋美龄。

●蒋介石早年在日本学习军事，后主办黄埔军校；"四一二"反革命政变后建立南京国民政府，成为中国国民党当政时期的党、政、军主要领导人；1949 年败退台湾后，历任"总统"及国民党总裁，一心幻想反攻大陆。

蒋介石名中正，原名瑞元，谱名周泰，学名志清，1887 年 10 月 31 日生于浙江奉化。戎马一生的蒋介石败退台湾时，早已过花甲之年。负隅孤岛后，他连任四届"总统"，并连续当选国民党总裁。他以"三民主义建设台湾"、"反共复国"为口号，维系在台湾的统治；与美国签订《共同防御条约》。但是他反对"台湾独立"、"国际托管"和"两个中国"，坚持一个中国的民族立场。当时，台湾人心浮动，美国让台湾独立，他说："谁要台独，我要谁脑袋！"

进入 20 世纪 70 年代，蒋介石疾病缠身，健康状况每况愈下。1972 年 3 月初，因前列腺肥大动了手术，但效果不佳，转为慢性前列腺炎。7 月，蒋因患重感冒住院，并发展成肺炎。8 月 6 日，在移入台北"荣民"总医院疗养途中，发生车祸。从此，蒋一蹶不振，在死亡线上挣扎。到 1974 年 12 月，蒋介石又染流感，并再次转为肺炎。由于身体极度虚弱，加上长期使用抗生素，造成抗药性病菌增加，治疗极为不易。翌年元月 9 日晚间，又发生心肌缺氧症，虽经紧急抢救转危为安，但肺炎仍不能根治，发烧持续不退。3 月 29 日，蒋感到自己将不久于人世，便口授遗嘱，安排后事。

4 月 5 日早晨，进入弥留之际的蒋介石回光返照，起身坐在椅子上，面带笑容，与儿子交谈。当天下午，蒋介石感到腹部不适，泌尿系统失灵。

晚 11 点 1 刻，蒋介石病情恶化，脉搏转缓，血压下降，经奋力抢救无效，于当晚 11 时 50 分病逝，享年 88 岁。

蒋介石去世后两小时，台湾新闻主管部门发布死亡公报，把死亡改为"驾殂"。在蒋弥留之际，宋美龄及蒋经国、蒋纬国和孙辈们均随侍在侧。蒋去世时，党、政、军要员们接通知后赶到"士林"官邸，紧接着，宋美龄、"副总统"严家淦及"五院院长"蒋经国、倪文亚、田炯锦、杨亮功、余俊贤相继在蒋之遗嘱上签了字。次日晨 7 时，国民党召开"中常会"临时会议，做出两项重大决定：（一）由"副总统"严家淦继位"总统"；（二）不准蒋经国辞"行政院长"职，要他"衔哀受命，墨经从事"。

蒋介石去世后，台湾当局利用一切宣传机器开展神化、圣化蒋介石的活动。蒋之死，被称为"崩殂"，其坟墓被称作"陵寝"。从 4 月 6 日至 17 日蒋"大殓"的次日，台湾平时红色套版的报纸一律改为黑色，电视停播彩色录像和娱乐节目，主要的行政机关红地毯之上覆盖上黑布。据古屋奎二称：台湾"街头布店自动免费提供黑色表章，红色领带和鲜艳服装都见不到踪影，连印章用的红色印泥都改用了蓝色"，"以致一夜之间大街小巷都消失了红的颜色"。蒋介石死了，一个时代结束了。

由于蒋介石之遗嘱不是本人起草的，而是由笔录者代签的，至于家人与国民党大员们则是在蒋死后补签的。因此当台湾当局一再鼓吹，要让"中正之精神，自必与我同志、同胞长相左右"时，许多人却对遗嘱本身有着诸多非议，甚至认为按照所谓台湾"法律"，蒋之遗嘱全然无效。

4月16日大殓后，按照中国传统葬俗，蒋要入土安息了。但宋美龄和蒋经国决定暂厝蒋之"灵柩于慈湖，以待来日光复大陆，再奉安于南京紫金山"。夫人与长子此举，是为了满足蒋生前之心愿。慈湖是蒋介石于1961年间，在距离台北市60公里处的大溪镇福安里村为自己选择的一处坟茔地。蒋介石之所以选中这块"风水宝地"，原因是这里的风景很像故乡浙江省奉化县溪口镇。蒋介石母亲的坟庐起名为慈庵，在这里筑建的一座中国四合院式的"行宫"，起名"慈湖"。他生前常来此小住，并嘱在他死后灵柩暂厝此地。

　　在慈湖行宫正厅停放的蒋之遗体，被作了防腐处理，装在一个黑色大理石棺椁里，不断有人前去参观。连接正厅的厢房，保持蒋生前卧室的原样。茶几上放着一张便条，上面是蒋在世时用红铅笔写的4个行书体的字："能屈能伸。"设计这个情节，想要告诉参观者什么呢？古屋奎二在《蒋总统秘录》一书中解释说："顺应环境，当忍则忍，应屈则屈，以待未来伸展之意。"

　　蒋介石过世后，对他的研究一直是学术界内外持续不断的"热点"。比较有代表性的当属美国当代著名历史学者兼政治传记作家布赖恩·克罗泽的代表作《蒋介石传》。他在这本书中写道："作为一个政治家和政治领袖，蒋介石是一个战术家而不是一个战略家。他比他的竞争对手们略高一筹并善于控制他们。但是，尽管他统治了中国人口的大多数，但他实际上不了解整个政权的社会基础。对蒋介石的一生进行总结，蒋介石有自己的勇气、精力和领袖品质，他不仅是一个有很大缺陷的人物。而且从希腊悲剧的意义上讲，他也是一个悲剧性的人物——他的悲剧是他个人造成的。"

　　蒋介石生前有四位妻妾，她们分别是：妻毛福梅，妾姚冶诚、陈洁如，妻宋美龄。

　　1901年，14岁的蒋介石在家乡奉化溪口与长他5岁的毛福梅结婚，毛福梅，学名从青，奉化岩头村人，生于清光绪八年（1882年）十一月初九。这是双方父母一手包办的，蒋介石新婚之夜竟然跑到母亲那里去睡，留下毛独自到天明。婚后蒋介石对毛的感情一直很淡薄，但毛福梅对他百般照顾，家里打理得井井有条，同时也很关心他的学业。蒋介石与毛生有一子即蒋经国。1939年12月12日，从宁波方向飞来6架敌机，溪口镇顿时乱作一团，毛福梅不幸被无情的炸弹炸死。

1911年蒋介石在上海结识了姚冶诚。姚冶诚是某个妓女的姨娘，帮别人管理衣物首饰、招揽客人之类的，算是半个风尘女子。二人一直未能生育子女，后来姚收养了蒋纬国。1966年姚冶诚病逝台湾。

1921年，蒋介石在上海又与陈洁如结婚。陈洁如是蒋介石在张静江家里认识的，随即对陈展开热烈的追求。结婚后蒋带了陈洁如常住广州，而姚冶诚则带着蒋纬国仍住在上海。1971年1月21日陈洁如在香港去世。

1927年，蒋介石与原配夫人毛福梅和妾姚冶诚、陈洁如都解除了婚约，脱离了夫妻关系。同年12月1日，同宋美龄结婚。蒋与宋的结合有多方面是出于政治上的考虑，宋美龄在政治上能给蒋介石很大的帮助。很可惜的是，宋和蒋未能生育子女。宋美龄晚年长期定居美国，于北京时间2003年10月24日在美国逝世，享年106岁。

●蒋家的第二位人主，是在台湾曾经执政的蒋经国。蒋经国早年留学苏联，回国后，先是在江西赣州历练，以后主要随侍蒋介石左右。到台湾后，在蒋介石的扶持下，一步步地成为台湾地方领导人。蒋经国发妻是蒋方良，非婚妻子是章亚若。

蒋经国，又名建丰，俄语名字叫尼古拉，浙江奉化人，生于1911年。1920年，蒋经国就学于上海有名的万竹小学。当时，蒋介石正追随孙中山在粤工作，就委托在上海经商的陈果夫对蒋经国予以照料。

1925年10月，蒋经国赴苏联留学，就读于莫斯科中山大学，不久加入中国共产党。1927年，蒋介石发动"四一二"反革命政变，公开反共反苏，17岁的蒋经国被贬到西伯利亚当列兵。蒋经国此时发表声明，声讨蒋介石背叛革命。1928年秋天，他又回到莫斯科，在列宁格勒托玛卡红军军校学习。1935年，蒋经国在苏联与矿场女工芬娜结合，芬娜后来改名蒋方良。1936年1月，蒋经国在苏联《真理报》发表谴责蒋介石的公开信。第二年，在中国抗日战争爆发前夕，他被获准回国。从1925年10月留学到1937年回国，蒋经国在苏联一共生活了12个年头。

回国以后，蒋介石先安排他在奉化溪口故乡，读《孟子》、《曾文正公（曾国藩）家书》之类的古书，叫他"补课"和"洗脑筋"，还叫他阅读《总理全集》和《十五年以前之蒋介石先生》这类的书。

上海沦陷以后，蒋经国先在南昌做些一般的工作，1938年被任命为赣县县长。1939年以后，他曾经历任江西第四行政区督察专员、区保安司令、区防空司令、区防护团长、三民主义青年团江西支团部主任、江西省政府委员等职，但一直未取得什么成绩。1944年1月，蒋经国担任三青团中央干部学校教育长，并在这年10月参与了其父蒋介石发起的10万青年从军运动，任青年军总政治部主任。

1945年春天，蒋经国跟随当时国民政府的行政院长宋子文赴苏联谈判，签订了《中苏友好同盟条约》。抗日战争胜利以后，蒋经国被任命为东北行营外交特派员。此后，他一直控制"三青团"，成为国民党一个派系的首脑，是他父亲的得力助手。

1949年1月，蒋介石宣告"下野"以后，蒋经国陪着父亲退居溪口，后来在成都登机飞往台湾。在台湾他曾历任国民党台湾省党部主任委员、台湾国民党"国防部"总政治部主任，"国防部"副部长、部长，"行政院"副院长、院长等职。蒋介石病逝以后，1978年5月20日，蒋经国就任台湾第六任"总统"。1988年1月13日，在台北病逝。

蒋经国的夫人蒋方良，原名芬娜·伊巴提娃·瓦哈瑞娃，出生于俄罗斯的叶卡捷琳堡。自幼双亲亡故，由姐姐安娜抚养长大。由于她的父母是前沙俄贵族，因此被当时苏联的领导人斯大林关入劳改营。16岁时，她在乌拉尔重

蒋方良

8

型机械厂认识了被怀疑是美国间谍而被拘留的蒋经国,并在两年后即1935年的3月15日结婚。

1936年12月,斯大林终于允许蒋经国回中国。在杭州被蒋介石和宋美龄接受后,他们到浙江溪口举行了第二次婚礼。除了学习汉语普通话之外,蒋方良也学习宁波话。蒋经国夫妇与蒋经国的母亲毛福梅居住,并相处良好。在蒋经国担任"总统"后,蒋方良虽是"第一夫人"却很少表现,像一个传统中国妇女。

在她的整个政治生涯中,除了关乎中国国民党的重大事故以外,她通常与公众保持距离,因此外界对她所知甚少。在台湾历来的"总统"夫人中,蒋方良是公认"最没有声音的一位",也是最俭朴、平实的一位。自20世纪30年代随蒋经国来到中国以后,蒋方良再也没回过她出生的国家。

2004年12月15日,蒋方良因肺肿瘤导致呼吸衰竭,病逝于台北"荣民"总医院,享年88岁。

蒋经国未过门的非婚夫人是章亚若。章亚若,江西永修吴城镇人,其祖父名章伯昌,其父章甫,字贡涛,系永修吴城才子,曾两任知事,其母周锦华,是吴城镇书香世家女儿。1926年与时年18岁的唐英刚结婚,并育有唐远波、唐远辉两个儿子。1936年,唐英刚因一次乘船时不慎落水引发急性肺炎而逝,章亚若成了年轻漂亮的寡妇。1939年担任蒋经国秘书,与蒋经国互生爱慕,并于1941年怀孕。后为免流言,隐居在广西桂林。1942年1月27日,在省立桂林医院产下双胞胎,即后来的章孝严、章孝慈。不久,不知何因去世。

●蒋纬国与蒋介石没有血缘关系,实为戴季陶的儿子。蒋纬国以养子身份过继到蒋门,蒋介石对他视若己出。蒋纬国本人具有花花公子特质,在党、政、军界都没有多少发展,晚年还是在宋美龄的干预下才弄了个上将。他有两位妻子,分别是石静宜和邱爱伦。

蒋纬国1916年10月6日出生于日本,1934年入东吴大学理学院及文学院，1936年赴德学习军事。翌年进入德国陆军慕尼黑军官学校，曾随德军参加德奥合并及出兵捷克苏台德区两次战役。1938年入慕尼黑军校步兵科深造，翌年结业，并赴美国陆军航空兵战术学校受训。1940年归国，服役于陆军第1师步兵第3团。1944年秋出任青年远征军206师营长，后提升任副团长。1945年调往装甲兵最高指挥部教导总队部，历任处长、战车团团长、装甲兵司令部参谋长、副司令，曾参加淮海战役，遭到痛击。1949年上海解放前夕撤至台湾。

去台后，于1950年出任装甲兵司令，其间曾戍守金门。1953年再赴美国陆军指挥参谋学院深造。翌年返台，调任"国防部"高级参谋。1955年起供职于参谋本部，历任副厅长、厅长。1958年调任装甲兵司令。1961年晋级中将，长期致力于军事教育与研究。1963年主持陆军指挥参谋大学，1968年出任三军联合大学副校长，改名为战争学院后，自任院长兼另一所三军大学副校长。

1972年获韩国庆熙大学荣誉法学博士学位。1975年晋升陆军二级上将，出任三军联大校长兼战争学院院长，并兼任众多社团职务：台北扶轮社委员、"中德文化经济协会"理事长、足球协会理事长，曾创办静心小学、静宜女子文理学院及"中华战略学会"，任副理事长兼常备理事。1980年调任"国防部"联勤总司令。1984年出任"国防部联合训练部"主任，并执教于政治大学东亚所及淡江大学战略所。1986年7月就任"国家安全会议"秘书长，参与主管军方与情治系统业务。

蒋经国去世后，蒋纬国曾几次谋求国民党最高权力。1990年春，与林洋港联手，参选正副"总统"，再度落败。1990年4月当选"中华战略学会"理事

邱爱伦

长，后兼任国民党"中央宪政改革"策划小组成员、"国家统一委员会"委员。1993年离开"国家安全会议"，转任"总统府资"。1997年9月23日，蒋纬国在台湾逝世。

蒋纬国生前有两位夫人，分别是：石静宜、邱爱伦。蒋纬国与石静宜在一次搭火车时邂逅。当时，石静宜正看一份英文报纸，蒋纬国向她索借，石小姐见是一位军官，丝毫不予理睬。但这次相遇为他们的结合打下了最初的基础，一位是蒋介石的二公子，一位是大企业家的千金。1940年，蒋纬国与西北富豪石凤翔之女石静宜喜结连理，后石静宜因难产于1953年去世。4年后，蒋纬国与邱爱伦结婚。

邱爱伦生于1936年，原籍广东。她的父亲是邱秉敏，曾担任过"中央信托局储运处"副处长，母亲是位德国人。1962年生子蒋孝刚。虽然二人感情不错，但却长期分居，邱爱伦住在美国，并常与宋美龄过往。自从宋美龄去世后，原本生活低调的邱爱伦更是消失于公众的视线之中。

第一章　蒋介石的孙辈们

一、蒋经国的儿子蒋孝文及其夫人徐乃锦

●蒋孝文乃一纨绔子弟，在美国读书时便被视为"不受欢迎的人"。在台湾纵情酒色，被人视为公害。1970 年，因糖尿病复发而失去记忆，并瘫痪。

蒋家人丁兴旺，到蒋介石的孙辈时已成为一个几十口人的大家庭了。蒋介石的孙辈主要有：蒋经国与蒋方良的 4 个儿女蒋孝文、蒋孝章（女）、蒋孝武、蒋孝勇，蒋纬国与邱爱伦的儿子蒋孝刚，以及蒋经国与章亚若的一对双胞胎兄弟章孝严、章孝慈，总共 7 人。

蒋孝文是蒋经国夫妇的第一个爱情结晶，1935 年生于寒冷的西伯利亚，原名爱伦。由于长着混血儿特有的漂亮脸庞，从小就招人喜爱。在他不满 3 岁时，就随父母离开苏联，回到蒋介石身边。蒋介石非常疼爱这个长孙，给他取名蒋孝文。

蒋经国夫妇回国后，先带着孩子在奉化老家生活了一段时间，1940 年迁往赣南。1941 年，蒋孝文便在父亲的安排下进入赣州城东镇中心小学读书。1944 年，再度随父母移居重庆，直至抗战胜利又举家迁往上海。由于不断的迁徙，蒋孝文在重庆、杭州、上海、奉化等地的学校，断断续续完

成了小学和部分初中的学业。

　　蒋孝文从小接受和反应能力都很强，资质过人，却极为顽皮，为此常遭父亲蒋经国的训斥。为了儿子将来能有一番作为，蒋经国对蒋孝文的管束十分严厉。在赣州开始入学读书后，每天放学蒋经国都要检查他的书包，清点他上学时核对过的文书笔墨，告诫他不得短少亦不得多出。

　　有一次，蒋经国发现蒋孝文的书包里多了一支崭新的铅笔，便追问他来自何处。蒋孝文知道父亲的厉害，只得承认铅笔是从一个同学那里要来的。蒋经国听后大怒，指责儿子道："你可知道这是一种仗势欺人的坏作风吗？如果你以为自己的父亲是父母官，你就可以任意讨要别人东西的话，那就是个势利小人了！"蒋孝文为此哭了一夜。第二天，蒋经国亲自带蒋孝文去学校，当着老师的面，让蒋孝文把铅笔还给那位同学，并赔礼道歉。

　　还有一次，学校的一位老师不知道蒋孝文的家庭背景，便问他父亲的职业，蒋孝文不无得意地炫耀说：父亲是赣州的父母官，祖父是当今中国的委员长。蒋经国得知这件事后恼怒之极，不仅狠狠地训斥了他一番，还外加一顿"皮肉之苦"。据蒋孝文称："父亲一生起气来，常把我绑起来打，每次都是妹妹求情，父亲才肯放我。"

　　1942年，蒋介石曾派飞机把蒋孝文、蒋孝章两兄妹从赣州接到重庆过阳历年。兄妹俩回赣州后，蒋介石还经常打电话过来询问他们的情况，蒋孝文便利用这个机会向祖父"告状"："爷爷，我爸爸打我。"蒋介石听了总是"嘿嘿"一笑了之。

　　蒋孝文系蒋氏正宗嫡传，人长得仪表堂堂，聪明过人，蒋介石、蒋经国都对他寄予厚望。然而，天生顽劣的个性，加上祖父的娇惯，蒋孝文非但未成才，反而变为一个纨绔子弟！

　　1949年，国民党兵败大陆，蒋孝文跟随祖父、父亲逃亡到台湾，入台北成功中学读书。在校期间，蒋孝文调皮依旧，常常夜不归宿，约上三五个哥儿们啸聚达旦。蒋经国为此非常恼火，也加紧了管束。但一等蒋经国睡下，蒋孝文就爬起来，让卫士帮他把吉普车推到门外，然后再发动开走，拉朋友玩。长此以往，蒋孝文的学习成绩一塌糊涂，偏偏蒋经国又望子成龙，每次检查成绩，蒋孝文就要挨训一次，久而久之，他便想出了骗父亲的招数。

蒋孝文与徐乃锦

蒋孝文就读的台北成功中学校长潘振球是蒋经国在赣南时的旧属，十分严厉，根据蒋经国的交代，对孝文严加管束。因此，出于对蒋经国的"忠心"，潘振球不管蒋孝文的身份，只要"不争气"，该打就打，该骂就骂，蒋孝文很是怕他。成功中学有条校规，定期将学生的在校成绩和表现以书信方式通知家长。蒋孝文的成绩和表现均不好，所以非常担心，便叮嘱官邸收发信件的卫士，凡学校寄来的信件，不要给他爸爸看。连续几个月后，潘振球发现每次寄给蒋经国的信都无回音，且蒋孝文的成绩和表现越来越差，便直接跑到蒋经国的办公室询问。蒋经国回来之后，便责问蒋孝文，蒋孝文在严父面前只得老实坦白。蒋经国听完，火冒三丈，拿起棍子打得蒋孝文满屋乱窜。蒋方良急得眼泪汪汪，拼命拉住蒋经国。蒋经国余怒未消，命令蒋孝文跪在地上，不许起来。蒋方良十分心疼，哭哭啼啼，硬是要蒋经国饶了蒋孝文。

蒋介石对蒋孝文的在校表现并不关心。他很喜欢这个孙子，因为蒋孝文喜欢枪支，他就常常向孙子介绍各种武器的性能，鼓励他去打靶、练枪法，带着他去打猎。因此，从中学时起，只要放学回家，蒋孝文便枪不离手，左右摆弄。有一次，蒋孝文回家，钻到卫士宿舍把玩着爷爷给他的左轮手枪，一个名叫李之楚的卫士回室休息，蒋孝文见他进来，便举枪喊："不许动！"李之楚开玩笑说："唉！别随便拿枪乱指，会闹人命的！"话音未落，"砰"的一声，李之楚就倒在血泊之中。孝文吓得脸色苍白，不知所措。好在枪弹未击中要害，只打穿了肺叶。李之楚被及时送往医院，捡回了条命，但留下了终身气喘的痼疾。

枪击卫士李之楚事件发生后，闹得沸沸扬扬，然而蒋孝文倚仗祖父蒋介石的宠爱，其他人亦奈何不得。不久，蒋介石、蒋经国只好把他送进凤山陆军军官学校去习武，想让他收收性子。可是，蒋孝文对纪律严明的军营生活更加不适应，仍然任性胡为、惹是生非，很快就被校方勒令退学。百般无奈，蒋介石、蒋经国只得将他送往美国，入加州伯克莱商业学校读书，学习企业管理。

蒋孝文只身一人来到美国，没了祖父、父亲的直接管束，愈发自我放纵、为所欲为。1964 年，因驾车违章，闹进奥克兰地方法庭，被判罚入狱3 天。美国《新闻周刊》曾以《谁丢面子?》为题，对此事予以无情揭露。这样，蒋孝文在伯克莱商业学校也没有拿到任何学位，不得不提前离开加州。后来，在华盛顿逗留期间，蒋孝文因向保险公司谎报失窃钻戒一枚，又差一点酿成大祸。最后，蒋孝文由于屡肇事端，被美国移民局列为"不受欢迎的人"，驱逐出境。

蒋孝文返回台湾后，先是出任台湾电力公司桃园管理处处长，以后又兼任了国民党桃园县党部主任的职位。在此期间，蒋孝文虽然已经与徐乃锦结婚，并且有了一个女儿蒋友梅，但顽劣之性仍未加收敛，依旧花天酒地、纵情声色，惹得人人侧目，视之为"公害"。

蒋孝文从美国返回台湾后不久，酒后开快车，将一国民党军队的下级军官张惠云碾死。事发，由同车的陶锦藩出面代为受过，私下送给死者家属 20 万台币了结此案。

1970 年春，时任"台电总经理"的孙运璇将一项电力工程交给他，让他担任金门电力公司董事长，期望他能够学有所用。孝文到金门后，亲自负责一座现代化发电厂的设计与施工，干得颇为卖力。但是，好景不长，一日孝文耐不住工区寂寞，独自驱车到台中游玩，下榻意文酒店，光顾舞厅寻欢作乐，指名要求某红舞女伴舞。大班"有眼不识泰山"，婉言奉告，要蒋孝文稍候，等转完台子再来陪这位蒋家公子。蒋孝文所求不遂，大发

15

雷霆，旋掷酒杯，拍桌子，借以泄愤。这下可恼怒了舞厅的保镖打手，将蒋孝文揍得鼻青脸肿，逐出门外。

蒋孝文怎肯善罢甘休，返回酒店，电召台中警备司令鲍步超，要他下令该舞厅歇业三天，还以颜色。鲍步超颇感为难，因为毕竟不能以侮辱"总统"孙子的理由向舞厅问罪。最后，老于世故的鲍步超想到了一条妙计，用协商的方法，请舞厅老板打出"装修内部"的幌子，停业三天，而到蒋孝文面前，则另编说辞请公子息怒。正当鲍步超暗自庆幸应对有方、功德圆满之际，蒋经国不知通过什么渠道知道了这件事，鲍步超被召到台北，蒋经国只有两句话："你做得太久了，应该暂时休息休息。"鲍步超便丢了乌纱帽。

据说，此类因池鱼之殃致丢官失职者，还有台北市警察局局长杨济华。骄奢淫逸的蒋孝文接二连三地仗着祖父、父亲的权势滋意闹事，令蒋介石、蒋经国异常失望，尤其是蒋经国，对他几乎不抱希望。蒋孝文见父亲对自己失望至极，自知无论如何奋斗终不会有什么结果，于是更加意志萎靡，堕落不堪。

由于家族遗传的缘故，加上自己酒色无度，蒋孝文从年轻的时候起，就患有糖尿病。医嘱必须按时服用控制血糖的药物，并严禁饮酒、熬夜，然而他经常将医生的嘱咐置于脑后，任情自纵。1970年，蒋孝文在一次聚会中又喝得酩酊大醉，病情遽发，血糖急剧下降。当时别人都以为他只是酒醉而已，没有及时唤醒他服药或急送医院抢救。等到发现情况不妙时，蒋孝文已经是昏迷不醒了，他的脑部因为糖尿病所引起的病变导致意识力丧失，肢体也陷入瘫痪状况。后来在康复过程中，蒋孝文仅仅恢复了肢体的机能，在意识方面，偶尔也能记得一些人和事，但思想错乱得十分厉害，情绪无法控制。

蒋孝文病发后，一直住在台北"荣民总医院"，由专人成立治疗小组对他进行诊治。直到1976年，"荣民总医院"的主治医生证实他的血糖完全在控制之中，蒋孝文才出院返家，每星期由医生固定检视一次。出院以后，蒋孝文表面上看起来与常人无异，但是谈起话来，言语经常无法连

16

贯，也无法长时间集中精神，时常反复问同样的问题，所以台湾一度盛传他已是植物人。

由于蒋孝文身体已经无康复的可能，这位蒋家第三代中原本最具条件、最具希望有所作为的大公子，从此就从人们的视野中消失了。即使在1975年蒋介石去世、1988年蒋经国去世的时候，这位最受祖父、父亲宠爱的嫡嗣亦没有参加家祭、公祭，仅仅在大典完毕后，由妻女陪同，到灵堂叩头志哀，以尽孝道。

以后蒋孝文又染了喉癌，每天要两次到医院接受钴60的放射治疗，以控制癌细胞的蔓延。1989年4月14日，饱受恶疾之苦近20年的蒋孝文终因喉癌细胞扩散救治无效，在台北去世，终年54岁。

●蒋孝文的夫人徐乃锦乃革命志士徐锡麟之孙女，蒋经国曾亲自登门求亲，蒋孝文极其荒唐，徐仍能忍之，后侍于病榻之旁近20年而无悔。

蒋孝文的不幸，遭受打击最沉重的莫过于他的妻子徐乃锦。徐乃锦是清末革命志士徐锡麟的孙女，1937年在上海出生，其父徐学文早年留学德国攻读化学专业，取得博士学位，中年时曾做过一段时间的台湾"樟脑局"局长，但由于性格内向，对政治毫无兴趣，很快即辞职弃官，转而经办私营企业，颇有成绩。徐乃锦的母亲是德国人，中文名字叫徐曼丽，所以与蒋孝文一样是混血儿的徐乃锦也长得美丽俊逸，风情万种。

1949年，徐乃锦跟随父母由大陆迁往台湾，先后入台北女子师范大学附属小学、台中静宜文理学院高中部读书。毕业后，她先到德国待了八九个月，再转到美国加利福尼亚大学心理学系，后来进入心理研究所，修得硕士学位。关于徐乃锦与蒋孝文的结合，外界普遍认为是"政治婚姻"。徐乃锦是在12岁那年结识蒋孝文的，当时，徐、蒋两家的住所相邻，徐乃锦与蒋孝文经常在一起玩，可以说是青梅竹马，但是两人性格、志趣差异很大。

徐乃锦宽厚、持重、勤勉好学，蒋孝文则顽劣任性，不思进取。中学

蒋孝文与徐乃锦在美国的结婚照

毕业后，他们先后赴美国留学，同在加州读书，天长日久，渐渐萌生了恋情。然而，消息传回台湾，蒋、徐两家的反应大不相同。蒋经国一向颇为欣赏徐乃锦，无论是对徐乃锦的家庭背景，还是对她本人的修养和学识都十分中意。蒋经国深知蒋孝文难成大器，只有得到徐乃锦这样有情有义又有识的贤内助的帮助，方才有可能成就一番作为。因此，他早就有心将徐乃锦迎进蒋门当儿媳，以扶持蒋孝文，并一再创造机会让蒋孝文、徐乃锦接近，让他们加深了解、联络感情。如今，两个晚辈果然没有辜负他的一番苦心，有意缔缘，蒋经国怎能不喜出望外，极力玉成！孰料徐学文夫妇对名声在外的"花花公子"蒋孝文素无好感，认为把女儿嫁给他，婚后难保不生变故。何况他们对女儿嫁入"宫门"当"太子"夫人心存畏惧，担心女儿要受委屈，所以极力反对这门亲事，并一再去信，要在美国读书的徐乃锦休学返回台湾，以摆脱蒋孝文的"纠缠"。

对此僵局，蒋经国十分焦急，他一面致电蒋孝文，让他好好把握机会，不妨先成家后再读书，两不耽误；一面采取了一个让徐家无法回绝的"非常措施"：当时"贵"为"行政院长"的蒋经国轻车简从，提着一篮水果，亲自到徐家求亲。事已至此，徐学文夫妇不看僧面看佛面，再也无法坚持，只得认了这门亲。

徐乃锦与蒋孝文在美国成婚后不久，即怀孕返台待产，生下女儿蒋友梅之后，继续赴美留学。完成学业后，双双回到台湾，蒋孝文开始从政，她则参加社会工作，最初任职于台湾"中央电视台"，后来又任教于台湾师范大学教育研究所。徐乃锦事业心很强，对自己各方面的能力也颇为自负，因此她一直希望能够通过自己的努力获得事业上的成功。

婚后，徐乃锦与蒋孝文曾经有过一段夫妻恩爱的如意生活。但好景不长，蒋孝文故态复萌，又开始到处拈花惹草，沉湎于酒色之中，徐乃锦反复规劝都无济于事。1970年蒋孝文糖尿病发作引起病变而致脑神经受损几近废人之时，徐乃锦刚刚三十出头，其痛苦可想而知。

蒋孝文病倒后，徐乃锦心地善良、意志坚强的一面开始展露出来，她辞去一切工作，整日守候在丈夫床边，悉心照料。当蒋孝文病情稍有好转之后，徐乃锦又遵照医嘱，用各种办法帮助他恢复记忆，训练思维，重塑身心。徐乃锦还经常约朋友们来家相聚，让他们陪蒋孝文聊天，制造语言环境，或者带着蒋孝文出外散步、乘车兜风，调节情绪。在蒋孝文近20年的病榻生涯之中，徐乃锦始终如一施予他无尽的关怀和爱心，成为蒋孝文最大的精神支撑。徐乃锦说，她与蒋孝文之间是"缘断情未了"。

徐乃锦后来追溯她在蒋孝文卧病不起那段时日的心路历程时，无限感伤：

"在我的信念里，两个人组成一个家时，就是要永远生活在一起。而他，突然病了，又病得很严重，记忆力受损，5个月后，我们都知道他不会完全好，但也不会死去。在难过的情绪之中，我的心底有不同的声音响着：'我是否要离开他，去寻找自己的生活？''不，我不能离开他，否则会一生不安。'如果诚实一点地说，我的确是历经人性矛盾的挣扎，但是最后，决定做一生心安的事——尽量去爱护他，全心去照顾他。爱情，已经因为他的病而逐渐消失了，可是我仍然想做他的依靠，而不是依靠他。他真的是非常依赖我的，记得他初病时，度过了昏迷的前几周，后来苏醒时，我一定得在旁边，否则他就会发脾气。那时，我住在医院，但偶尔我也需要外出一下，起先医护人员都好心地要我偷偷溜走，可是我觉得还是要让他知道。于是我试着告诉他，我要出去几小时，几点钟会回来。就这样一天天地让他接受，一直到三四年之后，他终于接受了这样的事实。我从不把一切归咎于命运，事实上，别人眼中认为我不幸，而我自己并不这样认为。"

有妻徐乃锦，实乃蒋孝文一生之大幸！在蒋孝文病情基本稳定之后，徐乃锦开始重新走入社会，回到台湾"中央电视台"国际事务室担任执行秘书，同时为电视台制作"民谣世界"、"音乐一、二、三"两个音乐节目，工作了5年。另外，她在台北的一家律师事务所，每日上半天班，也工作了5年。台湾有家杂志撰文，评价徐乃锦说："作为第一家庭的大媳妇，她没有坐享她的身份地位，她只是一位充满活力与自信的职业女性。"

早在20世纪60年代，徐乃锦从美国留学归来，就加入了台北基督教女青年会，担任董事。蒋孝文卧病之后，徐乃锦以更大的热情和爱心服务于女青年会这项"施惠于众"的社会工作，先后担任了副会长、会长。她经常说：女青年会的工作虽然苦点、累点，但"证明我可以替社会做很多事"，"我得到的比我付出的还更多"。

除了工作，徐乃锦最大的乐趣就是音乐。她的音乐细胞来自她的母亲，从小就深受欧洲音乐的熏陶。12岁那年，父亲、母亲送给她一架钢琴，与蒋孝文结婚后，公公、婆婆又送给她一架钢琴。徐乃锦经常开家庭演奏会，全家人一起构筑一个欢乐的氛围。蒋孝文卧病后，徐乃锦"常在情绪低落时，躲进书房听音乐，自己治疗自己的痛苦"。她后来解释说："我虽然有朋友，也有爱我的家人，但是由于好强，我从来不曾哭，甚至连向人诉苦都不愿。"

1989年，长年重病缠身的蒋孝文久治不愈，撒手人寰。徐乃锦早已被痛苦折磨得流干了泪水，只能勇敢地面对现实，"仿佛他的走，是要让我没有后顾之忧似的"，她如是说。

长期以来，徐乃锦从未向命运低头，无论是在社会上，还是在家庭里，她一直扮演着"女中豪杰"的角色，自立自强。徐乃锦的朋友都认为她的性格有些男性化，做事有魄力，要求完美，是个杰出女性。蒋孝文病逝之后，徐乃锦开始投身商界，先后担任了捷运昌国际证券投资顾问公司、捷运昌国际企业管理顾问公司副董事长和公元证券投资信托公司的董事长。她说："并不是求财富，我只想活得很有尊严，可以发挥自己的力量。从前没有机会尝试，不知道可不可以，现在可以试了，对我来说，是一种新的挑战。"

台北有家杂志著文说："蒋经国的大儿媳徐乃锦，作为一个献身于社会工作的职业妇女，她所表现出来的特质，可能是蒋氏家族中最难得一见的品质。"诚如其言，自从蒋经国 1989 年去世后，蒋家媳妇不能工作的规矩自动取消，徐乃锦便开始正式扮演职业妇女的角色。同时，她仍是一位好媳妇、好大嫂，蒋家男丁一个个地逝世，留下一群寡媚。她不但承担起照顾婆婆蒋方良的责任，而且与蒋孝武、蒋孝勇的妻小相处甚好，结成紧密的"命运共同体"。身为蒋家长媳的她，义不容辞地充当蒋家的对外代表。台湾社会各界对徐乃锦的敬重，绝不仅仅因为她特殊的身世和家庭背景，更多的是由于她不平凡的个人奋斗史。

长期照料病榻上的丈夫和年老体衰的婆婆，使徐乃锦长期处于疲劳和压力状态。她长期服用慢性头痛药，于 1999 年 11 月接受牙医治疗时，出现齿龈流血不止异常，经检验发现贫血和血小板异常偏低现象后，诊断为再生不良型贫血。

2005 年 8 月，徐乃锦因感染而罹患肺炎，虽经各种治疗病情仍逐渐恶化，18 日上午陷入昏迷，20 日下午不幸病逝，享年 68 年。

二、蒋经国的女儿蒋孝章及其女婿俞扬和

●蒋孝章乃蒋经国的唯一千金，掌上明珠，备得宠爱，赴美留学之时与年长十几岁的俞扬和私订终身，婚后定居美国，常往返台湾探望家人，育有一子俞祖声。

自蒋介石以后的蒋家第二代、第三代中，比例严重失调，多男少女。从经国、纬国到孝文、孝武、孝勇、孝刚以及章孝严、章孝慈，除了孝章一位千金外，几近清一色的男性世界。多宠儿而少爱女，多贤媳而少佳婿，无论如何总是一种缺憾，所以蒋孝章这个难得的"唯一"，在蒋家的

蒋孝章

地位就格外地优越，备受长辈的宠爱。

蒋孝章于1936年在苏联出生，取名爱理。第二年，蒋经国与蒋方良就领着她及比她大1岁的蒋孝文返回了中国。蒋孝章从小就聪慧过人、善体人意，人又长得漂亮，所以深得蒋介石夫妇、蒋经国夫妇的疼怜，视其为掌上明珠。

蒋孝章的启蒙与初等教育都是在大陆时期完成的，1949年以后在台湾接受了中等教育，1958年22岁时赴美国留学，接受高等教育。

蒋孝章在台湾就读中学期间，由于家世过于显赫，同年龄层的男孩子都不敢与她接近。后来远赴美国留学，蒋经国对她一人在外实在放心不下，于是就委托从小就在美国生活的台湾"国防部长"俞大维的儿子俞扬和就近关照，蒋经国自己也未料到他的这一安排决定了女儿的终身幸福。因为不久之后，就传来了蒋孝章与俞扬和萌生恋情并私订终身的消息。

消息传来，确实给台湾"第一家庭"带来了不小的风波。蒋经国当初把女儿托付给俞扬和，是本着信任的态度，他绝没有想到比孝章年长十几岁的俞扬和竟会爱上自己的女儿，更万万想不到自己的掌上明珠亦如此深爱俞扬和。在蒋经国看来，女儿完全可以选择比俞家更好的夫婿。其实早在蒋孝章赴美留学之前，蒋经国就与当时的国民党空军上将王叔铭暗中议好了他们的儿女亲事。如今蒋孝章与俞扬和相恋并私定终身，蒋经国的计划被完全打乱了，更令他失望的是，俞扬和已从国民党空军退役转而经商，这就意味着自己的未来女婿在仕途上可能毫无作为，对女儿满怀期望的蒋经国实在难以接受这个事实。因为在他的理念中，经商之人是不可以与政治世家的蒋家结为秦晋之好的。

正因如此，蒋孝章和俞扬和的婚姻不仅惹来蒋经国和蒋方良的不悦，就连蒋孝章的两个弟弟——蒋孝武和蒋孝勇亦为此大发雷霆，甚至扬言要

22

到台北俞大维家中去闹，追究俞家的不守信用，没有尽到照顾姐姐的责任。幸而蒋经国及时制止，才避免了一场尴尬的事件发生。

就在蒋经国对女儿婚事拿不定主意的时候，蒋介石和宋美龄为他出了主意。蒋介石和宋美龄闻悉自己挚爱的孙女竟然与俞扬和私订终身后也颇为惊讶，因为他们期望孙女能够成长为像宋美龄一样的政界女强人，即使不成，他们也希冀孙女婿是个军政界的杰出人物。但是事情已成定局，无法挽回。经过再三权衡，蒋介石和宋美龄认为还是同意这门婚事为妥。不仅是基于对孙女蒋孝章的疼爱，更在于若与俞大维结成亲家，就更方便蒋经国由"副国防部长"取代俞大维的"国防部长"一职。加之宋美龄献计，可以让俞扬和回台再任官职，既顾及了体面，又吻合蒋家从政的传统。

在蒋介石和宋美龄的点拨下，蒋经国同意了这门亲事，并派夫人蒋方良秘密赴美主持婚礼。1960 年 3 月，旧金山湾区一家大教堂，新婚伉俪蒋孝章与俞扬和在蒋家密友们面前，举行了一个极为秘密的宗教式婚礼。蒋方良在仪式上首次见到女儿托付终身的俞扬和，她感觉女儿的选择是正确的，品质清纯的俞扬和能够给女儿带来幸福。台湾方面对蒋孝章的婚礼虽然采取封锁的做法，但美国旧金山的华人报纸还是就此事喧闹了一阵。婚礼次日，《世界日报》上便刊载了一条醒目的新闻：《蒋介石孙女在美婚礼低调惊人》。

该新闻报道说："在此之前，这里的华人社团只知蒋介石的孙女在加州求学，但并不知道她在求学期间与俞大维儿子共涉爱河。据昨天参加蒋经国大女儿婚礼的少数华侨界人士称：婚礼的低调让所有出席这场宗教式小型婚礼的来宾们大感意外。就连住在加州普通华人子女举行婚礼，也绝不会像他们这样无声无息。赶来主婚的蒋方良女士甚至不敢对公众和记者讲话。她只是说：'婚礼只是个形式，婚姻才是真正的幸福。'而驻在华盛顿的国民党官员们，甚至对此一无所知。这就不能不让人怀疑，蒋介石是否真正看好这桩婚姻了？"

第二年，蒋孝章与俞扬和的爱子俞祖声降临人间。"祖声"这个名字乃蒋介石亲自所题，取自古诗"克绍祖裘，声望远播"中的克绍"祖"裘之"声"望的意思，当然这也是蒋介石对外曾孙的期望。

婚后，蒋孝章便定居美国加州，每年定期携子返台省亲。只不过每一次都是悄悄来，悄悄走，从不惊动其他亲友，甚至蒋家的至戚，如王采玉娘家、毛福梅娘家、宋美龄娘家在台湾的亲戚都不知道。蒋孝章是想把她所有的时间都留给最宠爱她的祖父母、外祖父母和父母亲，以尽享天伦之乐。

虽然女儿蒋孝章已出嫁，然而蒋经国对她的感情却是宠冠所有晚辈的。蒋孝章自幼承欢膝下，为"孝"字辈最能获得祖父母、父母欢心的掌上明珠。尽管远离家门嫁归俞氏定居美国，她仍与父亲蒋经国书信不断。蒋经国经常把蒋孝章给他的来信摘录进自己的日记中，并加以点评。如1979年9月13日，蒋经国的日记中有这样的记载：

近年与章女通信中，常常谈起哲学上的许多问题，章女曾说"人生的价值，不止是在与人共享欢乐，而更是在与人共享苦难"。这两句话，反映出我的人生观，在今后的岁月中，余将不遗力，为苦难者多做工作，以慰我不安之心。面对敌人不足惧，面对困难不足虑，只怕自己不努力，不肯上进耳。

由此可见，蒋孝章在父亲心目中占据的是何等重要的位置！

随着父亲蒋经国、胞兄蒋孝文、胞弟蒋孝武、蒋孝勇、祖母宋美龄相继去世，蒋孝章的至亲只剩下母亲蒋方良了。因此，孝章常常回到台湾看望自己年迈的母亲，这也是她在台湾的牵挂。蒋方良2004年10月去世后，蒋孝章在台湾的牵挂就更少了。

●身为蒋经国唯一的上门女婿，且父亲是台湾"国防部"部长俞大维，俞扬和却对政治毫无兴趣。尽管蒋经国再三邀请他回台湾任军政要职，俞扬和都婉言相拒，定居美国，投身商海，并颇有成就。

俞扬和乃台湾"国防部长"俞大维的公子，在台湾也算是有地位有背景的人物。父亲俞大维是浙江山阳人，1897 年出生，曾国藩是其外曾祖父。俞大维 1918 年毕业于上海圣约翰大学，获文学学士学位。之后赴美国留学，在哈佛大学先后获数学硕士和博士学位。他在哈佛大学毕业时获奖学金去德国柏林大学深造，研究数理逻辑与军事工程学，成为国际上著名的弹道学专家。从德国返回中国后，俞大维先担任国民党政府军政部兵工署署长 12 年，后担任军政部次长 1 年，担任交通部长 3 年 8 个月。国民党政权退台后，俞大维于 1951 年出任"美援运用委员会"副主任委员兼"驻美大使馆"顾问，1954 年起担任"国防部长"直至 1964 年。1965 年专任"行政院"政务委员，1966 年被聘为"总统府"国策顾问，1976 年被聘为"总统府"资政。

俞大维是以"文人"身份从军界进入政界的，几十年官运亨通，一帆风顺，被外界誉为台湾政坛上的"常青树"。一个重要的原因，就在于他与蒋家王朝的密切关系。对蒋介石、蒋经国两代政治强人，俞大维一直忠心耿耿，尽力辅佐。对蒋经国，俞大维更有直接提携之恩。

1963 年，蒋介石派蒋经国出任"国防部"副部长，成为俞大维的副手。俞大维何等聪明，岂有看不透蒋介石心意的道理。第二年他就以"健康"原因，挂冠而去，让蒋经国顺利"过场"扶上正。自此而后，蒋经国才算正式在台湾国民党政治舞台上以主角身份出现。较诸以往十数年，都是做些幕后或辅佐性的工作，形象自然不可同日而语。于是，台湾有人评点：若非俞大维 1964 年力辞"国防部长"职务，并力荐蒋经国继任，按正常程序和以往惯例，蒋经国至少还得再做若干年副部长，然后才有可能转正。那么，不但以后的"蒋经国时代"要延迟 5 至 10 年来临，甚至历史也将要重新改写了。

有此等父亲，为何俞扬和执意远离政界呢？其实，不仅是俞扬和厌恶政界，就连被誉为政坛"常青树"的俞大维亦并非钟爱政治，实乃蒋家父子爱惜这个军事人才而已。因此晚年得以脱离政海，对俞大维来说不失为一件乐事。俞扬和完全承继了父亲的"傲骨"，绝不涉及政坛。

当初蒋经国答应女儿孝章和俞扬和的婚事，全赖于他还抱有一线希望：

就是将俞扬和调回台湾，进入军政界任要职。在蒋孝章与俞扬和新婚后不久，俞扬和陪同妻子，两人搭飞机从美国旧金山回到台湾拜见岳父大人——蒋经国。在家宴上，蒋经国代表蒋家大家长蒋介石和宋美龄接纳了他，同时岳父劝说他放弃美国经商，回台重返军政界。俞扬和早已料到岳父蒋经国会出此一招，然而他心意已定，"父亲的善意自然让我感动。可是古人说过：人各有志，不可勉强。我想，依我对人生的感悟，早就对仕途宦海不存任何杂念和欲望了。与其让我再穿上军装，不如就让我凭自己的兴趣，去做我想做的事情为好。因为我自知无论在身后有多么大的政治靠山，我都注定不会在政治和军事上发迹的。"俞扬和的婉言拒绝粉碎了蒋经国与蒋介石、宋美龄对其锦绣前程的憧憬，蒋经国失望至极，对两人婚姻亦忧虑重重。俞扬和自知已得罪了岳父大人，因而未去面见蒋介石夫妇便匆匆携妻子返回美国。

从此，俞扬和定居加州，平时和当地华侨少有往来，在台湾的公众场合和传播媒介中亦很少露面，就连他的名字也鲜见报端。俞扬和的名字最早见于台湾当局的"官方"资料是1975年蒋介石去世后，在蒋经国发表的《守父灵一月记》中4月13日日记所载内容："上午领章女、扬和婿再到慈湖，检视厝地之工程，武、勇两儿在此督工甚力，殊以为慰。"

也正是在蒋介石葬礼期间，俞扬和再次感受到蒋家令人无法喘气的政治压力，尤其是蒋孝章的两个胞弟蒋孝武、蒋孝勇极为傲慢无礼，鄙视他这个与政治无缘的姐夫，令俞扬和大伤自尊。回到大洋彼岸后，俞扬和一心致力于美国的工作，拒绝回台。蒋经国在1978年和1983年两次发邀请函并附两张往返飞机票邀请俞扬和夫妇参加自己第六届、第七届"中华民国总统就职典礼"，俞扬和均以沉默回绝。但是，蒋经国仍未死心，专程派一位重要官员来旧金山，劝说俞扬和到官场上一展拳脚，并且表示蒋经国许诺让俞扬和回台主持"华航"的全面工作。面对诱惑，俞扬和一口回绝。台湾官员惊异之余，又力劝俞扬和不要放弃千载难逢的机会，俞扬和却轻松地笑笑："谢谢，我不会后悔。因为我对官场从来就没有兴趣。"

蒋经国的努力付诸东流，他深知乘龙快婿注定要走一条与蒋家不同的路，诚如俞扬和所言，他始终未曾介入台湾政局。尽管如此，他在美国也为台湾工商界兼管一些海外的业务工作，担任"中华航空公司"和"中华造船公司"的技术顾问。虽然几乎不去台湾，但是俞扬和未入美国国籍，仍自视是"中华民国的子民"。

●俞扬和与蒋孝章晚年在美国旧金山郊外乡下过着恬然、幽静、与世无争的日子。岂料一场"温哈熊诽谤案"又将二人推到媒体面前，引起台湾各界乃至海外人士的密切关注。

2002 年 4 月 13 日，台湾《联合报》上刊登了一篇报道，题为《温哈熊获判无罪俞扬和将上诉》，其中写道："蒋故总统经国先生长女蒋孝章及夫婿俞扬和，认为前联勤总司令……所以也判无罪。"同时，在该报道的旁边附有法官在定夺此案时所参考的书籍印证。

法官摘录相关书籍及文章的大致情形如下：

一、陶涵所著的《蒋经国传》指出："当蒋孝章要到美国念大学时，经国先生拜托国防部长俞大维转请他在美国的儿子俞扬和照顾她。孝章旋即爱上已经四十岁，离过三次婚，在美经商的俞扬和，预备嫁给他。蒋经国闻读大为震怒。可是，孝章回到美国不久，就和俞扬和跑到内华达州雷诺城结婚。消息传到台北，经国先生正在吃午饭，气得把饭桌都掀了。方良女士躲到房里哭，用头撞床柱。"

二、衣复恩在《我的回忆》一书提及，当初曾奉经国先生之命趁赴美洽公之便，设法拆散俞扬和与蒋孝章的关系。

三、王美玉所著的《蒋方良传》指出："俞扬和比蒋孝章大了将近廿岁，俞曾有离婚纪录，听说又很有女人缘……不过不管老爸怎么操心和反对，都挽回不了蒋孝章的心，还是坚决要嫁给他，并决定和俞扬和在美国秘密结婚。"

四、蒋经国先生的司机邵学海接受报纸记者采访时表示："由于担任司机，吃住都在蒋家，他因此看到些家事。蒋孝章自美国回来后，邰学海曾听到蒋经国的动怒，以及蒋孝章的啜泣。"

五、与俞大维亲近的周乃凌亦为"蒋经国女儿打官司内情"一文记述："俞大维感叹地说，他是坚持反对扬和娶孝章，扬和与孝章在美国结婚后，才向俞家禀告，这时再反对也无济于事。"

六、传记文学作者莫热冰所著《挑战与回忆》一文，其中孝章之恋部分提及某驻美代表说："温言（指温哈熊）百分之百正确。"该文作者并引衣复恩等相关著述认为"温哈熊对"等语。

法官认为上述内容，可以证明口述历史达到的相互研析、浮现历史真相的效应，更加证实被告温哈熊所言并非全不然实，自诉人俞扬和夫妇所指已生疑窦，难以采信。

而俞扬和夫妇的代理律师王清峰表示，温哈熊与俞扬和并不熟稔，仅有几面之缘，且温哈熊1965年才调到蒋经国办公室任副主任，而俞扬和、蒋孝章二人早在1960年结婚，故温哈熊绝不可能了解俞、蒋两人之间的事情，更不可能拥有"第一手资料"，故对温哈熊的说法存疑。王清峰还表示，温哈熊有许多言论，是针对俞大维自传的内容而来，但了解俞大维的人都知道，俞有三不，就是不演讲、不写书、不出传记，因此目前市面上流行的俞大维自传，并非俞大维授权的出版品。对于外传蒋经国讨厌俞扬和的说法，王清峰说从俞与蒋家合照的全家福照片中，都可以证明俞、蒋两家相处融洽；而从另一张蒋经国牵着外孙祖声的照片，更可以印证蒋、俞两家的感情。此外，王清峰还转述俞扬和的话，指出俞扬和若是运用特权的人，为何只担任小小的航运代理而已，而且最后实际上也未得到代理航权。若他是特权分子，那温哈熊怎么可能还一路平步青云，升任上将。

面对法官的判决，俞扬和夫妇与律师及友人讨论后，决定提出上诉。俞扬和指出，法院判决之论断恐已背离文明社会的生活经验及基本常识，恐怕一般社会大众都难以认同。俞扬和夫妇还发表声明稿表示，对法院判决难以置信。在声明稿中，俞扬和夫妇指出，他们绝对支持言论自由应受保障及口述历史的价值，但温哈熊在诉讼程序中，一直提出所谓的人证及

"第一手资料"。尤其研究所出书前，曾要求温氏对涉及俞扬和叙述部分加以调整，但温氏表示愿对其所说的每一句话负责。声明稿表示，去年他们夫妻得知温氏书中内容后，曾修书抗议要求修正道歉，温氏仍强调有人证，有第一手资料，对他们夫妻的要求置之不理，如今法院竟认为温氏无损于他人名誉之故意，也无散布于众之意图，让他们夫妻无法置信。

声明稿说，丁守中对媒体表示，"俞扬和有了蒋家这门亲事后，用尽特权，要写的话罄竹难书。以丁所受之教育及身份地位，其言论足以损害他们夫妻之人格、信用及名誉，如何说没有诽谤之故。"

声明稿表示，本案法律之判决有相当之偏差，既不

俞扬和和蒋孝章

能保障个人之基本人权，亦无法维护言论自由，更不能彰显口述历史之价值，所以他们夫妻将提起上诉，期盼还他们公道。

2001 年，正值俞扬和、蒋孝章结婚满 40 周年，人称"红宝石婚"之时，却遭遇此等突来事端。为了向外界释疑，反驳温哈熊在《温哈熊先生访问记录》中的言论，俞扬和亲笔书信一封，题为《俞扬和与蒋孝章的红宝石之路》，娓娓道来两人从相识、相爱到结婚的过程，以及亲自晋见蒋经国，并获得蒋经国谅解的经过，现节录如下：

回忆 1959 年近圣诞节，孝文、孝章兄妹俩初次来美，先至华盛顿特区舍下作礼貌性造访，旋即转往旧金山。适余正和第二任妻子华裔生活习惯不尽相同，意见也不合，致情绪低潮，歉未尽情招待，更谈不上深刻印象。当他们在金山出现困难或发生些问题时，求助无门，便打电话来舍间，那时候义不容辞只有由我设法帮忙去解决。后来我因业务到美西，顺

道来金山看他们和代解决问题，三人在一起吃过几次饭，才算正式相识。就在这时与孝章不知为什么就是那么契合融洽，显有一见如故、相见恨晚之感，此后常在电话中聊天，似有说不完的话，很快便建立起来了情感。如果说"千里姻缘一线牵"，那彼我间这几根线应该就是电话线了。

当她和我交往消息传到台北后，最初反应非常好，传话人开口就说"恭喜您"，下文不言而喻。不幸接着就有人处心积虑搞鬼、造谣生非，谣传我酒鬼色狼，离过三次婚及与孝章不轨行为等。于是第二回合传过来，又变成经国先生很生气，"天下父母心"，谁为人女父母者听之也会生气，何况最心爱又唯一的掌上明珠。而先父母（指俞大维夫妇）对儿辈婚姻则"从无拘束，关切而不过问"，认为"父母之命媒妁之言"时代早已过去了。至于他老人家究竟生了多大气，我完全不知，但我纯为无妄之灾，自问于心无愧，自信"真金不怕火炼"，不必他人传话，决心单枪匹马回台北亲向经国先生禀报，接受挑战。

出乎意料，晋见后，非但无一句质问或重话，反而很有礼貌地接待我。当即因公外出，但嘱约当晚圆山饭店吃晚饭，给我第一印象就是宽宏伟大的风范，令我由衷起敬，也益增敢说敢当的胆量。准时赴宴，仅两人却不少佳肴美酒予以款待，见我滴酒不沾便以诧异口吻问："听说你不是很会喝酒？不必拘泥，能喝就喝，别客气。"看我准备起立，着即"请坐下来谈"，听我报告"自幼即有皮肤过敏症根本不能饮酒"，并卷起衣袖出示症状，后实言"千里路上无真信"，心想他已体验到自己误信了传言。待继续报告前在香港与第一个内人因对外在大环境认同差距而"分道扬镳"故事后，他老人家点头微笑了。复重温当我回来，蒋公召见的一幕，或因此到我婚后偕孝章返台拜岳祖父母时，蒋夫人特别呼唤爱孙女到身边，不停地谈笑风生，一言难尽，蒋公则说"一对英雄美人"予赞赏。

话再说回来，我也据实禀报如何与第二位内子因生活习惯不同及意见不合而协议离婚的往事。虽未听他老人家任何评论，但见带有同情的表情，沉思一会儿后又说了一句似极平常实非平常的话"家家有本难念的经"，未加以解释，实却代表了千言万语的内涵。而他老人家似意犹未尽，嘱再说下去，猜测其定想了解什么，便大胆直率地坦陈"孝章与我在美国一东一西，人格保证不敢越雷池一步，如有越轨行为或言之不实，誓愿接受任何处分或横遭雷击"，蒙即赐复"不必这么说"，但相信以经国先生之超人智慧、经历及经验，对当初所闻和我所说必然也很易于查证过，才完全改变了对我的观感。

此后便一路顺风，直至我们结婚，仪式简单而隆重，双方家长都因公忙虽未来参与，但均事前奉同意，绝无不可告人之隐秘。婚后隔周奉召返台度蜜月，蒋俞四位亲家亲赴中正机场（应松山机场之误）接机。我们在台一个多月，岳父大人特别改变在家早餐后上班习惯，总是邀女婿陪同到圆山饭店吃早餐，借以好谈天话家常，也总喜欢带同出巡视察或参与宴会，一同到过"行政院"、"国防部"、"国军退除役辅导会"、海军造船厂等等。

记忆很清楚的一次，1971年8月26日"美驻华大使"马康卫宴请经国先生伉俪，夫人因事缺席，倒叫婿定要陪同出席了。他老人家多次试探，知我对政治非常陌生，也无兴致学习，谈话中便很少涉及公务，而家务却常问到我的意见。例如新修七海官邸，即着我先往勘察认妥才迁入，颇能获得其信任，视女婿似比己出还更重。例如，蒋公出殡送灵车队，经国先生亲自交代安排，紧接孝子车后者为孙女婿非孙儿，众目睽睽，有目共睹。唯我夫妇受到如此之过分重视与宠爱，实感"受宠若惊"，或因"爱屋及乌"致蒋俞两家后来也走得更为亲近。举个小例子，凡蒋获赠无论是金门的酒、马祖的黄鱼、澎湖的海鲜或梨山的水果，总少不了一份转送俞亲家去品尝和分享。而先父只要发现出版有好书，哪怕大陆出版者，总是叮嘱设法寻购两本以上，内一本就是预定赠蒋亲家先睹为快，使我们做子女者深感欣慰。

或问："你凭什么赢得蒋孝章的芳心？"说迷信是"缘份"，曾有谣传"存心高攀，另有意图"，回溯那个时代经国先生"国防部长"尚系先父保荐，还能有什么企图呢？"时势造英雄"，后来经国先生当了"总统"，我夫妇也从未存有"沾光"的念头，连闹得满城风雨的"兴票案"内接济蒋家属账户，而我们就是榜上无名，倒有时反受到不少无谓的干扰。不过，有"因"才有"果"，有"缘"还要"姻"，她（指蒋孝章）说："第一步确认您完全不是传说中那样的花花公子。其次发现我俩'谈得来'，性向相近，意趣相投，很多地方也都非常投机，正为我所向往的对象。至于离过婚既非见异思迁，也不是喜新厌旧或遗弃，我倒并不在意。也很知道俞老没有钱，您也不会是个有钱佬，只要不好吃懒做，肯努力，哪有饿死人？最后在我心目中，您终成为忠诚可靠足以信赖的终身好伴侣。"好像还有三部曲似的，如果有人认为她"迷恋"或"迷糊"，则完全看错了。结婚40年来，我俩一直是相亲相爱相敬如宾，从未争过嘴，别说吵架了，互助合作，鹣鲽情深，我也有信心再也不会让她失望。

近阅"中央研究院"一本出版物中说"蒋孝章是很好的一个女孩子"，我想应该加上一句是深具旧道德、新思想、有为有才、可敬又可爱的一位女孩子。个性坚强，喜静内向型，但美丽大方，精明能干，不好高骛远，不涉是非，且毫无权贵子女一点点坏习气。例如，早年台湾办签证，照常排长龙，待达窗口，承办人才从申请表上姓名和照片发觉面对者原来就是蒋家公主，后来再由馆内传出来此一"佳话"。

婚后我们一直住在旧金山郊外乡下，很安定，过着平凡平实的小家庭生活，自己虽学有所长，因受年龄、体格等限制因素已停飞，改做一点代理小生意。她身体羸弱则做一个勤恳的家庭主妇，男主外，女主内，两相配合得很好，安分守己、安贫乐道，很少社交应酬。与村邻和睦相处，从未与左邻右舍发生争执过，但爱孩子更胜于她自己。先父和岳父二大人先后都来家做过"客"，皆出于她主动建议，让出主卧室，我俩则改睡地板上。经国先生亲见我们简朴生活和简单家具，后来曾多次垂询"需不需要钱"，均为我夫妇一口婉谢了。

想早年我俩至少每半年返台探亲一次，一住就是一二个月，不是住娘（岳）家就是住旅馆，从未住过婆家，实因俞寓也无空间可容纳我们住。但她总不忘赠龙嫂（老佣人）、厨师、护士等服务人员各一个大红包，表示感谢他们代为照护了公公和婆婆。可是近年来只剩下老母，她反而难得回去，实因五年前年度体检发现感染癌细胞，先施化学治疗，至1999年又施切除手术，使她身体更为虚弱。而今犹每两个月需住院复检，健康状况不允远行，使她对"探亲"也就力不从心。不过，此情深获老夫人和慈母之谅解和疼惜，惟很难让外界了解其苦衷，使她最感遗憾之隐衷和痛苦。借此让关切我们的社会大众有所了解和谅解，不能说不是给了我们一次可贵的机会。

孝章无法孝敬老母，感谢长嫂徐乃锦住台北，不辞辛苦对她老人家照顾得很好，也就略感内疚，可见孝章不仅是位好女孩，实也是一位孝女、乖媳、贤妻、良母、好邻居、好国民。迄今我们未入美籍，二人皆持用"国府"所发"护照"，是百分之百"中华民国"国民。

回忆六年前祖声儿于伯克利荣获物理博士学位，欣爱之余她不禁怀念先人叹息说："如果孩子祖父母和外祖父母见第一个宝贝博士爱孙，岂不会也像外婆一样笑得嘴都合不拢了，该多好！"意下"子欲孝而亲不在"，是岳父大人过世后第一次见她流泪。外人对这一对家庭背景特异的青年男女的结合，难怪另眼相看。其实我们和其他年轻夫妇并无两样，同样地立志"人生以服务为目的"和靠自己努力打拼谋生，谨记先父常训勉我们兄弟，"不可拿不应拿的钱，大丈夫要有自己独立的人格"，又说"人生如戏，好好努力演好自己的角色就是成功"。而孝章和我好像就有"灵犀一点通"似的感应，她有这样的想法，并非娘家不肯陪嫁妆，而是她坚决婉谢，虽跟着我受苦了，数十年也无怨无悔。

判决做出后尽管俞扬和夫妇希望再提请上诉，但是面对台湾的"司法制度"，他们已丧失信心。"台湾的法院不仅不能依据法律为被害人主持公道，还要加重伤害被害人，诚不可思议！"于是夫妇二人于2002年5月1日发布新闻稿决定不再上诉，"温哈熊诽谤案"至此落幕。

从此案的审判过程及其结果来看，它不仅仅是台湾"司法制度"的堕落，更是蒋氏家族在台湾的影响力式微的结果。倘若蒋氏家族在台湾仍像蒋经国在世时那样，温哈熊就算有十个胆子亦不敢如此大言不惭，真乃事过境迁、物是人非呀！

三、蒋经国的次子蒋孝武及
其夫人汪长诗、郑绵绵、蔡惠媚

●在蒋家第三代中，蒋孝武一度政治行情最好，曾被风传为蒋家王朝的"接棒人"。可惜好景不长，先是因"江南事件"牵连被迫外放，淡出决策圈，后又由于蒋经国过世后台湾国民党政权的"本土化"、"非蒋化"，彻底封绝了蒋孝武"东山再起"之路。

蒋孝武1945年出生于老家奉化，从小心眼多，而且吝啬。蒋介石每每端坐在椅子或沙发上看着两个孙子嬉闹时，常对身边的人说："这个孝武啊！眼睛经常动不动就眨呀眨的，可见他是个计谋多端的'鬼灵精'。"

每年大年初一，孝武便让母亲为他和阿弟孝勇梳洗打扮一番，提上小礼物到士林官邸向蒋介石、宋美龄鞠躬拜年，然后用小礼物换回爷爷手中的大礼物和红包。不一会便找个借口回家，把自己的礼物和红包藏起来，然后走到孝勇身边，哄他说："阿弟啊！你的钱真多哎，我没有钱，我们一起出去玩，你要多花钱噢！"不费吹灰之力，孝勇手中的钱就被他骗光了。

有一次，孝武和孝勇上街买奖券，钱是孝勇花的，但孝武手中的奖券中奖了，他怎么也不肯分些给孝勇。后来家中人哄他请客，他硬是一个子儿也不肯掏。

随着年龄的增长，蒋孝武的性格变得倔强、任性。中学毕业后曾在凤山陆军军官学校受过短期军事教育，然后进入台湾大学政治系就读。1969年赴德国留学，毕业于慕尼黑政治学院。返回台湾后，于1974年获"中国文化学院中美关系研究所"法学硕士学位。

蒋孝武在台湾社会谋求发展之时，正值蒋孝文身染恶疾、病魔缠身之际，因此蒋家上下均把未来的希望寄托在他的身上，进行重点培植。

蒋孝武从德国留学归来后，蒋经国首先安排他进入素不为人看重的文化事业中磨炼，一则树立形象，二来也测试一下"孺子"是否"可教"。蒋孝武于1969年出任台湾华欣文化事业中心主任，并负责欣欣传播事业有限公司。1976年出任台湾"中央广播电台"主任，1977年出任台湾"中华民国广播事业协会"理事长，1980年出任台湾"中国广播公司"总经理，一步步成为台湾传播界举足轻重的人物。

但是，蒋孝武在文化事业中工作十几年的名声并不佳，乏善可陈。在"华欣"公司期间，蒋孝武曾有意与台湾文化界人士联络感情，建立关系，由他最先网罗门下的文人尹雪曼出面负责安排聚会。然而，尹雪曼每一次组织的与蒋孝武见面的文化界人士，都是他自己圈内的人，将蒋孝武视为"可居"的"奇货"而"独揽"，弄得欲"以文会友"的蒋孝武意兴阑珊："如果整个台湾的文化界，就只有这么几个人的话，下次不必再请了。"

在"欣欣"公司里，蒋孝武没有担任任何具体职务，实际控制权却是在他手里，外界也都知道"欣欣"公司是蒋孝武的"私家领地"，因此，"欣欣"公司的人出外都打着蒋孝武的牌子招摇。台湾"中华航空公司"的所有广告业务，就是由于这层关系而落于"欣欣"公司名下的。国民党当局《我爱台北》之类的宣传节目也被揽到"欣欣"公司来制作，并强行摊派到各家电视台反复播放，观众怨声载道："这一类低劣品质填鸭式的宣传节目居然一家播了，再在同一周内作第二家第三家的重播。"而"欣欣"公司的总经理蒋天铎则在向蒋孝武"表功"："我们做的宣传节目，可以在三台轮流播出，可见我们在主任的领导下，做了很大贡献。"

由于蒋孝武有此"通天法力"，自有许多趋炎附势者奉承其后，加上蒋孝武与第一任夫人汪长诗婚后一直关系不洽，长期不在一起，更是给这群日夜周旋左右的大小跟班提供了讨好的良机，外界传出跟哪个歌星、舞星、影星的风风雨雨，自是不无其因。据说，此事为蒋经国所悉，因此勒令其除主管的"中央广播电台"、"中国广播公司"以外，其余在社会上所兼的若干公司董事长、总经理、顾问一律撤销，并责其"闭门读书"，以资自省。20世纪70年代末80年代初，蒋孝武的飞扬跋扈一度有所收敛，即与此有关。

为了使蒋孝武尽快进入所应扮演的角色，蒋经国还在蒋孝武刚刚从德国归来不久，就开始安排他在国民党党务部门见习，熟悉情况。蒋孝武先后担任过国民党"中央政策会"专任委员、"中央组织工作会"委员、"新闻党部"常务委员、"中央委员会"秘书处秘书等职务，虽然多是一些事务性的工作，但是对于国民党"中央党部"的决策、体制及运用程序的了解和掌握却大有裨益，职轻位重，并借此联络到相当一批"拥蒋"的元老重臣，引为日后出头的辅弼。

早在主持台湾"中央广播电台"工作期间，蒋孝武就已经开始涉足国民党的情报系统。因为台湾"中央广播电台"主要是对大陆广播，属于所谓"对敌心理作战"部门，蒋孝武从那时起就逐步地与台湾所有的情报机构建立起了联系。到了1976年，蒋经国又安排他出任"国安会议"执行秘书一职，更是直接进入到台湾情报系统的核心层面。在台湾这样高度集权的政治体制下，谁掌握有军队，谁就是强人，而欲治军，则必须先从"情报"工作入手。当年蒋介石就是循此"捷径"授权蒋经国"接班"的。现在，蒋经国又如法炮制，让蒋孝武由远及近、由低至高，一步步地蓄积实力，以图将来大局。

但是，"蒋经国时代"毕竟不同于"蒋介石时代"，蒋经国不可能如往昔其父扶植他那般明目张胆地培养蒋孝武，只有暗中助力。至于蒋孝武是否能成气候，就得看蒋孝武自己的运气了。

事实上，蒋孝武无论就阅历经验或是素质才干，与其父、其祖相比都不能同日而语，在政治上极不成熟，有待磨砺之处甚多。有鉴于此，蒋经国有意识地放慢蒋孝武的晋升速度，让他经受一些挫折，一方面锻炼他的韧性和意志力，另一方面也是为了减少外界的种种非议。1981年，国民党"十二全"选举新一届的"中央委员"，无论是党务系统还是政务系统都曾把蒋孝武列入候选名单，但最后都在蒋经国那里被打了回票，蒋经国态度很明确："免议。"当时就是担心政治上尚显稚嫩的蒋孝武过早出头可能会毁了他的前程，欲速则不达！

然而，蒋孝武对自己显然缺乏自知之明。他自小至大都生活在优越的环境中，锦衣玉食，备受恩宠，上有余荫可被，下有侍从可驱，不知不觉养成了骄横乖张之气，性格暴躁，反复无常。据说，有一次蒋孝武一时兴起，出面邀请外籍公司的老板到自己的寓所赴宴，不料酒过三巡，蒋孝武喝得酩酊大醉，借酒装疯，信口大骂："把一切帝国主义走狗赶出去，"弄得所有来宾面面相觑，尴尬异常，最后不欢而散。蒋孝武同台湾黑社会的关系也是如此，一度称兄道弟，亲如一家。忽一日，蒋孝武觉得无聊、烦闷，又组织力量"扫黑"，令人难以捉摸。蒋孝武口拙，不善言谈，因此，涉入政界后，有意识地模仿其父、其祖的神秘感。他平时外出总是戴着一副遮目的大墨镜，行迹无常，加上蒋孝武一直插手台湾的情报系统，外界对他素无好感，有"畏"无敬。

由于蒋孝文不中用，所以一批想凭借着拥立"太子"得势的"政治帮闲"就聚集在第三代主力人物蒋孝武的身边，极尽奉承之能事，怂恿他到处伸手揽权，准备接班。蒋孝武不知深浅，俨然以"蒋家王朝"的"法统"继承人自居，飞扬跋扈，不可一世。

此时，"江南命案"的发生断送了他的前程。江南，原是蒋经国一手培植的政工人员，后赴美定居，积多年之心血写成《蒋经国传》，于1984年在美国正式出版，风行一时。由于其中用了大量篇幅披露蒋氏父子的劣迹，引起台湾当局的惊怒。蒋孝武自作主张，秘密策划台湾情报机关与黑社会联手，刺杀江南，在台湾内外引发了一场"政治大地震"，使得台湾国民党政权在"蒋经国时代"苦心经营的"民主"与"法治"形象毁于一旦。虽然，蒋孝武曾发表声明，矢口否认与江南血案有关，但外界仍然认为他是事实上的主谋，指出蒋孝武在台湾情报系统中的影响，"并不在于他有什么职衔，而在于他的背景"。为了平息事态，同时蒋经国也看出蒋孝武"不堪造就"，只好于1986年将蒋孝武外放出岛，让他远赴新加坡"屈就"台湾国民党政权驻新加坡商务代表团副代表之职，岛内所兼各职一并免除。从此而后，蒋孝武的政治生命事实上已告结束。

蒋孝武生命的最后一段岁月，都是在台湾岛外度过的。1988年，他在台湾国民党政权驻新加坡商务代表团副代表的位置上转正。1990 年起又调任"亚东关系协会"台湾驻日本代表一职，直至 1991 年病故。

由于家族的遗传，蒋孝武自进入中年以后就发现患有糖尿病、高血脂症和慢性胰脏炎。1991 年 6 月，蒋孝武回台湾住院治疗，7 月 1 日因急性心脏衰竭施救无效而猝逝。

●**蒋孝武的私生活比较放纵，绯闻很多。他一生曾结过 3 次婚。原配夫人是瑞士籍的华侨汪长诗，第二任夫人是曾被列为全球十大最有身价未婚女性之一的郑绵绵，第三任夫人是台湾美女蔡惠媚，据说蒋孝武用了近 10 年的时间才得以"独占花魁"。**

蒋孝武大约是在 22 岁前往德国留学的时候，认识了汪长诗的。当时，他既没有朋友，语言又不通，一个人孤苦伶仃，不能专心向学。1968 年 8 月的一天，他开着跑车，穿过隧道，花了 4 小时的时间，到日内瓦一游，因而结识了当时在联合国的汪德官。

汪德官是汪长诗的爸爸，毕业于交通大学，曾任广州电信局局长，后来在联合国国际电信委员会工作至退休。

蒋孝武到达日内瓦以后，台湾驻当地的官员郑玉南等人，立刻凑了两桌麻将，替孝武接风。男的在楼上，女的在楼下。晚饭时间，两桌人一起吃饭，汪长诗巧妙地加入了这场饭局。

蒋孝武认识汪长诗的同时，正与另一位"金小姐"在交往。这位金小姐年仅 14 岁，是土耳其后裔的美国人金克的女儿，身材长得凹凸有致。两人同台较劲的结果，不相上下，令蒋孝武好生为难。

当时，有长辈给蒋孝武分析：金小姐年纪太轻，又是混血儿。而汪小姐秀外慧中，又与你年龄相当，如果你娶了汪小姐，你爷爷一定会喜欢。

就这样，蒋孝武开始与汪长诗拍拖，虽然两人的语言交流有些困难，但蒋孝武仍然坚持每星期六不远千里，从慕尼黑驾车前往日内瓦，秘密约会同样陷入情网中的汪长诗。那时候，汪长诗与蒋孝武的感情与日俱增，有时她也会乘飞机前往慕尼黑与蒋孝武相会。半年后，两人感情已到如胶似漆的地步，当即表示要结婚。他们的婚礼在 1969 年夏天美国洛杉矶蒋孝章的家里举行，只有蒋方良前来参加。那时，蒋家的大家长蒋介石尚未故去，在汪长诗与蒋孝武结婚的前一天，蒋介石委托宋美龄亲笔给他们写了封祝贺新婚的信。这封信后来一直成为蒋孝武和汪长诗无法忘却的纪念：

武孙：

你与长诗写的英文信皆已收到，甚为欢喜。祖父病后，右手尚不能握笔信，故不能作复。但近日已有所进步。你们在国外结婚，未能亲临主持为念，惟望你们能早日成婚，回国相见盼。特趁你母亲来美主持婚礼，故顺带一函作贺。甚盼一切欢乐为祝。

祖父祖母示

对于这门亲事，原本蒋经国并不放心，特别派秘书秦孝仪到日内瓦跑了一趟，代他相了一相汪长诗。结果，秦孝仪回来报的结果是："汪长诗真是个好女孩，不仅气质好，家世也很好。你有这个媳妇，简直是太好了！"后来，蒋孝武陪着汪德官到士林官邸去探望蒋介石，蒋介石亲自出面请他喝茶，这门亲事才终敲定。

然而，汪长诗与蒋孝武的蜜月期仅维持了短短几个月的时间，渐渐地，汪长诗发现蒋孝武性格上的许多缺陷，有些甚至远远超出她从前的想象。蒋孝武处处耍性子，两人经常争吵不断，越吵越激烈，最终只得以悲剧收场。

蒋家侍卫记忆所及："二少奶奶有一天夜里与孝武先生激烈争吵之后，第二天就拎着皮箱走了，从此之后，就没有再见她的身影！"

与孝武一块儿长大的黄任中认为，蒋孝武与汪长诗婚姻不和谐，与两人都太年轻有关。"汪长诗从小在国外长大，惯说英语，嫁到蒋家以后，能陪她讲话、聊天、玩的朋友不多。有一次，我们一群人到孝武家，帮汪长诗过生日。晚饭过后，孝武想推牌九，但我们都知道，先前他已经答应汪长诗去跳舞，而且，她已经到房里去换衣服了。但是，孝武偷偷跑来跟我咬耳朵，要我劝她不要去，干脆留在家推牌九算了！"黄任中不敢去劝，孝武三次跟他咬耳朵，黄任中终于去劝，汪长诗也只好悻悻然作罢，陪在孝武身边推牌九。

汪长诗

翁元说，汪长诗那么年轻，就嫁到蒋家来，不到两年就帮蒋家生了友兰、友松一对儿女，而且，婚后她父亲也退休了，在做生意。她与家人分隔三地，可说无所依靠，加上对婚后在台湾的日子并不适应，蒋孝武又无法给她充分的安全感，她的处境可想而知。

汪长诗最后终于恨别蒋家，外传跟孝武与女明星有所交往有关。汪长诗离开蒋家的那一天，除了留下一封信外，还把两个孩子一起带走。这件事，当然惊动了蒋家上下。

翁元记得，那是个礼拜六的早上，蒋经国在慈湖守灵，清晨五六点的时候，一通电话打到了慈湖管理处。不久有人通报："电话是从阳明山孝武的住所打来的，说是孝武的太太要来慈湖告状！"但是，没有人敢惊动还在熟睡中的蒋经国，只好请孝武的弟弟孝勇出面处理。

蒋孝勇接到电话立马赶来，不过，汪长诗先一步，一进慈湖，就要求见蒋经国。侍卫们回答她说："经国先生在后面厢房睡觉，不方便！"汪长诗仍执意要见，气呼呼地坐在那里，把气氛弄得很僵，即使孝勇怎么劝也没有用。

后来，蒋孝武也赶来了，两人在房里单独谈，外面听不见。不过照后来所发生的事情来看，蒋孝武当天并没有把婚姻危机给化解掉。

汪长诗离家出走以后，蒋家所有人都分头向汪长诗进行游说，极力挽救这段婚姻，挽回汪长诗。起初她没答应，后来念及友兰、友松两个尚未懂事的孩子，态度终于软化，愿意再给蒋孝武一个机会。她开出一个条件：回来可以，不过要蒋孝武亲自到机场接她，如果蒋孝武做得到，她马上回头。但是，蒋孝武没有。结果，汪长诗掉头就走，最终还是成为蒋家的"过客"。

汪长诗离开台湾之后，带着两个孩子回到瑞士娘家。她原本打算把两个孩子留在身边，但后来蒋经国思孙心切，再加上"台独"分子欲行绑架两位孩子的传言传出，因此蒋经国派了当时驻维也纳的"观光局"代表虞为劝汪长诗把小孩送回台湾。汪长诗这才罢手，并且在结识一位画家之后，另行改嫁，成为蒋家最深的一个记忆。

●蒋孝武的第二任夫人是曾被列为全球十大最有身价未婚女性之一的郑绵绵。这段婚姻十分神秘。根据传闻，这是一桩极富政治意味的婚姻，由于家世和其他政治方面的原因，蒋孝武和郑绵绵的婚礼只能以"地下"的方式秘密举行，除了郑家和蒋孝武的极少数心腹人员知道外，外界鲜有人知。

正如蒋孝武其人很神秘一样，他的再婚问题一直为人们注目。其中最引人瞩目的是蒋孝武与郑绵绵的婚谜。据说，1984年4月，蒋孝武在菲律宾，有人目睹他与郑绵绵俩人手挽手散步，进而传出他俩秘密结婚的消息。郑绵绵，是旅菲华商郑周敏的女儿，生于1958年，优越的家庭环境使她从小就得到良好的教育，被家人视为掌上明珠。这位郑家千金，不但在亚洲数一数二，还曾被列为"世界十大最有身价的未婚女性"之一，其掌管的事业遍及全球。她能在20多岁便拥有如此令人羡慕的企业王国，一方面

郑绵绵（右）与其父郑周敏

受益于其父亲有意的安排，郑周敏非常注重培养子女的吃苦耐劳精神和实践经验，15 岁的郑绵绵中学毕业后，就被父亲安排到属下的农工商发展公司做事，从练习生、打字员、业务员等最基层工作干起，后来步步高升，最终达到独当一面、名扬全球的境地；另一方面，她的勤奋好学，白天工作，晚上还坚持在菲律宾女子大学夜间部念商业会计专业。由于她在企业经营上的突出成就，母校菲律宾女子大学授予她"经济学博士"学位。

由于郑家有如此庞大的企业，自然引起不少人士的"幻想"，心怀叵测者亦不在少数。曾经，这位最有身价的女企业家在吕宋岛被一帮匪徒绑架，匪徒的目的当然是白花花的银子，且要求的数字以亿计。郑家当然不愿被如此要挟，但为女儿的性命，除了给钱外，只有动员尽快救人。郑家采用的是后者，雇佣了无数枪击好手，经过数昼夜枪战，在击毙匪十数名后，才救得女儿归。

为了保有其庞大产业，也为了郑家在大笔资金转进台湾时能不被那里虎视眈眈的"幻想"分子侵蚀并吞，有人说郑大小姐想嫁给蒋孝武，可惜这段婚姻只属于"地下"阶段。据说，按郑绵绵的生辰八字，她的定情年当在两年之后，而在这期间，又传出蒋孝武与蔡惠媚秘密同居，并在新加坡结婚的消息。这样，蒋孝武与郑绵绵的恋情也就不了了之了。

●汪长诗出走以后，蒋孝武的感情世界并没有留白。他起初沉迷在花天酒地之中，直到认识了蔡惠媚后，他就再也没有传出任何花边新闻。

蔡惠媚出身于台中清水望族，自幼就读于美国学校，洋名"蜜雪儿"，父亲蔡垂碧是当地有名的船务商。蔡家经济富裕，实在没有高攀的必要，甚至因为政治因素，一度排斥蒋孝武接近女儿。

蔡惠媚在一次接受《时报周刊》的访谈中透露，她与蒋孝武是在圆山联谊社的游泳池畔认识的，当时她只有十六七岁，还在美国学校念书。"我常常在游泳的时候，发现有一堆老男人盯着我看，而且已经有好一段时间了，以我的直觉判断，他们都是同一伙的，蒋孝武也在里面。"

蔡惠媚因为先前在电视上看过蒋孝武，因此认得出他来。但是，对于那些对她指指点点的老男人们，她并没有搭理。

至于蒋孝武，虽然在池畔观察蔡惠媚许久，但也迟迟不敢靠近。后来，他请黄任中帮他出主意。

有一天，蒋孝武请黄任中吃饭，等到饭一吃完，就把他带到游泳池畔，往池里一指说："我喜欢池子里的那个小姐，你帮我想办法！"黄任中往池子里一看，发现蔡惠媚不仅年轻、活泼、漂亮、皮肤白，身材尤其好，认为蒋孝武实在很有眼光，也知道这一次他是动了真情，于是立刻采取行动。黄任中首先自己到圆山联谊社跑了一趟。经过打听之后，不仅发现她的家世很好，还是圆山饭店一带公认的美女。于是他就更加小心翼翼了。

事有凑巧，黄任中的前妻钱钟雯刚好是蔡惠媚姊姊在美国学校的同学。于是，黄任中将整件事交给钱仲雯来办。黄任中对钱仲雯的办事能力很满意，因为她只花了一个月的时间，就把蔡惠媚骗进了蒋家，理由是请蔡惠媚到蒋孝武家当"家教"。

不过，蔡惠媚始终不认为自己是被"骗"到蒋家的。她说："我还记得在我满18岁的那一年，有一天接到钱仲雯打来的电话，说她有几个住在阳明山的朋友，想一起组个幼稚园，并请个英文家教，问我有没有意愿？我一听有人要找我当家教，心里好高兴，于是马上就说没问题！我问，什么时候开始教？钱仲雯说，几个家长想先跟我见见面。她建议，干脆由她居间，约双方一起吃个饭，见个面。我心想，教就教嘛！干吗一定要吃饭？我心中有些怀疑，但是当时没问。

"我后来来到餐厅之后，发现没有半个家长来，心中开始起疑。我们一边等、一边聊天，突然间，看到有辆车往我们这个方向驶来，并停下来，等对方车停稳了，下来个人，我一看，那不是圆山联谊社那个人吗？这时候，钱仲雯突然喊起来：'Aiex！我们在这里！'接下来的事，不用我说，大家都想得到！"

自从餐厅第一次会面之后，蒋孝武就对蔡惠媚展开热烈的追求。他足足花了 8 年的时间，才把蔡惠媚追到手，过程可说是既艰辛，又谨慎，直到蔡家二老终于点头为止。蔡家二老除了不忍女儿嫁入深宫大院的蒋家，同时也担心蒋孝武之前的风风雨雨对爱女多少会有影响。

其实，蒋孝武与蔡惠媚的婚事，之所以拖了这么久，除了蔡家二老反对以外，蒋经国这边也有迟疑。蒋经国对于汪长诗与蒋孝武的婚姻拖拖拉拉，多少年都没有了断一直不太满意，所以直到汪长诗改嫁，与蒋孝武正式办妥了离婚手续，才点头答应这门婚事。蒋经国最后突然间念头一转，要蒋孝武速速与蔡惠媚完婚，还有另外一个因素。据说，他是想借此来转移"江南命案"的满城风雨。所以，在蒋孝武外放新加坡当副代表不久，就与蔡惠媚举行了闪电般的婚礼。

蒋孝武是真的爱蔡惠媚，加上 8 年的时间里，蔡惠媚与他的两个孩子亦师亦友，彼此建立了深厚的感情。借着"爱的力量"，终于挥除了蒋孝武过去的阴云。

蔡惠媚与蒋孝武参加社交活动

自从蒋孝武情定蔡惠媚之后，小两口恩爱逾恒。但是，这段真爱并未能长久，5 年之后，死神狠心地把蒋孝武带离蔡惠媚的身边，那一年，蔡惠媚才刚过 30 岁。

外传，蔡惠媚在蒋孝武死后，足足花了一年的时间，才靠着宗教的力量走出伤痛。但是蔡惠媚自己说："孝武走的这几年，我从未真正走出伤痛，我只是学着如何处理伤痛！"

据了解，蒋孝武过世之后，蒋家所有的人不忍见蔡惠媚年轻守寡，因此建议她再行改嫁。但是，蔡惠媚很决绝地说："我绝不会改嫁，这辈子我都要姓蒋！"

这几年她不仅安分地做蒋家媳妇，还代蒋孝武把一对儿女带大。直到现在，在香港广告公司上班的蒋友兰每半年回台湾一次，都一定会到蔡惠媚在天母的娘家，与"阿妈"和这位视她如己出的"妈妈"同住。

四、蒋经国三子蒋孝勇与夫人方智怡

●蒋孝勇一生与政界无深涉，只专注于工商业，虽然也曾招致"与民争利"之非议，但毕竟没有弄到他的两个哥哥那般"人人侧目"的程度。而且他个人的私生活也比较检点，很少授人于柄。

蒋孝勇是几个孙子中蒋介石最宠爱的一人。蒋孝勇小的时候，有许多地方与蒋介石童年时相仿：玩刀弄枪，天不怕地不怕，整天风风火火，打打闹闹，只要出去玩，肯定是一身泥巴、一身伤。回家后又和孝武打闹，厨房、卧室到处是"战场"，直打到犯困睡觉。蒋经国也疼爱孝勇，因为他于1948年10月在上海出生，当时正值国民党统治全面危机，蒋家王朝在中国大陆崩溃的前夜，蒋经国总觉得孝勇生下来后，营养不足，在吃穿方面总是尽量偏袒着他。隔年，尚在襁褓之中的蒋孝勇就随着祖父和父亲辞别了故土，退居到孤岛台湾。

与孝武相比，孝勇更精更鬼，在蒋介石、蒋经国面前乖如小猫，一离开他们就胡作非为。蒋介石、宋美龄非常宠爱这个小孙子。蒋介石在世时，不管遇到什么烦恼的事，只要小孙子走到面前，喊一声"爷爷好！"立刻就会转怒为喜，可见他在蒋介石心目中的地位。

读完小学、初中后，根据蒋介石的意愿，蒋经国把蒋孝勇送进了相当于高中程度的凤山陆军军官学校的预备班，以后又直接升入正式班，接受高等军事教育。但是，身为"皇孙"的蒋孝勇，经常违纪犯规，偷着抽烟、喝酒，被教育班长抓住后，不是罚他做俯卧撑，就是让他连烟带灰吞到肚子里。几次之后，蒋孝勇非常害怕，行为有所收敛。按照正常情况，蒋孝勇应该是 1972 年的那一班毕业，然而，他却被迫中途辍学，原因就是蒋孝勇在一次野外训练中脚部受了重伤，久治不愈，再也无法适应部队生活。

这一意外事件对一心想在蒋家第三代中培养出一个"职业军人"的蒋介石来说，是一个不小的打击。因为在此之前，蒋孝文、蒋孝武在陆军军官学校的学业也都半途而废。但是，事已至此，蒋介石也只好以孙儿的健康为念了。1969 年 2 月 4 日，蒋介石写信给蒋孝勇，文曰：

勇孙：

昨天电话未尽所怀，如你足疾久不愈，恐难成为健全的军人，实为我半年以来最大的忧虑，乃非言语所可形容也。现在既然如此，只有一切听从医生之言，凡使你足疾能愈办法，都得照办，再不可有勉强"充好汉"之行动，手携拐架，无论上课或上餐厅，亦只有提用，勿以为羞是要。石膏如未得医生许可，亦不应拆除，虽不方便，亦只有忍之。若非如此持久自制与勉强行之，则恐难望痊愈了。务希切实遵办，再不可自充好汉。切见毋忘。

五十八年二月四日祖父母示

同年 3 月 14 日又有一信：

勇孙：

你上次来信，我已接到了，祖母亦甚高兴。昨闻你已病入医院，不胜系念，今特写信交武孙带来慰问，如你下周仍未痊愈，我与祖母就要南来看你，想与你同住几日，在西子湾养病或以医院为佳，易愈也。余不多言，望早痊愈。

祖父母，三月十四日晨

1975 年蒋介石去世后，蒋孝勇所写的纪念文章中也谈到此事：

在我内心的深处，最最对不起祖父的一件憾事，就是未能从陆军军官学校毕业。五十三年自愿投入军旅行列——陆军军官学校预备班，祖父原是十分欣慰的。所惜八年以前，受训操练时，不慎扭伤了足踝，几个月之后，经过了两次手术，才不得不离开行列，抛弃初衷。忆及当将要离开台北到凤山报到的那天，他老人家把我叫到书房，除勉励之外，还打开皮包，拿出钱袋，数之再三，给了我两百块钱，说："你独自到官校去，必有零用之需，这是两百块钱，钱包里我也只有这么多，希望你能好好地去应用。"

蒋孝勇从陆军军官学校休学后，先转至辅仁大学读了半年，以后又转学到台湾大学政治系，就读政治理论专业，1973年毕业。

蒋孝勇从学校出来以后，蒋经国有意让他在经济领域里发展，而没有安排他直接涉足政治，蒋孝勇最初是在一家叫做"鸿霖"的民间商业机构当董事长兼总经理。1982年，台湾电影界抓到了一家"盗版"公司，公司负责人邱创寿被送上法庭，虽然后来被宣判无罪，但是由于在办案过程中查出邱创寿是"鸿霖"的常务董事之一，因而，蒋孝勇的名声一度受损。自此而后，蒋孝勇就辞掉了在"鸿霖"所兼的一切名义职务，转入幕后控制，同时开始把主要注意力放在了国民党"党营"企业方面。

从20世纪80年代起，他先后出任国民党"党营"的两个主要的生产事业单位——"中兴"电工机械公司和"中央"玻璃纤维股份有限公司的董事长兼总经理。此外，蒋孝勇还被推选执掌台湾"中华民国"电工器材同业公会理事长、"中华民国"玻璃纤维同业公会理事长及"中华民国"全国工业总会常务理事等多种要职。在国民党"中央党部"负责"党营"企业的主管机构"中央财务委员会"和"中央投资公司"内部，蒋孝勇也具有很大的发言权和影响力。

以蒋孝勇的年龄、资历，短短十数年的时间，蹿升至台湾国民党"党营"生产事业单位的"领班"级人物，并且在台湾工商界占据着举足轻重的显赫之位，主要得益于"第一家庭"的特殊背景。而这些原来经营状况并不景气的"党营"企业，由于蒋孝勇的加盟领衔，利润剧增，业务范围日益扩展。

如蒋孝勇主持"中兴"公司之时，企业本身并无生产大型冷气机的能力，可是凡遇到政府大的建筑工程，有装千吨、万吨冷气机设备招标时，"中兴"公司总是最先出来竞标，它甚至敢用低于成本的价格，先得了标，然后再以高于标价的价格转包，请有生产能力的厂家去制造和安装。等工程全面铺开后，"中兴"公司自有办法让发包的政府单位追加预算，直到达及"中兴"公司有利润而满意的价格为止。

后来，"中兴"公司干脆与其他民营的冷气机公司达成协议，凡遇到政府大的建筑工程，准许他们使用"中兴"公司的名义，去和招标单位议价，议价的条件，除了他们本公司够成本利润之外，并再戴三成"帽子"算是"中兴"出借名义的"应得利润"。本来 1 亿元可以承包的生意，借用"中兴"公司名义的民营公司，得先为自己加上二成"利润"，变成 1.2 亿元，之后再在 1.2 亿元加上三成（0.36 亿元）为付给"中兴"公司的"应得利润。"如此一周折，本来只要花 1 亿元就可以安装的冷气机，变成要花 1.56 亿元方可成交。

除了掌握有"中兴"电工机械公司和"中央"玻璃纤维股份有限公司两家主要的"党营"企业外，蒋孝勇同时还控制有"中兴"工程顾问公司等十几家公营企业。据比较保守的估计，蒋孝勇在工商界势力最盛时，能影响和支配的资产在台币 300 亿元以上。蒋孝勇在经济部门呼风唤雨的霸主地位，恰与其兄蒋孝武在文化领域纵横捭阖的强人之势，互为倚足，不难看出蒋经国刻意安排的苦心。

当然，蒋经国也深知，他的这两个儿子，在政治上都还十分稚嫩，缺乏磨炼。所以，蒋经国一直有意识地抑制他们在政治圈里过早出头，以防他们"得意忘形"，自毁前程。国民党"十二全"时，蒋经国把他们从"中央委员"的候选人名单中删除，就是一个明证。尤其是对于蒋孝勇，蒋经国总是告诫他专注于工商业，做出令人信服的成绩以后，再考虑在政界的发展。

蒋孝勇是在 1973 年从台湾大学政治系毕业后不久，与方智怡结婚的。方智怡的父亲方恩绪是台湾公路工程界颇有名气的技术专家，一直在台湾公路系统任职，先后担任过工程队队长、副局长、局长等职务。蒋孝勇和方智怡是在恋爱成熟之后，始禀告双方父母的。蒋经国请了当时担任国民党"中

蒋孝勇方智怡结婚时与蒋介石宋美龄合影

央党部"副秘书长的秦孝仪作"媒人"，去方家登门"求亲"，自然不会遭到拒绝。

1973 年 7 月 23 日，蒋孝勇和方智怡的婚礼在台北圆山饭店举行，由秦孝仪担任主持人，蒋经国夫妇亲自到场致贺。当时，蒋介石由于车祸受伤已卧病年余，但仍然挣扎着起来，与宋美龄一起坐着与蒋孝勇夫妇合拍了一帧照片，并特许公开发表。如此高规格的婚礼，在蒋家第三代中为仅有的一例。

方智怡与蒋孝勇结婚后，受丈夫的影响也投身于商界，先后开办了两家公司，就是位于台北林森北路的"怡兴儿童中心"和"怡兴花苑"。方恩绪从台湾省高速公路局局长的任上退下来之后，在蒋孝勇的鼓动下，也"下海"从商，在台北敦化南路的"润泰大楼"创办了一家建设公司。

1988 年，蒋经国因病去世，继任中国国民党主席和"总统"的李登辉对台湾政治体制实施了"民主化"、"本土化"和"非蒋化"的重大改革。面对台湾岛内对蒋氏家族日甚一日的批评浪潮，面对"新主人"对有"政治野心"、企图"复辟"的蒋家人士和"拥蒋"派的全面排斥，蒋家第三

代"硕果仅存"的实力派人物蒋孝勇，于 1989 年 3 月急流勇退，举家迁离台湾，远避加拿大，以后又辗转移居美国。

临行之前，蒋孝勇接受台湾《远见》杂志记者的采访，表示：蒋家过去和中国近代史似乎是连在一起的，但是总要打个休止符。他说："对我而言，父亲辞世以前，没有办法打一个完全的休止符，不是别的原因，是因为人家总是戴着有色眼镜看我。但是我不愿意我的小孩跟我有同样的遭遇。"

谈到蒋经国逝世以后台湾社会的各种变化时，蒋孝勇发表感想说："我没有办法跳出去看，这件事我自己亦身在其中。以子女而言，当然没有人愿意祖上被人家做一些不当的羞辱。我觉得今天我们整个社会，对于敬老尊贤这个立场，似乎是脱离常轨太远了一点。当然今天也可以了解到有些人是为反对而反对。在整个问题的反对过程中间，很多方式都是可以接受的，但是有一点我不能够接受——就是对人的不尊重。你可以用制度、用批评、用方法，但是对于采取羞辱对方的方式，我觉得在今天是个异数，我真的是很不能够接受。"

谈到从政，蒋孝勇肯定地表示，到目前为止，没有改变任何心意。他说："先父在世时，我就立定了宗旨：第一，不干公务员；第二，不做专职党务工作，到今天还没有作任何修正。"他说，他之所以在国民党"十三全"选举中央委员时以高票当选，"先祖的庇荫是个事实。但是我对于所谓中央委员的争取，当时是抱这样的心情，现在还是如此，就是：传承的意义重于实质的意义。我之所以争取，主要原因是家父才过世，就像线断了一般，也不一定是一件对的事情。但是我并不认为我以后在党里面所谓中央委员这个途径上会有什么发展。我只是尽我自己本分，做我自己该做的事情。"

对于蒋孝勇的出走，台湾舆论界普遍认为，这是蒋家王朝根拔台湾，"家天下"气数尽散。从此而后，蒋氏家族对台湾社会的影响力将日渐式微而至于无形。所论虽显偏颇，却不是全无道理。

1996 年初，蒋孝勇因食道癌住进台北荣民总院。手术后，经过一段化学和放射线治疗，病情有所好转。6月，蒋孝勇提出赴大陆治疗。他曾说，他到大陆治病的目的其实有两个：一是看病，二是回故乡看看。大陆此类病例较多，而且是中西医结合治疗，康复的希望大一些。

蒋孝勇在北京的医院住了三天两夜，而且请了一位肿瘤医院的院长来会诊，回台湾时还带回一些中药，以便调养。本来，蒋孝勇想去上海、南京、黄山等地走一走，看一看，尤其是黄山。因为蒋经国从未到过黄山，蒋孝勇愿为其父了此心愿。但由于健康原因未能成行，只去了浙江奉化溪口。无奈，由于癌细胞转移至脑部，他不得不结束这次短暂的大陆之行。

1996年12月，蒋孝勇终因恶疾不治，告别亲人而去。随后，在"荣民总院"介寿堂举行公祭，李登辉亲临致祭，"总统府"资政俞国华、前"行政院院长"郝柏村等人为他覆盖"中华民国国旗"和国民党党旗。蒋孝勇遗体在台北第二殡仪馆火化后，骨灰由家人携往美国安葬。

●方智怡是蒋家媳妇中，唯一得到蒋经国福祉的，可以说，她是蒋家媳妇中最幸福的一个。方智怡十分维护蒋家的利益，许多涉及蒋家的重大场合，都由她出面。

蒋孝勇是在1968年的时候，与方智怡突然谈起恋爱的。翁元还记得，那一年的夏天，还在读军校的蒋孝勇，突然带着方智怡姊弟到梨山去找正在避暑的蒋经国夫妇，正式公开了他们的恋情。

当蒋家亲友获悉了他们这段恋情后，还特别把他叫到跟前，对他耳提面命了一番，叫他好好与方智怡交往，千万不要重蹈哥哥的覆辙。

蒋家人对蒋孝勇与方智怡的交往期待甚深，与方智怡的出身有关。她的父亲是前高速公路局局长方恩绪，在政坛屡居高位，与蒋家又同是浙江人，彼此更多了份亲切感。

方智怡和蒋孝勇陷入热恋时，才17岁。蒋孝勇的老师秦孝仪记得，当时她与蒋孝勇的感情很好，可说是如胶似漆，常在蒋孝勇读书读到一半时，和三五好友开着车来，把孝勇拉出去玩。

蒋孝勇一家参观宋庆龄故居

虽然，蒋孝勇与方智怡的恋爱谈得早，但也是在交往 5 年后才把她娶进门的。当两人论及婚嫁时，还特别请了秦孝仪去跟蒋经国说好话。一说之下，不仅蒋经国对这桩婚事很满意，就连蒋介石也颇为高兴。据说，蒋介石特别喜欢方智怡圆圆大大的脸、尤其气质很好，说："这才是大家闺秀应有的样子!"因此，在亲友的祝福下，蒋孝勇与方智怡顺顺利利地在 1973 年，步入了婚姻殿堂。他们的婚礼风风光光地在士林官邸的凯歌堂举行，得到全家人，包括蒋经国在内的祝福。方智怡嫁到蒋家以后，一口气帮蒋孝勇生了 3 个儿子。

在蒋家的日子，她大半的心思都花在相夫教子上头，并没有出去抛头露面、当什么职业妇女。她唯一一个正职，就是在蒋家的华兴幼稚园担任负责人。

蒋经国在世的时候，她每个礼拜三都会去陪他吃饭，可说是蒋家几个媳妇中人缘最好的一个。而蒋孝勇是三个兄弟之中，最为顾家的一个，多年来并未传过什么了不得的花边。

蒋孝勇过世前后，方智怡曾旅居加拿大一段时间，目前定居美国。她承接蒋孝勇庞大的遗产，在美国旧金山自行创业，如今拥有两座 Shopping Center，并在黑鹰区（Bi - ackhugg）拥有一栋豪宅，是湾区无人不知、无人不晓的成功女企业家，也是蒋家难得一见的女强人。

她护卫蒋家的作风相当强悍，也是蒋家媳妇中少见的。不管是几年前出面驳斥"蒋经国身世之谜"一事，还是出言反击宋楚瑜的"蒋家拿钱说"，都显示出她的骨子里带有已故夫婿的影子，政治立场也基本与蒋孝勇如出一辙。

2003 年，正值蒋经国逝世 15 周年，她带着两个儿子蒋友柏、蒋友常到头寮谒陵，之后在头寮休息室内接受记者专访时表示：蒋家第四代的孩子们各有各的理想与个性，未来会不会从政要看他们自己的生涯规则，一切顺其自然。她还透露，2002 年 12 月底赴美向宋美龄请安，蒋夫人身体不错，精神很好，而且早晚为大家祷告。当问及蒋方良在七海官邸的生活状况是否很艰苦时，方智怡表示这均源于婆婆的简朴习惯。当记者问及对蒋氏父子移灵事宜的态度，她表示两岸仍需要沟通，自己不便多谈。谈到章氏兄弟之事时，方智怡则答："章委员人生经历比我们丰富，应有他的判断。"面对外界对"蒋家六遗孀"的好奇与想法，方智怡坦言道她们过得很好。

至于蒋家的精神未来如何发挥，她说到自己的公公蒋经国以身作则对长辈孝顺，与妻子和睦，对后辈则显示出他的亲切，自然会让后辈学习，而蒋经国对蒋方良的爱更让他们感动佩服。身为蒋家人，她谨记公公蒋经国生前曾说蒋家人不从政，而她现在出任党代表只是做义工、尽义务，她亦深知公公的请求，绝不会涉身政界。若问跟随蒋经国可以说学习到什么，方智怡坦言道："应该是学到谦卑为人民的精神。"

可见，身为"三少奶奶"的方智怡，自始至终都站在蒋氏家族的立场上，以蒋家的利益为重，亦是蒋家遗孀中颇有能力的一位，相信其夫君蒋孝勇在天之灵也可慰藉。

五、蒋纬国的儿子蒋孝刚及其夫人王倚惠

●蒋孝刚是蒋纬国与第二任夫人邱爱伦所育之子，也是蒋纬国唯一的嗣承。他出生于 1963 年，是年，蒋纬国已年届五旬，可谓"中年得子"，对蒋孝刚自然钟爱异常。

在蒋家"孝"字辈中，蒋孝刚最小，与孝文、孝章、孝武、孝勇以及

孝严、孝慈等第三代兄弟姐妹年龄差距颇大，所以他们之间来往甚少。相反，他与蒋家第四代，尤其是与蒋孝文、徐乃锦夫妇所生的蒋友梅年龄相差不到两岁，关系密切，感情亦深。他们一起在台湾接受启蒙和初等教育，于1980年底又同赴英国进入剑桥大学深造，蒋孝刚攻读法律，蒋友梅则专修艺术。当时，负责照顾他们的是台湾国民党当局派驻英国的代表金炎夫妇。每年，蒋纬国都专程由台湾至英国前去探望。

由于蒋孝刚生于1963年，是年蒋纬国已年过五旬，可谓"中年得子"，因此对蒋孝刚钟爱异常。有一张蒋孝刚在蒋纬国脖子上的照片，蒋纬国那畅怀的笑容足以证明，他对爱子的疼惜。但是，蒋纬国与妻子邱爱伦婚后10年即闹分居，对于年幼的孝刚来说造成了不小的影响。

由于父母长期分居，蒋孝刚从小就养成独立自强的性格，老成持重。在英国剑桥大学读书期间，他从不暴露自己的出身。当然，知道他是蒋纬国公子的人也不少，因此，他特别注意不在公众场合露面，以免引起外界注意。在学校他潜心学习，是公认的最用功、最有成绩且高大英俊的优等生。毕业时，台湾当局一度曾有意延揽他出任"外交部"官职，但在当时气候下，台湾岛内外对于蒋家接班问题，早已窃窃私语，于是此议不久即告搁置。同时蒋孝刚亦表示，他对从政的意愿并不高，并且他不愿在台湾执业而谋求发展。后来，蒋孝刚去了美国，通过律师资格考试，拿到律师执照，在纽约的一家律师事务公司服务，并著有《美国法律十八讲》一书。在章孝严的身份证改为父亲蒋经国时，蒋孝刚特地给他打了一通电话，说了一句"孝严哥恭喜您了"，令章孝严喜出望外。蒋氏家族第三代子弟中，能与他一样看得开的人，似不多见。

蒋孝刚与王倚惠结婚后很少在公众场合露面。2002年夫妻俩应邀参加蒋纬国前妻石静宜所创设的静心小学毕业典礼，蒋孝刚与王倚惠分别代表董事会和贵宾出面致词，致词全程均以英文讲演。台下的贵宾中除了毕业于静心的台湾"立法委员"陈学圣等人，台湾艺人吴宗宪也以家长身份与妻子出席了该仪式。

2003年2月21日，蒋孝刚陪同母亲邱爱伦和妻子王倚惠参加了在耕莘文教院举行的蒋家第三代长媳徐乃锦母亲徐曼丽的葬礼。蒋孝刚坐在国民党主席连战一旁，另一侧坐着母亲邱爱伦，邱爱伦一旁则是王倚惠。葬礼结束后，蒋孝刚先送母亲及她的兄弟回家，离开母亲前还亲吻母亲的额头以示告别，足见母子情深。

●蒋孝刚在美国期间，与美籍华裔女子王倚惠相识，并于 1987 年 6 月在纽约订婚。1987 年，李登辉在台为其主持婚礼，婚后在美国发展。

王倚惠的外祖父是魏宗铎。魏宗铎祖籍福建福清，1936 年在北平燕京大学经济系毕业后，进入上海中国银行工作，从办事员做起，后来在银行界历任主任、襄理、副理、经理、总经理等职，并曾辗转于昆明、天津、西安以及日本东京等发展银行业务，一直到 1970 年到台湾，先后出任副总经理、总经理。1971 年，台湾"中国银行"增资，改为"民营"的"中国国际商业银行"，他顺理成章出任首任总经理，1975 年又被推举为董事长，后来还出任过"中联信托"公司董事长，退休后一直定居台湾。王倚惠的父亲是新加坡侨界闻名的一位商人，长期住在美国，与蒋纬国私交甚笃，而王倚惠本人则在美国纽约从事工商管理工作。

1987 年 8 月 19 日，蒋孝刚与王倚惠奉父亲蒋纬国之命专程返台，在台北士林官邸凯歌堂举行婚礼，由李登辉主持，周联华牧师作福证，台湾当局各界政要 100 多人前往观礼，盛况空前。比照蒋家其他晚辈的婚礼多在台湾岛外举行，且从不被允许铺陈张扬，蒋孝刚的"破格大婚"，可以说"很不寻常"。

蒋孝刚、王倚惠夫妇在台湾完婚后不久，即双双返回美国，继续自己的职业。宋美龄源于对蒋纬国夫妇的疼爱，对其爱子蒋孝刚亦非常疼惜。1994 年 9 月，宋美龄千里迢迢从美国返回台湾，专程到蒋纬国家里抱了抱蒋孝刚的女儿蒋友娟和长子蒋友捷，足以证明宋美龄和蒋纬国的母子情谊。

六、蒋经国的庶出子
——章孝严、章孝慈及其家眷

●在短暂的赣南之春，蒋经国与章亚若有了爱情结晶。章亚若于桂林生下了章孝严、章孝慈两兄弟，不久章亚若暴亡，两兄弟由外婆抚养长大。

　　章孝严、章孝慈出生于广西桂林，是蒋经国与章亚若"赣南新时代"4年流水爱情生活的唯一遗存。1942年，章亚若"不明不白"命丧异乡之时，尚未从蒋家为自己、为自己的两个儿子谋得一"合法"身份和地位。蒋介石虽然"宽大为怀"，恩赐了两个"意外之喜"的孙儿予"孝"字辈家名，却令他们只能从母姓，而没有将他们明确地纳入蒋门。此前蒋经国惜于自己的"前程"而无勇气公开他与章亚若的恋情，为章亚若讨个"公道"，那么现在对于这两个儿子的处理问题，碍于"形象"与"名声"，他同样陷入"否认不了、确认不得"的尴尬境地，无法给予大毛、小毛光明磊落的父爱。于是，两个私生子只得承袭母亲"地下夫人"的不幸命运，做"秘密儿子"。

　　章亚若桂林暴亡之时，章孝严、章孝慈尚不足6个月，为了安置他们的去处，蒋经国反复权衡，最后决定把他们交由章亚若的母亲，也就是他们的外婆周锦华抚养，地点暂定在江西万安。这里比较闭塞，民风古朴，章家在此无亲无故无人相识，不易招惹麻烦。同时，地理位置靠近赣州，便于照应。蒋经国先派吴骥去把当时仍住在赣州的周锦华接送至万安，又安排王制刚与章亚梅一起把章孝严、章孝慈由桂林带到那里，交给了他们的外婆。在万安生活一年有余，章亚若的大弟章浩若就任贵州铜仁县县长，接他们到任所团聚。

　　在章家诸多兄弟姐妹中，与章亚若关系最密切、感情最深厚者，就是这个原来学名叫懋萱的章浩若。章浩若是章家的长子，抗战爆发后，投笔从戎，奔赴武汉，当了名战地记者。

章亚若去世后，他根据有实无名的"三姐夫"蒋经国的安排，离开军队，到地方做"父母官"。在这期间，他与发妻吴英葵（吴骥的妹妹）友好分手，与在洛阳结识的江西女子纪琛再婚。为了便于照顾章孝严、章孝慈两个外甥，章浩若、纪琛夫妻俩将他们和老母一起由万安接到铜仁，并且将他们过继到自己的名下，成为养子。

在由万安到铜仁的路上，他们曾在赣州停留数日。周锦华为两个外孙的将来考虑，托吴骥去问蒋经国，大毛、小毛学名蒋孝严、蒋孝慈，可姓呢？总不能长期含糊下去吧。吴骥传回蒋的话，却是极其艰涩委婉："吾子，岂能不是吾子？只缘内外交困，暂缓议此事，若对外应付，可暂从母姓，待有朝一日……"闻者为之心寒！周锦华颇不屑："罢罢罢，莫难为那一家了，就姓章吧，原本是章家的骨肉血亲啊。立早章早立志，两个崽会成器的。"

1945年抗战胜利后，章家人终于从四面八方汇聚到家乡南昌。然而，叫周锦华猝不及防的是，分别6年的丈夫章贡涛从庐山带来一位年纪尚轻的女士曹筱玉，先行住进了县前街章宅，性格倔犟的周锦华既没有做出妻妾相安的大度之举，也没有啼哭吵闹，而是选择了出人意料的办法——孤傲地搬出来另住，让儿子章浩若给她在井头巷寻得了一幢平房，自己带着晚辈离开了章氏老宅。事实上，此时的章老太太已经成了独立的周锦华女士。

不久，由于蒋经国奉派赴东北任特派员，参加对苏联的谈判。为了便于暗中照应章孝严、章孝慈两兄弟，他决定将章浩若调至身边，让章浩若亦远赴东北，出任辽宁省法库县县长，直到蒋经国在东北的工作告一段落返回南京后，才放章浩若归家乡江西省就职浮梁县县长。因此，在南昌期间，抚养、教育章孝严、章孝慈的重担几乎都压在了外婆周锦华的肩上。章氏兄弟的启蒙生涯也正是在这一时期开始的，周锦华为他们选择了一所教会学校——弘道国民小学，让他们接受正规的西式教育。

1947 年，也就是章孝严、章孝慈两兄弟 5 周岁的时候，当时在南京的蒋经国，曾派人通知周锦华，带着大毛、小毛前去相聚。这是章孝严、章孝慈两兄弟出世后，父子的第一次见面。然而，在当时的情形之下，蒋经国仍然没有勇气公开为自己的行为负责。两个年幼无知的孩童"不明其理"，自然也对这次"莫名"的相见没有留下什么印象。平日里，蒋经国与章家之间的联络，主要是通过亲信王升暗中传递。

1949 年，国民党政权在大陆的统治败局已定。仓皇之中，蒋经国紧急安排章氏家族举家迁台。由于章贡涛热土难离，坚持留守家园，章浩若在浮梁县长任上被中国人民解放军俘获未及撤去，周锦华最后只得携领章孝严、章孝慈两兄弟，以及大儿媳纪琛、二儿子瀚若、长孙修纯等一家 10 口辞别家乡南昌，辗转经厦门与王升家眷一起乘船到台湾。他们先在基隆滞留了数日，然后就南下去了新竹，并在那里定居下来。几年以后，由于章孝严、章孝慈的大舅妈纪琛因牵挂留在海峡对岸的丈夫，携领自己的 3 个亲生儿女转道香港返回了大陆。这样，抚养章孝严、章孝慈两个"孤儿"的重担再次落在了外婆周锦华以及二舅章瀚若的肩上。

20 世纪 50 年代，新竹是一个相对偏僻、保守、落后的城镇，民风淳厚，生活也比较艰难。周锦华带着章家晚辈难民般地流亡至此，已是家财散尽，以往的宽绰、优裕让位于捉襟见肘，而她孤傲的性格也决定了她绝不会向那位名实不符的"女婿"蒋经国低头求援，甘愿过着问心无愧的清贫生活。

章瀚若在大陆时期读的是商业专科学校，有一定的经济头脑，因此在新竹定居之时，他出人意料地选择了当时一般由大陆迁台者都不愿前往的商业街——中央路的一处住所，决定做生意，赚钱养家糊口。他先后卖过日用品、烟酒，也经营过碾米厂生意。章孝严后来回忆说：整条街上，"他是唯一大学毕业做生意的年轻人"，"那段时间，左邻右舍都是本省籍同胞。我们是唯一从大陆来，在当地开起铺子的外省人"。可惜，章瀚若的苦心经营都不太成功，生意极其清淡，但终归可以糊口，可以养育两个外甥上学读书了。

在外婆和二舅的庇护之下，章孝严、章孝慈两兄弟的求学生涯虽然艰苦，但没有大的波折。先是入新竹东门国小就读，然后又一同在中坜中学念完初中，最后章孝严在省立新竹中学、章孝慈在私立义民中学就读高中。1961 年，周锦华因病去世不久，兄弟俩又一同考入台湾东吴大学，一入外文系，一入法律系学习。

从懂事之日起，章孝严、章孝慈就开始受到身世问题的困扰。他俩读书时，户籍上父亲栏填的是大舅章浩若，母亲栏填的是舅母纪琛。为了避人耳目，章孝严的出生日期写的是 1941 年 5 月 20 日，章孝慈的出生日期写的是 1942 年 1 月 24 日。究竟谁是自己的亲生父母？章孝严、章孝慈兄弟俩茫然不知，周锦华则自始至终守口如瓶。她担心，无论是不堪回首的过去，还是无法预测之未来，一旦展示出来，只会徒增痛苦而已！因此，天大的事她独自承担了，所有的恩怨爱恨，她全埋葬进了心底。

故而，每当他们向外婆相询时，她不是说"你们长大后自然就会明白"，就是搪塞"你们的父母都在大陆，没有能来台湾"。直到临终之时，周锦华也没有对两兄弟的身世透露半句。对此，章孝严、章孝慈虽然深感缺憾，但并没有特别的精神负担。章孝严后来曾深有感触地讲："虽然母亲早逝，父亲没有办法在身边，可是我觉得童年并不缺少爱。外婆的爱意与舅舅的关切，把父母留下的真空填补起来了，而我的人格也才得以正常发展。"

在章孝严、章孝慈兄弟二人的成长道路上，外婆周锦华无疑是他们最敬佩的长辈与尊者。章孝严长大以后特别怀恋外婆与他们相依为命的那段难忘岁月："她把所有的精神与关爱都放在我和弟弟身上，抚养我们。""她坚强的意志力、不向恶劣环境低头的作风，以及她慈爱的胸怀，把我和弟弟从非常困难的环境中抚养长大，对我都有很深远的影响。她让我具有比一般同年龄人较大的耐力，也有较明显的沉着力量。记忆所及，从小外婆管教我和弟弟非常严格，她爱我们却从不宠我们。她对做人的道理要求非常严格。每想到外婆，就想到李密写的《陈情表》：'臣无祖母，无以至今日；祖母无臣，无以终余年。'每念到这里，心中就有无限感伤。外婆去世也早了一点。她的离去，对我而言，是人生首次面临的最大打击之一。"

●在东吴大学，章孝严、章孝慈兄弟俩同校不同系，章孝严醉心政治，章孝慈则进行法学研究。李登辉在台湾承认两人是蒋家后代以后，兄弟俩人也不讳言。但蒋家，特别是宋美龄并未表态。

章孝严

章孝严自小就对政治兴趣浓厚，从东吴大学外文系毕业后就分到中坜忠爱庄的"国防部"政治作战总队当政战预备官，并曾被派往金门受训。退役后，一度到虎尾中学任教。其后，赴美入乔治城大学留学，专攻外交和国际政治，获硕士学位。返台后，于1967年通过台湾"外交部"领事人员乙等特考，获第四名的优异成绩，从此进入台湾"外交部"。

在接受了10个月的"外交领事"人员训练后，1968年以"外交部"学员身份派往台湾"驻比利时使馆"工作，并入布鲁塞尔大学进修法文。两年后，实习结束返回台湾，一度在"外交部"档案资料处当科员，不久调往"欧洲司"，担任陈雄飞"次长"的秘书。1974年2月，章孝严以三等秘书衔，外放台湾"驻美大使馆"。1977年7月，他再度被调回台湾"外交部"，升任有"天下第一司"之称的"北美司一科科长"。

在此期间，他又以《珍宝岛事件》的论文，通过了"外交部"领事人员甲等特考。1980年，升任"外交部"专门委员、"北美司"副司长、"北美事务协调委员会"副秘书长。1981年，升任该会秘书长。1982年接替程建人，升任"北美司"司长。1986年8月，原"常务次长"关镛奉命出使沙特阿拉伯，由章孝严继任，时年44岁，被誉为台湾外交界的明日之星。1989年，章孝严出任国民党"中央海外工作会"主任，1990年再返"外交部"任"政务次长"。1991年，转任国民党"中央侨务委员会"委员长，是国民党十三届、十四届中央委员。

与哥哥醉心于政治、在仕途上步步高升的境况不同，弟弟章孝慈则一直有志于治学，潜心于法学研究。在海外留学归来后，长期在东吴大学执教，硕果累累，学术地位令人尊崇，先后担任过东吴大学法学院院长、教务长、副校长、校长，也是国民党十三届中央委员。

章孝严、章孝慈两兄弟来到台湾以后，一切情形仍然是由王升居中转告给蒋经国。1961年周锦华去世后，也是由王升亲口将章孝严、章孝慈的身世之谜点破，他们被告知生父就是蒋经国。然而妨碍父子公开确认的所有顾忌仍然存在，双方都深知此"内幕"一旦曝光对于台湾政坛，对于蒋家王朝的统治将产生怎样的震撼！因此，亲情让位于现实政治，他们对外都三缄其口，彼此心照不宣。尤其是蒋经国始终保持高度谨慎，十分注意不与章孝严、章孝慈两兄弟同时公开露面，也从不向任何人谈论到他们。章孝严大学毕业后服兵役时，最初在复兴岗受训，蒋经国破例没有去训话，后来在成功岭受训，蒋经国又一次破例没有前来训话。而章孝严、章孝慈多年来已孕育出"忍"的性格，不得不"习惯"于此等"安排"。

章孝严、章孝慈在知道了他们生身父母的情形之后，也十分敏感，特别忌讳外界追根究底。章孝严进入台湾国民党"外交界"后，一直隐瞒着身世。据说，有一次一个外国记者在公众场合不知深浅，冒失相询他父亲是谁，章孝严当时就勃然作色："今天是来谈国家大事，不是私事。"为了减少麻烦，避人耳目，他与"华航"空中小姐黄美伦的婚礼，就安排在当时比利时的任上，而没有回台湾筹办。时任台湾"驻比利时大使"的陈雄飞，暗中听说章孝严"来头不小"，为了查证传言虚实，曾特意向台湾驻西德代表戴安国求证，但为戴安国断然否认。

陈雄飞为求慎重，又请示台湾当局"外交部"，不久"外交部"官员王之珍去专函证实此事，但同时希望陈雄飞"淡化处理"，不宜过度渲染，陈雄飞最后决定不去参加章孝严的婚礼。1974年至1977年，章孝严在台湾"驻美大使馆"工作期间，当时的"驻美大使"沈剑虹，亦不明了章孝严的身世。1975年4月，蒋介石去世，章孝严特地请假返台，沈剑虹尚不以为然。直到后来有人告诉他，章孝严是返台"奔丧"时，他才知道这位"小秘书"背景不简单。

1949年国民党政权败亡台湾之时，有不少蒋经国"新赣南"时代的部属，包括一些当年赤珠岭"青干班"的学生，追随而至，后来都受荫于蒋经国官居要津。对于蒋经国、章亚若的那笔"风流债"以及章孝严、章孝慈两个私生子的情况，他们都心中有数。他们都曾希望蒋经国能为自己的所作所为负责，公开确认自己的血亲之子，既可尽享天伦之乐，同时也算对死去的章亚若有个交代！然而，由于蒋经国一直不表态，他们也就不敢出声，只能"体谅""为尊者"的苦衷！

1975年，蒋介石去世，蒋经国成为台湾实际上的最高统治者。当时，不少人曾幻想这段"隐情"可以大白于天下，章孝严、章孝慈可以名正言顺地认祖归宗了！然而，蒋经国对此仍是顾忌重重，并没有任何明确的说法。直到1987年，蒋经国重病缠身，昏迷中不断呼唤章亚若的名字，道出心中的隐衷后，在王升的秘密安排之下，才有了与章孝严、章孝慈兄弟俩自大陆迁台后的第一次私下见面，父子相认。但是，对外界蒋经国自始至终未曾公开确认这一层关系。1988年，蒋经国溘然去世之时，章孝严、章孝慈亦未能以"孝子"之名，参加到蒋氏家祭的行列中去，他们永远丧失了在父亲有生之年认祖归宗的机会！

蒋经国逝世后，继任者李登辉率先公开承认章孝严、章孝慈蒋家后代的地位与身份，继之台湾的新闻媒介纷纷披露了他们的身世内幕。为了澄清外界的种种不实传言，章孝严、章孝慈兄弟俩商量之后，由章孝严于1988年4月接受台湾《远见》杂志记者采访，首次将他们极具戏剧化的身世和复杂曲折的经历公诸于众。

在接受采访中，章孝严追述了童年、少年、青年时代求学生涯中的种种艰辛，追述了通过自身奋斗跻身"硬碰硬"的外交界之后的种种机遇。

他反复强调:"我过去的一切并不是像外面所说的、所认为的、所假设的那样,受到安排或特别照顾。""提到那个关系,我一直到今天都不愿意公开说明。过去我也没有跟任何人说过。"

当然,章孝严也没有回避早年因身世不明而无父母依傍的无尽感伤,他特别感激抚育他们长大成人并教会他们自强自立的外婆周锦华。采访的最后,章孝严着意谈了他与章孝慈之间不寻常的兄弟情分:

"我想很少有兄弟有我和孝慈之间这么深厚的感情,也许是因为我和弟弟是双生,小时候很少分开的缘故。小时候我们彼此也有争执,甚至打过架,但都一下子过去就算了。遇到困难我们都相互协助、彼此鼓励。我们虽然没有心电感应,但心意相通,彼此了解对方在想什么。我们在个性上不怎么相同,我可能比较外向一点,他可能比我安静一点,这也是为什么他走学术道路的原因。我很高兴他在学术上有那么好的发展,我也曾经考虑走学术,但觉得既然在外交界服务,就要全心投入,所以在学术上就不像弟弟那样刻意追求。现在我和弟弟彼此都忙,见面的时间不多,但再忙总会通个电话。彼此的联系相当密切,感情也是相当深厚的。"

1993 年 8 月底,章孝严又一次在台湾电视上公开露面谈及身世问题。这次与以往不同,他不再讳言父亲蒋经国和母亲章亚若,坦然相陈对他们的思念之情。对于是否认祖归宗的问题,章孝严也没有回避,但表达得十分含蓄和委婉:姓章还是姓蒋,"这件事不能说不重要",但是他是"父亲的儿子,也是母亲的儿子","我认为我姓章,也是我母亲的光荣"。

关于章孝严、章孝慈两兄弟何时认祖归宗的问题,一段时间曾颇引人注目,其中最热心此事的当数曾亲眼见证蒋经国、章亚若恋情的"国舅"王升。据台湾媒体披露,章孝慈的丧礼蒋家只有蒋纬国一人露面。对于章氏兄弟和蒋经国之间的事,他说:"孝严、孝慈的事我一直都知道,但这件事不要严重化,让自然归于自然,很多事情不要讲,有感情的交流就可以了。"他意有所指的是,很多事是很美好的,不要去污染他,就人情来说,还是不说为妙。

蒋经国的三儿子蒋孝勇对章氏兄弟认祖归宗一事一向反对,主要原因就是，母亲蒋方良依然健在且对此事浑然不知。老太太晚境凄苦，做儿子的不愿母亲再遭打击。随着章孝慈的去世，章氏兄弟是否已到认祖归宗的时机，蒋纬国只表示，决定在章孝严本人，他不好做任何事。王升则指出，蒋经国曾提过章氏兄弟应该认祖归宗，但不能操之过急，至于两兄弟则从来没有提出正式的要求。

现如今，章孝严、章孝慈兄弟二人都已是儿女成群。章孝严娶妻黄美伦，育有长女章惠兰、次女章惠芸和儿子章万安；章孝慈娶妻赵申德，育有儿子章劲松、女儿章友菊。

●1989 年，大陆为其母亲章亚若修墓。1993 年，章孝慈回乡为其母扫墓。1994 年，章孝慈在大陆突发急病，章孝严来大陆探望，并回桂林扫墓。1996 年，章孝慈去世。

章孝严、章孝慈两兄弟是在明了自己的确切身世之后，得知自己的生身母亲在他们尚在襁褓之中时暴亡于广西桂林，并随葬于那片土地上。从那时起，他们便萌生了一个愿望：有朝一日，一定要前往母亲的坟前焚一炷香，尽一份孝心！当然，在那个时候，就两岸的具体情形而言，这无异于一个遥不可期的梦想！

进入 20 世纪 80 年代之后，两岸关系趋于缓和，章孝严、章孝慈的身世也逐渐为海内外人士所知，他们要求返回大陆探祭母墓的心情也愈加迫切。1984 年，在美国定居的章孝严、章孝慈的大舅妈，同时也是他们的养母纪琛终于与兄弟俩取得了联系，他们即委托纪琛回大陆寻找生母章亚若的坟墓。纪琛的长女章军纪与广西桂林市有关部门协商，决定委托桂林市文物工作队负责此项事宜。

经过多方勘察，初步确定章亚若客死桂林的栖身之地，是在漓江东畔，昔名"东江"，如今称作"七星"区的马鞍山西侧凤凰岭。最后由中共广西壮族自治区桂林市委统战部出面，邀请当年参与筹办丧葬事宜的章亚梅、桂辉、苏乐民等人，并访晤当年目睹章亚若下葬过程的本地农民，对凤凰岭腹地所存的 3 座坟墓进行辨认。经过反复论证，其中两座偏向右边，没有"百鸟朝凤"之势，那么，最上面的那座无疑即是章亚若之墓了。

墓地找到后，桂林文物工作队队长赵平主张尽快加以整修。一则经过几十年的风雨侵蚀，当年即属简陋的土坟早已破败不堪；二来山腰左侧又有开山采石者夜以继日施用炸药采取石材，他担心，不知何日，这一小小荒冢就会被夷为平地。但是，修坟的费用可观，章家在大陆的亲友自知无法负担。最后，由桂林市委统战部以"近代名人"方式对待章亚若一事，拨款将土堆整拢，四周以砖石围砌矮墙，并在墓前铺设石阶，形成一座外观尚属齐整的墓地。然而，原来的墓碑早已不知去向，竖立新碑又是大事，无人敢随意做主。几番讨论之后，章亚若的妹妹章亚梅、章亚若的侄儿章修纯以及赵平等人，辗转经过在美国的纪琛等人之手，将坟地的文字、图片资料，送到台湾，请章孝严、章孝慈兄弟俩定夺。

在得知桂林母亲墓地的消息之后，章孝严、章孝慈兄弟俩喜忧参半。将近半个世纪以来，他们对母亲的依稀印象，总算在墓地出现后具体化了，但是就当时台湾的情形而言，他们仍然处于"身不由己"的尴尬境地。由于蒋家第三代的敏感身份，尤其是章孝严国民党上层人士的特殊地位，在当时的局面下，任何与蒋氏家族有关的举动，都有可能在两岸引起政治性的波动。因此，依传统人子礼前往桂林上坟与修坟，是他们当时所不敢奢望的。在一动不如一静的考虑下，章孝严、章孝慈对来自大陆方面的修墓建议，未做任何回应，也不曾与章氏亲友们联系。

1987 年 10 月，台湾当局正式宣布，开放台湾赴大陆探亲。这一决定是海峡两岸关系上的一个新突破，也是蒋经国晚年继解除戒严、开放党禁之后，在政治上欲"向历史有所交代"的又一重大举措。1988 年 1 月，蒋经国在台北病故，蒋家王朝在台湾的统治随之降下帷幕。以往种种笼罩在神秘雾霭之中的蒋氏家族内幕不断被披露出来，海内外章氏亲友均认为政治已不再是双胞胎为母亲修坟的障碍，期待章孝严、章孝慈兄弟俩能有所作为。

事实上，章亚若的墓地此时也正面临着毁坏的威胁。原来，墓地附近进行的采石工作，虽然由桂林市政府接受文物工作队建议，早在1985年就下令禁止，但明里暗里，有利可图的采石者始终未曾罢手。在炸药的震撼下，墓地右侧原本施工简陋的砖墙逐渐剥落，墓地地基明显倾斜。

赵平眼看情势危急，心焦万分，再度于1988年下半年以间接方式，向章亚若在台湾的双生子发出请求及时护坟的讯息。

1989年，桂辉直接写给章孝严、章孝慈的第一封信，辗转寄达章孝严手中。与此同时，章孝慈也接到了章亚梅寄来的第一封信。来自家乡的声音，都呼唤他们能破除万难，返乡探亲，并到他们母亲坟前上香祭拜。

也就是在这一年，时任台湾《联合报》采访主任的周玉蔻，以及追随过蒋经国且为广西人的唐柱国等人赴大陆探亲，都曾亲自到桂林马鞍山凤凰岭的章亚若墓地上香。由于不忍见坟地荒凉残破，他们在返台之后，都与章孝严、章孝慈兄弟俩见面，述说现场情况并带来详细的图片资料，同时建议他们立刻展开修墓事宜。

章孝严、章孝慈兄弟俩通过照片、录像见到母亲墓地的情景，认定修坟之事已无法再拖，决心付诸行动。当时台湾的政治环境也允许章孝慈以民间私立大学教授的身份出面，委托大陆有关方面和个人料理修墓事宜。最后，他们决定请桂林文物工作队帮忙，具体负责施工。

同年，台湾《人权》杂志社社长周自力拜会章孝慈时，章孝慈对他讲："听说桂林正在搞城市建设，要开山取石。我们想重修母墓，拜托周先生回大陆亲眼看一看。"周自力是湖北人，经常回大陆探亲，当下满口答应。周自力到桂林后找到赵平，到章亚若墓前祭奠之后，对赵平转达了章孝严、章孝慈的心意，说："孝严、孝慈是公务员，钱不多，请仔细核算，墓要简朴、实际为好。"赵平表示，修墓可以代劳，但要章孝慈以委托书为凭。1989年9月，章孝慈委托周玉蔻到桂林与赵平接洽，全权委托桂林文物工作队具体操办修葺章亚若墓一事，以后又托人将修墓所需经费及墓样送到桂林。

章亚若新坟的式样是章孝严亲自选定的，他在台北征询了几家殡仪馆的意见，最后选用了台湾常见的圆弧形墓园的造型。至于新立石碑的碑文，则颇令章孝严、章孝慈为难，他们的父母并未正式结婚，自己的姓氏又是从母姓，言蒋言章均不适宜。最后章孝慈找到自己的老师陈瑞庚，研究了许久，确定了如下内容："显妣章太夫人讳亚若之墓"为中题，左上方注明母亲的家乡"江西南昌"，右下方落款"男孝严、孝慈"，避去了姓氏上的尴尬。

1989年11月初，修墓工程顺利展开。是年年底，章亚若之墓在原墓地基础上修葺一新。随后，章亚若在大陆各地的亲友齐集桂林，举行了简朴的立碑仪式。

从1984年到1989年这5年的时间里，章孝严、章孝慈母亲章亚若的坟地，终于由一座荒冢变为整葺一新的墓园。这5年中，他们兄弟俩无时无刻不沉湎于思亲情怀，每一次有朋友到桂林，他们总不忘嘱其带去台湾的香纸代他们在母亲坟前焚祭，并带回母亲坟前泥土，一人一份，以罐封存在各自的书房内。这一抔黄土，是他们离母亲最近的距离，也是悠悠半个世纪以来，他们思亲的唯一管道。在1989年年末，章亚若墓正式开工修葺和立碑之时，大陆的章家亲友曾再度来函，要他们亲自返乡在母亲坟前一尽孝心。然而囿于种种顾虑，章孝严、章孝慈踌躇良久，最后仍然没有成行。

1991年，章孝慈私下请人转告桂林的朋友，翌年第一届海峡两岸法学学术研讨会在大陆举行之际，他当乘与会之机回桂林祭奠母亲。后来，由中国政法大学和台湾东吴大学共同主办的1992年海峡两岸法学学术研讨会易地在台北举行，章孝慈不得不暂时取消回桂林扫墓的计划。1993年初，章孝慈为准备在北京举行的1993年海峡两岸法学学术研讨会期间到桂林扫墓，面呈李登辉，辞去"国大代表"职务，退出国民党十四届"中央委员"的竞选，完全以学者身份赴会，这样便可以回桂林祭奠亡母，一了数十年心愿。

1993年8月，章孝慈转道香港飞抵北京，参加1993年海峡两岸法学学术研讨会，成为1949年以来蒋氏家族返回大陆正式访问的第一人。8月

21 日下午 3 时，中共中央总书记、国家主席江泽民在中南海接见了章孝慈，双方晤谈约 1 个多小时。章孝慈事后表示，江泽民纯为礼貌性地接见他，两人没有谈及敏感的政治话题，也没有要他传话。章孝慈强调，他虽然家世特殊，但身份单纯，已无国民党"中央委员"或"国大代表"身份，所以是以纯学者身份会见江泽民。江泽民在会谈中提到章孝慈将到桂林祭扫其母章亚若墓，是中国人的伦理道德表现，并对章孝严未能随行深感遗憾。

1993 年 9 月 5 日，无论是对蒋家而或章家而言，都是一个不寻常的日子。前一天晚上，章孝慈及随行乘坐的中国国际航空公司的航班从杭州飞抵桂林。此时，多云的天气渐渐下起雨来，且越下越大，至天明尚没有减小的迹象。5 日清晨，章孝慈随行人员见大雨倾盆，都认为在台湾定下的 9 月 5 日上午扫墓的计划一定要改变了。可章孝慈坚持要在大雨中祭奠母亲，以寄托 50 年来的哀思，还要为不能成行的章孝严烧一炷香。

章孝慈（右）在母亲章亚若墓前进香

9 月 5 日上午 10 时，章孝慈一行冒着瓢泼大雨，驱车来到桂林马鞍山西侧凤凰岭下。10 点 30 分，章孝慈着一身黑色西服，胸前戴着白花，缓缓登上母亲的墓台。当他第一眼见到母亲墓地时，禁不住泪如泉涌，痛哭失声。章亚若墓前的供台上，摆放着点心、菜肴、水果，一排 9 只酒杯，斟满了漓江水酿就的"桂林三花"。供台的左边，置放着一帧彩色全家福照片，那是"狸儿"章孝严、夫人黄美伦及其长女章惠兰、次女章惠芸、儿子章万安；右边置放着另一幅彩色全家福照片，那是"狮儿"章孝慈、夫人赵申德及其儿子章劲松、女儿章友菊。墓的两旁，分别摆放着两家 9 口和随行人员敬献的 20 个花圈，两旁的 8 束鲜花象征着章亚若冥诞 80 周年。10 点 40 分，章孝慈按中国传统的家祭仪式，恭恭敬敬地跪在母亲灵前连烧三炷香，缓缓地将鲜花、酒、菜、饭、水果一一高举齐额，摆放在灵前，再三叩首。多少年来，"爸爸"、"妈妈"只是章孝严、章孝慈兄弟俩心中低回着的一个称谓，今日，章孝慈终于可以面对母亲亡灵，一倾思念之情。

10点50分，当司仪宣布"恭读祭文"时，章孝慈已是泣不成声，一字一泪：

癸酉年九月五日（农历七月十九日）孤哀子孝慈谨具鲜花清礼叩祭于母亲大人之灵前，曰：呜呼！劬劳我母，生于忧危。万方多难，世局崩离。孪生二子，孝严孝慈。抚养六月，驾返瑶池。外婆母舅，父母职司。播迁台岛，潜隐乡居。饔餐不继，清贫自持。身世守口，兄弟莫如。

渐长闻事，母德春晖。思母唤母，音容依稀。出入游处，心忍无归。晨昏雨夜，倍思庭帏。人逢佳节，团圆可期。惟我兄弟，益感伤悲。黄泉我母，存问凭谁？人等视我，身份殊奇。我俩自视，常人无疑。负笈游学，志气不移。幸蒙庇佑，不辱门楣。两岸解禁，探亲交驰。桂林母墓，念兹在兹。

我与兄长，皆有儿女，两家九口，独我来斯。外婆吾父，魂应相随。焚香祝祷，无尽哀思。人言生死，天命有常。我怜我母，难忍情伤。善果报应，证之行藏。我悲我母，九回断肠。灵而有鉴，幽梦还乡。我思我母，山高水长。哀哉尚飨！

祭奠活动结束时，章孝慈再一次在母亲墓前深深地鞠躬说："妈妈，我还会再来看您的。"最后，章孝慈接受新华社记者的采访时说："我能回桂林祭扫母墓，极为激动。此刻，我和天下所有儿子跪在母亲灵前的心情是一样的。"

章孝慈扫墓后，即与从各地赶来的章家亲友聚会，一倾乡情。临别桂林时，章孝慈表示，经过扫墓、与亲友见面，感觉情感上很踏实，以前总希望有个墓可以扫，现在，终于有个墓可以"想"了。

1994年秋，应大陆法学界的邀请，身为台湾海基会董事、东吴大学校长的章孝慈再度赴大陆进行学术交流。已于 1993 年在桂林跪拜过自己的亲生母亲，夙愿终偿的章孝慈此次赴京的心情格外轻松、愉快。在北京，故友新知，相聚甚欢。谁知，天有不测风云！11 月 14 日清晨，章孝慈被发现昏倒在下榻宾馆的房间里，随即送往医院急救。经诊断是脑溢血突发，情况十分严重。中日友好医院虽全力抢救，但据院方估计，即使度过危险期，也有可能变成植物人。

消息传到台湾，引起各界关注。依据《台湾地区人民进入大陆许可办法》的规定，身为公务员的章孝严不能前往大陆。然而，各方面人士均认为，孝慈遭此不幸，孝严前往大陆探视是人伦之常，当局应法外施情，使其尽快成行。为使章孝慈在台湾的家人和家庭医生早到京，国务院台办、海协会、中国民航局给予全力协助，不必办理任何手续即可入境。

11 月 16 日，正在美国公干的章孝严抵达北京后，立即前往中日友好医院探望昏迷不醒的弟弟。章孝严在弟弟床前停留了 10 多分钟，一面流泪，一面呼唤着弟弟的名字，而处于昏迷状态的章孝慈始终没有丝毫反应。

心情沉重的章孝严，11 月 18 日在海基会副秘书长李庆平的陪同下，来到位于桂林市郊凤凰岭下的章亚若墓冢。一到墓前，身着深色西装的章孝严难掩内心激动，哭倒墓前，频呼："母亲大人，我回来看您，我来迟了！求您保佑孝慈弟弟平安渡过难关，您的养育之恩，50 年来我们无时不思念！"章孝严在母亲墓前烧了 9 炷香，代表孝严、孝慈两家 9 口人的心意。他向母亲墓冢依序献花圈、上香、倒酒、鞠躬、焚烧纸钱，面对亡母之墓，章孝严连连磕头，长跪不起，几度痛哭失声。祭母后，章孝严向在场记者表示，待孝慈病好之后，两兄弟一定一起来桂林为母亲扫墓。

11 月 25 日，经过周密安排和精心组织，章孝慈在中日友好医院 6 人医护小组和亲友的护送下，乘坐国泰航空公司的飞机返回台北继续治疗。回台湾后，章孝慈进入"荣民总院"。医生告诉记者，章孝慈病情极不稳定，随时面临死亡威胁，即使度过危险期，也会是"植物人"状态。据台湾媒体报道，章孝慈住进"荣总"加护病房后，病房外 3000 名东吴大学学生签名的慰问卡和录音带在无声的角落里为章孝慈默默祈福，期待奇迹出现。

然而，奇迹没有出现。1996 年 3 月底，章孝慈病逝于台北。

● **章孝慈不幸去世，哥哥章孝严仍要完成父亲蒋经国临终前"要孝严、孝慈回到蒋家来"的遗愿，了却章亚若生前未完成的心愿。2000 年 8 月 24 日，章孝严偕夫人及子女一行，回到浙江奉化溪口蒋氏故居，实现了他 50 多年的夙愿——认祖归宗。**

弟弟章孝慈的不幸逝世，给章孝严很大的打击，但他是一个坚强刚毅的人，为了完成母亲章亚若、弟弟孝慈生前的心愿，他进行着不懈的努力。在担任要职时，他曾多次利用公开的机会造访宋美龄、蒋方良两位夫人，却每每不得要领。尽管如此，他仍执著地追求自己的理想。特别是1997 年蒋氏宗族族人、蒋中伟、蒋嘉富给章孝严去信，希望他能回去祭拜蒋家祖先，这就更坚定了他认祖归宗的信念。终于，2000 年 8 月 23 日，章孝严偕夫人及子女和章孝慈的子女一同乘飞机经香港到浙江省奉化县，入住武岭宾馆，开始了他谒宗拜祖之行。

章孝严先在下榻的宾馆与溪口蒋氏家族代表会面寒暄，由于不善宁波方言，由一位精通方言和普通话的小姐担任翻译。他步出宾馆隔溪眺望祖居，感叹"山清水秀，风景真好"，睹物如见故人，眷念之情跃然脸上。章孝严在接受记者访问时，有人提出此行受到蒋家媳妇的质疑，又指"认祖归宗"未经尚在世的蒋介石夫人宋美龄和蒋经国夫人蒋方良的认可。对此，章孝严表示"民主社会言论自由"，个别人对他此举如何评价是人家的自由，但是阻挡不了他要"认祖归宗"的决心。

章孝严表示他敬重宋美龄和蒋方良女士，虽然曾多次想征得二老的许可，但事与愿违，令他很是难过。至于蒋介石的孙媳妇公开出面"反对"他认祖，他无可奈何，也不在意。

章孝严表示，他对这种宫廷式的争论，"实在感到厌烦"，所以 3 年前他接到溪口蒋氏族人转来给他的一封信，邀请他回溪口看一看"祖宗乡土"时，不禁为之所动，也加速了他"认祖归宗"的决心。特别是他看到溪口族人乡亲的热情，他语气坚定地表示，认祖归宗是定了，"我要走大门，不要走宫廷路线！"至于姓氏问题，章孝严再次表示，认祖归宗后他和儿女仍然会姓章，一是几十年习惯了，身份证改起来麻烦；二来"法律"也允许可以随母姓也可以随父姓；第三，保持章姓也是对亡母章亚若的纪念。有溪口族人称下次修改族谱会把他兄弟俩列入，他连称"我非常感谢溪口族人"。

8月24日一大早，章孝严一行冒着濛濛细雨出发，于7时抵达蒋氏祠堂，此时早已有很多人在门外等候。在司仪的指引下，章孝严与家人进行上香、献花、献果、献爵等仪式，并宣读他亲自草拟的祭文。随后，章孝严率家人向蒋氏列祖列宗牌位行三叩礼。章孝严在起身时流下郁积在心中多年的泪水，也终于完成他"认祖归宗"的心愿。

一位自称章孝严堂姑的女士上午拿着族谱希望章孝严能改姓"蒋"，章孝严谢绝族人的好意。他说，从今天开始，他就是名正言顺的蒋家人，但不一定要拘于形式，也不一定非要改姓，他还决定维持姓章，以纪念他的母亲。

完成祭祖仪式后，章孝严与家人前往蒋介石母亲王太夫人、蒋经国母亲毛太夫人和蒋介石的父亲、伯父坟前上香致敬。

虽然定居海外的蒋家后人曾放话，指章孝严此行未经"准许"，不算归宗，但故乡溪口的蒋氏族老则表现出一种非常豁达的态度，纷纷表示，无论是否"入册"，章孝严始终是他们蒋家的亲骨肉，"没有理由不认"。与蒋经国属兄弟辈的蒋国庆表示，尊重蒋介石家人的意见是应该的，毕竟宋美龄、蒋方良是前辈，都还在世，但拒绝章孝严认祖归宗则不合情理。他说，不管她们如何看，我们是把章孝严当蒋家人，按蒋氏家族礼节对待的。他还表示，现今最大的希望就是重修族谱，因为蒋氏族谱自1948年由蒋经国主持修订至今，已经50多年了。前几年虽然宁波市有关部门曾组织过一次修订，但毕竟有很大局限，如果再做一次，将50年来流落台湾和世界各地的蒋氏下落一一找齐，那才是蒋家的幸事。到那时，"孝严孝慈两兄弟和他们的后人列入蒋氏族谱，应该是没问题的。"

章孝严认祖归宗仪式完成后，便按原定计划于 26 日飞往上海进行访问。接着，章孝严一行在 27 日晚抵达广西桂林，28 日上午在当地官员陪同下，前往拜祭母亲章亚若墓。随后花费 1 万多元人民币，租船游览漓江，29 日抵云南昆明观光。9 月 1 日，章孝严一行顺利返回台湾，结束此次认祖归宗的旅程。

可是，章孝严的认祖归宗之举未得到宋美龄的认可。远在纽约的宋美龄通过外甥女孔令仪表示，章孝严往溪口拜祭，这是人之常情，但声称要认祖归宗，至少应该告知经国先生夫人蒋方良及蒋、宋家族的大家长蒋夫人，并由她们认可，这是蒋家晚辈应有的礼节。

孔令仪及夫婿黄维盛说，章孝严这次大陆行，基本上是私事，同蒋家有关，但蒋夫人及蒋方良女士事前不知道，也未被告知，反而是从新闻报道中才知悉此事。

孔令仪夫妇透露，章孝严以前担任要职途经纽约时，"从没有亲自要求请见蒋夫人"，都是由他人转告求见，显得诚意不够，令蒋夫人别有观感。

即使如此，章孝严毕竟已实现了自己多年的愿望，正式成为蒋氏家族的成员，半个多世纪的追求没有白费。2002 年 12 月 13 日，章孝严全家又迎来了一个令人振奋的消息。章孝严领到了新身份证，看到期盼已久的身份证中父母栏更正为"父亲蒋经国、母亲章亚若"，章孝严的表情好似重生。他说："每次有人问我父母是谁，我都很犹豫、羞涩，这种沉重的感受很难用文字形容。我已达到为人子女应尽的孝思，相信父母在天之灵也会欣慰、骄傲！"

接着，章孝严哽咽地说，父母栏更正后他原本可改名为"蒋孝严"，但为了纪念他幼时辞世的母亲章亚若，他选择继续从母姓。事实上，章孝严新的身份证上还是有要更改的地方，就是他的出生年月日有误，必须再提申请，但他不愿意错过 12 月这个值得纪念的日子，就说："以后会再提出申请。"章孝严表示，本来 2002 年 11 月 27 日就可以领到新的身份证，但他刻意延到 12 月，因为 12 月是他和妻子结婚 32 周年的纪念日，这对一个家来说是非常重要的日子，因此他带了一束黄玫瑰回家告知妻子儿女，全家人都为此欣喜若狂。

章孝严说，他的儿子章万安正在写英文自传及学校申请书，准备出国念书，他鼓励儿子把祖父蒋经国、曾祖父蒋介石都写进去。同时他表示，2003 年清明节他将去大陆蒋家祠堂祭祖，并到母亲章亚若坟前告知亡母认祖归宗的好消息。外传蒋家人反对他认祖归宗，章孝严说这种说法是子虚乌有、空穴来风，虽然他更正身份证时没有告知蒋夫人宋美龄和蒋方良，但他永远尊重她们。在领到新身份证后，也因为顾及两位蒋夫人的感受，所以并没有惊动两位老人家，也没有和蒋家人联络，但日后会以写信的方式向他们说明。

同月 23 日，章孝严在台湾喜来登饭店大张旗鼓地举行了"认祖归宗"茶话会，广发请帖多达 600 多张，受邀者包括台湾"总统"陈水扁，"副总统"吕秀莲，台湾"五院院长"及"朝野立委"等。

2003 年 1 月 13 日，正值蒋经国逝世 15 周年，认祖归宗后的章孝严来到父亲灵前，泛着泪光对父亲诉说，去年 12 月更改身份证之后，今年的心情与过去不大相同，因为他是正式以蒋家人身份谒陵，所以别具意义。

认祖归宗后的章孝严在台湾政界的影响随着其身份的确定而有所扩大，因此外界质疑他的举动是要卡位。因此章孝严多次强调他不是要卡位，希望外界不要凡事都泛政治化，这只是一件非常单纯的事。虽然章孝严如是说，但仍不免遭到定居海外的蒋家其他成员的不满。

●蒋家有两位未过门的媳妇，一位是章孝严的妻子黄美伦，另一位则是章孝慈的遗孀赵申德。赵申德处事低调，从不与媒体打交道，外界知道的不多。反观黄美伦，就大不相同了，若称她为"另类"的蒋家媳妇，应不为过。

黄美伦，本籍广东台山人，从小在虎尾眷村长大。她上有一个哥哥、两个姊姊，是家中的老幺，甚受家人疼爱。

小时候的黄美伦，长得清秀讨喜，留着两条长长的辫子，很受街坊邻居的喜爱。

黄美伦从小就很会读书。小学，她读的是虎尾空军子弟小学，初高中则念虎尾女中，年年都拿奖学金，从高一到高三是学校"龙虎榜"上的前三名，同时又是司仪、掌旗、班长和篮球队员，相当风光。

她大学念东吴大学外文系，参加过话剧社，演过小萍导的戏，同时在室友怂恿下，应征"田边俱乐部"学生主持人的工作，从300多位应试者中脱颖而出，与已故主持人李睿舟搭档过一段时间。

虽然黄美伦从小到大一直很活跃，人又长得很漂亮，但由于家教严格、个性保守，始终没有交过男朋友，直到一个偶然的机会，认识了章孝严。

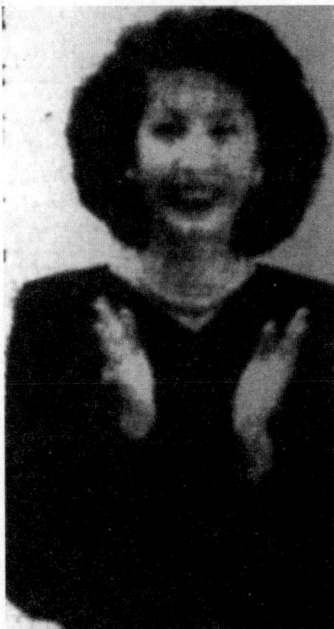

黄美伦在公开场合

认识章孝严的那一年，她才大四，而章孝严才刚考上"外交官"。她是在陪邻居去找章孝严写推荐信时，才和他有了一面之缘。黄美伦对章孝严的第一印象并不好，觉得他长得既不高，又不帅，两人实在不怎么配。不过，她还是很大方地充当章孝严的"女友"，多次陪同他参加"外交人员训练所"学员的郊游与舞会，因此进一步与章孝严成为真正的男女朋友。

黄美伦说，她和章孝严的感情，有进一步发展，是在她大四的毕业舞会上。"当时，章孝严特别订做了一套白西装来捧场，给足了我的面子。我们就这么一舞定情！"在与章孝严交往一年之后，章孝严就突然外放比利时，而她也刚好要到美国去作短暂的停留。临行前，章孝严把她带到荣星花园，告诉她一个天大的秘密："我是蒋经国的儿子！"同时，还告诉她许多童年往事，诸如外婆是如何蹓着小脚到车站去等他们这对夜归的兄弟回家，以及王升在他们读高中的时候是如何接济他们等等，令黄美伦对章孝严多了几分尊敬与怜惜，并且想尽办法照顾当时人也在美国、靠着搬钢筋、看守仓库打工求学的章孝慈。

在相隔两地的那一年中，黄美伦与章孝严虽然有密集的鱼雁往返和固

75

定时间的电话相通，但两人每天还是相思成灾，一等不到电话，黄美伦的心就一直吊到半空中。这种相思苦，一直到23岁那年，黄美伦嫁给了章孝严才停止。

当时，黄美伦在"西北航空"当空中服务员，为了嫁给章孝严，她立即辞了工作，并且在章孝严因公无法回台举行婚礼时，委屈地提着婚纱，一路搭机转机，坐了二十几个小时的飞机，跑到比利时去完婚。一路上还得担心礼服是否会被压皱直到见面为止，章孝严还很自傲地说："你可是一路追我，追到比利时来的。"

婚后的黄美伦，一边扮演"外交官夫人"，一边挺着大肚子，开始忙碌起来。

黄美伦喜欢用星座分析她和章孝严的个性，她认为，章孝严很符合他所属的双鱼座个性，浪漫、细心，而且很顾家，而她则是典型的牧羊座，热情、率直，还有点儿大而化之。

黄美伦说："我的个性是紧张型的，什么事都不能等，连几秒钟都不允许；我从小律己严谨，结婚以后对自己的丈夫和小孩，也同样紧迫盯人。

"我们的新婚生活虽然忙碌、甜蜜，但偶有争吵，尤其在我怀孕期间，情绪很不稳定，都是章孝严像个大哥哥一样处处让着我。

"我父亲在生前，对章孝严这个女婿简直满意极了，不仅注意我们夫妻俩有没有上电视，还特别帮他做了一本厚的简报。每次章孝严陪我回娘家，他们俩总要聊上老半天！"

黄美伦与章孝严总共有两女一男，老大蕙兰（小名贝贝）、老二蕙芸、老三万安。原本，黄美伦在连续生了两个女儿后，就不想再生了，没想到老三趁她不注意的时候，悄悄报到。她本来想拿掉，但是章孝严劝她慎重考虑："万一拿掉的是个男孩，那不是可惜了吗？"后来果然印证了，老三是个男孩。

"我还记得，我在生女儿蕙兰、蕙芸的时候，章孝严到医院来看我时，手上总是带着一朵花。等到我生老三时，他一听是个男孩时，匆忙赶到医院，高兴得连楼层都跑错了！"

76

黄美伦与章孝严结婚至今 30 载，期间，黄美伦相夫教子，功不可没。例如，章孝严在美国拿学位时，黄美伦负责帮他打字；当她知道钱复建议章孝严最好去考个甲等特考后，就天天逼着他赶快进行；婚后，章孝严不希望她出去工作，她就乖乖呆在家里，帮小孩子打毛衣、毛裤、帽子和围巾。

她认为，夫妻相处之道，就像骑协力车一样，婚姻是要经营的。所以，她和章孝严之间，不时有鲜花、卡片彼此问候。黄美伦其实本身也具有"外交官"与从政细胞，她曾经说过，如果不嫁给章孝严的话，她很可能是个杰出的女"外交官"，或有参政的可能。在有一次国民党在讨论台北市市长人选时，时任国民党"中央秘书长"夫人的黄美伦，就曾经一度焦急地说："要我出来都可以。"黄美伦说这话，一点儿都不夸张。事实上，曾经有几次，国民党方面真的叩门，询问她是否有参选的打算，而她在读东吴大学外文系时，除了主修英文，还刻意选修法文，加上先前就很会说的广东话，使得她在担任"外交官"夫人时，处处挥洒自如。

黄美伦从大学开始，因为喜欢运动的关系（她经常陪章孝严一起游泳、打网球和高尔夫球），所以体重一直维持在 50 公斤上下。加上她很注重保养，喜欢用小黄瓜、蛋清之类的天然品来保养皮肤，所以，已经 50 多岁的她，看起来还是相当年轻。

黄美伦从小到大，都是风云人物，即使当上官夫人以后也是一样，所以显得不那么讨喜。但是平心而论，像黄美伦这样，各方面分数都很高的官夫人，其实不多，这也是黄美伦之所以受人瞩目的原因。

不过，私底下的她，仍具有女性应有的特质。年轻时，她也曾经担心章孝严会有感情出轨的一天；50 岁以后，她则很担心章孝严的身体，尤其在章孝慈过世之后，她更是随时关心丈夫的血压有没有升高。

她所有的担心，在 50 岁之前都不成立，但是，在她迈入中年以后，一个女人最担心的事却发生了。1999 年底，章孝严与王筱婵传出婚外情，章孝严多年塑造的良好形象尽毁，被迫于 12 月 23 日辞去国民党中央秘书长的职务，黄美伦为此伤心不已。

第二章　蒋介石的重孙辈

一、蒋孝文的女儿蒋友梅和女婿逸恩·苏理伦

●蒋友梅是蒋家第四代中第一位出生的孩子，所以集宠爱于一身。由于生于特权家庭，加之父亲蒋孝文在她年幼时就身染重疾，自幼就少有父爱的蒋友梅是孤独的。她渴望过平凡人的生活，为此她只身赴英国剑桥大学读书，毕业后在渣打银行供职。

蒋孝文是蒋经国的大公子，蒋友梅则是蒋经国的第一个孙女，也是蒋家第四代中第一个出生的孩子。1961年春的一个黎明，在台北市长安东路18号官邸，小友梅降临人间。她的诞生，给她的曾祖父母蒋介石夫妇和祖父母蒋经国夫妇带来了无比的喜悦。祖父蒋经国非常重视蒋家第四代中第一人的名号，所以立即驱车前往士林官邸，向蒋介石求名。蒋介石亦十分高兴，因为蒋友梅的出世意味着蒋家后代的延续，所以他在孩子取名时也是小心谨慎，反复斟酌。最后，蒋介石决定以"松柏常青，梅兰菊竹"作为蒋家第四代孩子的名字，取馨香久远，生命常青的寓意。且根据蒋家族谱，这一代应是"友"字辈，蒋孝文的孩子是第一个女孩，所以取名蒋友梅。

蒋友梅自小就深得曾祖父母、祖父母、父母亲的疼爱。每次父亲蒋孝

文回到家，总会对幼年的蒋友梅说："阿囡！来，让爸爸抱一抱！"接着，会笑眯眯地把小友梅高举在脖子上，与她嬉闹。每当这时，母亲徐乃锦就会出来嗔怪蒋孝文别把孩子弄伤。那时，蒋友梅仍和祖父母住在一块，祖父蒋经国每天回家第一句话必定是"友梅，GRANDPA 回来喽"，然后抱起蒋友梅又亲又吻，蒋友梅亦是蒋经国除蒋孝章外最疼爱的女孩。蒋友梅的童年是在蒋家家长的宠爱下渡过的，然而，当她走出官邸以外的世界，才发现自己与外界是多么格格不入。

在她 8 岁那年，蒋介石将她送往离士林官邸不远的复兴小学读书。在校园中，由于特殊的家庭背景，同学们都不愿意和她做朋友，老师与校长见到她也是唯唯诺诺，生怕得罪了这位蒋家大小姐，这种氛围令蒋友梅深感孤寂。为了拉近与同学们的距离，她故意把自己的百元大钞"丢"在地上，然后自己捡起来大声问："是谁丢了钱？"大家面面相觑，没人答应。因为 100 元的新台币在小学生中间是不多见的，蒋友梅见没有人来取，就建议将这张钞票作为班费使用。恰逢当时班级缺少圣诞节的活动经费，这张大钞让蒋友梅的同学们过了一个快乐的节日。以后，蒋友梅使用同样的方法，不断增加班级的活动经费，帮助同学们做事，可是她的好意不但没有换来同学的友情，她发现同学们反而离她更远了。

年幼的女孩渐渐觉察所谓的特权给她带来的只是孤独与寂寞，因此在即将从小学毕业时，她就告诉曾祖父蒋介石她不喜欢政治，不喜欢军事，只喜欢做功课。她的回答令大病初愈的蒋介石病情复发，蒋介石希望自己的第

徐乃锦（左）欢迎女儿蒋友梅返台北度假

四代子女都能够像他一样在军界政界有一番大作为，然而年纪轻轻的蒋友梅竟说出不喜欢政治和军事的话来，着实令他失望。

父亲蒋孝文的酒色无度导致中年病重变成植物人，对蒋友梅的心灵造成了巨大的震撼。这使得她更厌恶政治，更觉得特权家庭所带来的只有不幸，所以她立志一定要摆脱蒋家的光环，做一个平常人。正是基于这种想法，在台湾女子高中毕业后，蒋友梅便决定去和蒋家关系不甚密切的英国读书。可是由于祖父蒋经国强烈反对，蒋友梅只得去与台湾交往频繁的美国读书。在美国加州大学学习了一年左右，蒋友梅便坚持要赴英国剑桥大学攻读国际商贸专业，无奈蒋经国只好同意。

　　1981年，蒋友梅如愿地进入英国剑桥大学的三一学院国际商贸专业。在求学的4年中，没有什么人知道蒋友梅的真实身份，因此蒋友梅可以凭借自己的实力获得优秀的成绩，也可以以平等的身份与同学们交往，这是蒋友梅梦寐以求的。在英国读书期间，蒋友梅与蒋孝刚同在一所学校，所以来往密切。蒋孝刚虽是蒋友梅的叔叔辈，但是两人年龄仅相差两岁，所以较谈得来，更为重要的是，他们都厌恶蒋家子孙这个光环，都愿意借着自己的本领获得成就。

　　蒋友梅一人在外求学，颇令疼爱她的祖父蒋经国担忧，于是蒋经国向宋美龄求助。宋美龄便让曾任英国"外交官"的陈西滢夫人凌叔华在英国帮忙照顾蒋友梅。起初蒋友梅认为此举又是祖父的余荫，幸而凌叔华是位通情达理之人，她深切明了蒋友梅的内心想法，所以并未给蒋友梅太多的压力，两人亦成为无话不说的知心朋友。

　　转眼4年过去了，蒋友梅面临人生的抉择，她非常惦记尚在重病中的父亲，尽管每年放假她都飞回台湾探望父亲，但是父亲的身体状况确实令她忧心。于是1985年，大学毕业典礼一结束，蒋友梅立即返回台湾。一来是想看看家人，二来是想征求父亲的意见，因为她还未决定是回来还是留在英国工作。此刻的蒋孝文在医生的特殊照顾下已有很大的恢复，除了思维比较困难外，运动神经恢复得最为迅速，已可以下地走路了，这种情况令蒋友梅异常开心。当她向父亲询问对于自己的未来打算有何意见时，她失望了。因为父亲的思维仍难以正常思考，母亲徐乃锦虽一直在旁提醒，但蒋孝文终未给予任何答案。最后，蒋友梅只好去七海官邸求助祖父母了。

　　祖母蒋方良虽然平日极少说话，但是面对心爱的孙女，她讲出了心里话："阿梅，你也许不知道，俄罗斯的西伯利亚冬天是格外寒冷的。那时候我和你爷爷在那里生下了你爸爸爱伦。我敢说，爱伦从小就是个听话的孩子，他的人品决不像后来外界说的那么可怕可悲。在苏联爱伦学会了俄国话，如果不是后来他随我们回到中国，他真会成为一个有用的人呢！1937年我们跨过黑龙江，来到这个古老而又神秘的国家。然而，回来之后，爱伦开始变了，尤其是到了台湾，爱伦变得更加放肆。其实那是有人在惯着他呀！如果是以前，我相信他绝对不敢在你爷爷面前喝酒，更不用说酗酒啦！可是现在一切都太迟了，爱伦已经成为了一个没用的废人了。"

　　蒋友梅听过祖母的一番话，明白祖母其实是借父亲的不幸遭遇告诫自己，在蒋家这个特权环境下生活的人，无论有多么聪慧，都会被这种环境消磨殆尽。蒋友梅更加坚定了不回台湾，不在蒋家光环下生活的决心。

　　回到英国后，蒋友梅进入欧洲最有名的渣打银行总部任小职员。虽然是个小职员，但是收入相当可观，而蒋友梅勤奋踏实、一丝不苟的工作态度使得上司对她非常欣赏，可以说前途一片光明。但是，天有不测风云，1988年1月13日，蒋友梅收到了母亲徐乃锦的急电："祖父病危，见电速归！"蒋友梅早就知道祖父由于遗传的糖尿病，身体状况非常糟糕，但是没有意料到会来得这么快。因为英国深夜没有飞往台北的飞机，蒋友梅只得于次日到达台北，可是已经晚了，祖父蒋经国已在1月13日深夜过世，蒋友梅未能见上宠爱自己的祖父最后一面，悲伤之极。

　　她深知祖父是多么疼爱自己，回想当年自己准备出国留学，祖父央求自己道："友梅呀！你不要出去念书了，在台湾陪爷爷好吗？"然而，那时蒋友梅心意已决，蒋经国亦无可奈何。现在蒋友梅想起来方发现，祖父那时是多么希望有亲人在他身边呀！如今，就算蒋友梅想陪伴祖父也不可能。祖父病殁后，蒋友梅隐约感到台湾的政局要发生巨变。参加完祖父的葬礼，蒋友梅返回英国，重新投身于渣打银行繁忙的工作中，这样可以暂时忘记失去祖父的痛苦。

可是厄运之神并未就此放过蒋友梅，不久，蒋友梅便得知自己的父亲身患喉癌，而且已是晚期的消息，1989年4月14日夜，蒋孝文永远地离开了蒋友梅母女。这对蒋友梅不啻晴天惊雷，她觉得自己的精神支柱倒塌了。为什么老天对自己、对家人如此不公平，自己亲密的长辈接二连三地离开自己。世事太变幻无常，蒋友梅对自己的人生感到无比的迷惘。

●祖父、父亲相继过世后，蒋友梅心灵受重创，一度轻生。后在其男友英国皇室后裔逸恩·苏理伦的细心照顾下逐渐恢复，并投身西洋画创作，现已成为英国有名的现实主义画家。

回到英国渣打银行后，蒋友梅的精神状况极度糟糕，工作时无法集中，经常出错，甚至出现迟到早退的现象，这是纪律严明的渣打银行不能忍受的做法。很快，蒋友梅的上司找她谈话，希望她振作精神，好好工作。蒋友梅知道自己再也难以像过去那样出色工作了，家人的不幸命运令她失去了生活下去的勇气和信心。在她迷惘之际，台湾慧济寺主持海性法师赠给她一本厚厚的《藏传密宗》。蒋友梅开始整天呆在家中，研究这本深奥难懂的佛家书籍，期望从中寻求的解脱。但是这本佛书非但没有帮助她，反而让她更迷茫，最后竟然冒出自杀的念头，幸好得到一位英国男士的救助，方捡回性命。

事实上，这位英国男士与蒋友梅相识很长一段时间了。二人是在蒋友梅的女校友玛格利特家中举办的圣诞节化装舞会上认识的。在那场化装舞会上，蒋友梅被女校友化妆成面目狰狞的"吸血鬼"，她漂亮的脸蛋上被涂上了各种象征丑恶的颜色。尽管面目丑陋，她却是那场舞会上最出风头的女孩。她优美的舞姿吸引了无数人的目光，当然这位英国绅士也无法抗拒她的魅力，主动邀请蒋友梅跳舞。一曲又一曲过去了，然而二人依然兴致不减，特别是蒋友梅卸妆后，竟是一位如花似玉的中国姑娘，全场均为之倾倒，这位英国男士亦惊呼蒋友梅乃"美丽天使"。两人更是彻夜共舞，交谈甚欢。

在那次交谈中，蒋友梅得知面前这位英俊潇洒、风度翩翩的绅士竟是英国皇家勋爵后裔，全名逸恩·苏理伦，苏格兰人，祖父曾是大英帝国一位内阁大臣，父亲则是英国皇家最有威势的陆军军团的将军。当逸恩问及蒋友梅的家庭背景时，蒋友梅隐瞒自己的真实身份，仅称自己是来自台湾的普通留学生。自那次舞会后，蒋友梅在剑桥大学校园内偶尔会遇见那个与自己共舞整夜的英籍男士，双方仅是友好地打招呼而已。虽然逸恩·苏理伦不知道蒋友梅的真实背景，但他被她独有的高贵气质深深吸引。在蒋友梅进渣打银行工作不久，逸恩·苏理伦就特地来找蒋友梅，两人共进晚餐，畅谈彼此的兴趣爱好。原来逸恩·苏理伦和蒋友梅一样，亦是绘画爱好者，尤其酷爱中国的山水画，这令蒋友梅极为诧异。

蒋友梅对绘画的热爱缘于宋美龄。宋美龄晚年在台湾常以作画消遣，久而久之画得倒也像模像样。蒋友梅少年时期曾在士林官邸居住了 6 年，日日观看宋美龄作画，逐渐也产生了兴趣。宋美龄见孙女爱画画，也悉心教导，在宋美龄的熏陶下，蒋友梅对中国山水画的造诣颇深。

岂料，逸恩·苏理伦对中国山水画的理解高出蒋友梅许多，这点使得蒋友梅对这位出身高贵的皇家子弟另眼相看。正是绘画这个共同的兴趣爱好，把蒋友梅和逸恩·苏理伦两颗心拉在了一起。当蒋友梅沉醉于佛家经典不能自拔之时，逸恩·苏理伦不断开导蒋友梅勇敢面对人生，从事自己喜欢做的事情。在逸恩·苏理伦的耐心帮助下，蒋友梅恢复了以前的精神，开始专注于西洋油画的创作。

1992 年秋，在征得母亲徐乃锦的同意，蒋友梅重新踏入剑桥大学，但是这次她选择了自己钟爱的艺术专业。此时蒋友梅的真实身份已经被暴露，各种新闻记者常常到宿舍和教学楼采访她。面对新闻媒介，她开始能够从容应对，"我确实出生在蒋氏家族，可是，我与已经逝去的蒋家人有所不同。我只是个普通学生，我所关心的从来都不是政治，而是对社会对人类有益的学业。"

进校后，蒋友梅的第一件学习任务就是临摹名作《马拉之死》。为了加深蒋友梅对西洋画的解读，男友逸恩·苏理伦多次鼓励她亲自去法国一趟，看一看这幅传世之作《马拉之死》的真迹。1993年春天，蒋友梅经不住逸恩的怂恿，终于来到了法国。在塞纳河畔卢浮宫博物馆里，蒋友梅注视着一幅幅世界级名画，内心的激动无法用言语来表达。在回伦敦后写下的《绘画笔记》中，她如此描写："中国古老的画库无疑是个无与伦比的宝藏，那里集聚着无数可与世界美术作品相媲美的精彩奇作。然而这次看了卢浮宫里珍藏的珍品后才知道，西方画库同样光彩辉煌，那里面有许多画是同样与东方艺术品相媲美的。"

3年的课程很快就结束了，蒋友梅凭借自己的绘画天赋，在西洋画的创作上已有一番成就。她的学科成绩不仅一直名列前茅，而且她的毕业作品《雾城之晨》亦被剑桥大学陈列起来作为保留作品。离开剑桥大学后，蒋友梅开始自己的画家生涯，她的作品日益引起英国画界的关注，各种新闻媒体争相报道蒋氏家族第四代出了一位画家。

她的独特画技，就像她这个人一样，让所有观看她新作《泰晤士河》的人们，都感受到东西方结合画法的成功。蒋友梅女士的《泰晤士河》，是个古老的命题。从前英国有许多画家都以雄伟的泰晤士河为绘画主题，然而谁也难以出新。唯有这位来自东方的女画家，找到了新的视角，借以展示出这条古老河流的雄浑与壮美。蒋友梅这幅画的成功，标志着她绘画技巧的成熟。同时也看出她是位有着独特见解与艺术功力的中国画家。

女儿成为一名有名气的画家，母亲徐乃锦为之高兴，但是眼见女儿年龄已长，她开始考虑女儿的婚姻大事。于是，就在蒋友梅从剑桥大学毕业的同年，徐乃锦飞往英国伦敦，与女儿促膝长谈她的男友逸恩·苏理伦。徐乃锦得知逸恩·苏理伦是英国皇家贵族之后，担心他也会像自己的丈夫蒋孝文一样是个纨绔子弟，希望女儿考虑找一个平民身份的人作为结婚对象，以免重蹈自己的覆辙。令徐乃锦吃惊的是，女儿深爱着逸恩·苏理伦，而且女儿向母亲保证逸恩·苏理伦绝没有富家子弟惯有的习气。他供职于大英帝国保险公司，完全凭借自己的努力获得成绩，丝毫没有借助家庭的特权。见女儿如此坚定，徐乃锦只得答应这门姻缘。

返回台湾后，徐乃锦向蒋方良汇报此事，蒋方良非常高兴，并且指示徐乃锦一切由蒋友梅自己做主。1996 年 3 月，徐乃锦又风风火火地飞往大洋彼岸面见宋美龄，将蒋友梅的大喜事相告。宋美龄为之振奋，因为久无欢喜声色的蒋家需要来个大喜事。最后，宋美龄和蒋方良皆因身体状况，不能出席婚礼，由徐乃锦代为主持，二老则给蒋友梅赠送了结婚礼物。

1996 年 6 月 6 日，蒋友梅和逸恩·苏理伦在伦敦富丽堂皇的威斯敏斯特教堂举行了盛大的婚礼。由于逸恩·苏理伦的家族是英国的显赫家族，所以来参加婚礼的有英国皇室贵胄，英国内阁成员及其他英国上层人物。蒋友梅的母亲徐乃锦代表蒋家家长宋美龄和蒋方良前来主持女儿的大婚，同行的还有许多徐乃锦经商后结交的台湾商界人士。在浪漫的婚礼进行曲声中，新婚伉俪蒋友梅亲昵地挽着她的丈夫逸恩·苏理伦走进了宽敞的教堂，在圣主耶稣面前定下厮守终生的盟誓。

婚礼过后，两位新人便进行了一次横跨欧洲的蜜月之旅。与常人不同的是他们的蜜月是寻找欧洲古代各种画派，他们先后到了法国、意大利、德国等国家。在意大利，蒋友梅亲眼看到了自己崇拜的著名画家米开朗琪罗的《创世纪》、《西斯廷圣母》、《雅典学派》等经典作品，但是这次旅行给蒋友梅收获最大的还是在法国度过的日子。在法国，蒋友梅成功地临摹了法国 19 世纪画家德洛克洛瓦的《希阿岛上的屠杀》、《屹立在米索伦基废墟上的希腊》和法国现实主义画家杜米埃遗留的传世之作《七月英雄》、《三等车厢》，以及法国印象派大师莫奈的作品《早餐》。

1997 年春天，蒋友梅迎来了自己事业上的另一个高峰，她的处女作《谜》在索斯比拍卖会上被人以 1．8 万英镑的高价买下。同年秋天，她怀上了自己与逸恩·苏理伦的爱情结晶，快要当父亲的逸恩·苏理伦每天都给爱妻蒋友梅拍照，再将照片寄

2009 年蒋友梅受邀出席蒋经国百岁冥诞纪念活动

85

回台北给丈母娘看。虽然身怀六甲,但是蒋友梅依然每天勤作画,丈夫百般劝阻均以失败告终。逸恩·苏理伦知道自己的夫人是多么的深爱绘画,要她放下画笔一刻都是不可能的。幸好不久一个小男婴就出世了,这个小东西长得像极了还是婴儿的蒋友梅。不可思议的是他汇集了5国血统:英国(男方)、意大利(男方)、中国(蒋家)、德国(外祖母徐曼丽)以及俄国(蒋经国之妻蒋方良)。这个混血儿虽不是蒋家的嫡系子孙,但毕竟流淌着蒋家的血脉,也属蒋家第五代,这亦象征着蒋家香火连绵不绝。

作为蒋家第四代的蒋友梅如今成为英国较有名气的现实主义女画家,对其家庭背景人们已不再过于关注。蒋友梅也终于从蒋氏家族的特权阴影中解脱出来,向着自己渴望的道路一步一步地前进。

2004年12月14日,曾被誉为"中华民国第一夫人"的蒋方良女士在台北逝世。作为蒋方良一手带大、疼爱有加的孙女,蒋友梅即刻返回台湾吊唁。

2005年8月20日,蒋经国长儿媳徐乃锦病逝,这对已经失去了祖父母和父亲的蒋友梅又是一个沉重的打击。在徐乃锦弥留之际,她一直陪在母亲的身边,极力想使母亲走得平静、安详一些。

母亲过世后,蒋友梅按照母亲所信仰的天主教的习俗,在台北圣家堂为母亲举行追思弥撒。蒋友梅在灵堂精心布置了十字架与鲜花,周边围绕着白色百合、白玫瑰与白菊花,借此寄托对母亲最深切的哀思。

2009年4月13日,时值蒋经国百岁之际,台湾"府院党"扩大举办蒋经国百岁冥诞纪念系列活动,国民党于4月10日上午首开纪念活动,举行口述历史座谈会。蒋友梅特意返台,参加了此次活动。

在纪念会上,作为蒋经国最疼爱的孙女,蒋友梅在聆听各界发言,尤其是听到大家追忆蒋经国往事时,几度陷入沉思,时时流露出哀戚的神情。

二、蒋孝武的女儿蒋友兰

●蒋友兰是蒋孝武与汪长诗的女儿，由于父母早年离异，从小她就经常台湾、瑞士两头跑。少年时期因父亲到新加坡任职，遂迁居新加坡并在当地华人学校上初中和高中。

1972年1月19日，蒋孝武与汪长诗的第一个孩子降生在七海官邸。根据蒋介石为他的曾孙辈取好的名字，这个女孩叫蒋友兰。从小就生活在重兵防守、戒备森严的深宅大院里，蒋友兰对外面的世界一无所知，更不清楚蒋家在台湾的地位。尽管幼年的她经常看见父母争吵，父亲也时常夜不归宿，但是由于母亲的细心照顾，她并没有感到寂寞无助。然而，不幸的事情很快发生了。

母亲汪长诗因不堪忍受父亲蒋孝武的蛮横无理，整日与演艺界明星擦出花边新闻，于1976年独自飞回瑞士日内瓦娘家。当时蒋友兰和弟弟蒋友松尚年幼，无法离开母亲，他们每天都流着泪哀求父亲蒋孝武让母亲回来。祖父蒋经国见孩子们哭泣于心不忍，于是派人到日内瓦找汪长诗期求和解。

蒋友兰（右）

念及年龄尚小的孩子，汪长诗同意为孩子着想，回到蒋孝武身边。但是她提出条件，要蒋孝武去机场接她，若蒋孝武没有兑现，她将再不回头。

可是汪长诗最终没有等到蒋孝武，她再次踏上了去瑞士的飞机，两人的婚姻关系亦随之不在。1979年，汪长诗基于对两个孩子的思念，再度飞回台湾，向蒋经国请求让她带着孩子去瑞士。因孙子、孙女年幼，蒋经国纵使心中不乐意，最后只好答应。汪长诗如愿以偿地带上自己年幼的蒋友兰和蒋友松来到瑞士日内瓦，在那个美丽的国家，蒋友兰和蒋友松与母亲共同生活了3年。

蒋友兰希望永远待在瑞士母亲身边，但是一批逃亡海外的"台独"分子，出于对蒋家的仇恨，秘密潜逃到瑞士，扬言要绑架蒋友兰和蒋友松。汪长诗担心自己心爱的孩子有丝毫损伤，便忍痛让从台湾专程来的虞为带着两个孩子回到台湾。

回到阔别3年的七海官邸，蒋友兰见到了父亲蒋孝武，但是她仍常常思念远在瑞士的母亲，所以一直闷闷不乐。幸而这时，父亲蒋孝武给姐弟俩请的英文老师蔡惠媚走进了蒋友兰孤独的心，她无微不至地照顾着蒋友兰和弟弟蒋友松的生活、学习，蒋友兰渐渐地开始接纳这位心地善良的台湾姑娘。在蒋友兰心中，蔡惠媚已逐渐取代母亲汪长诗的地位，而父亲与蔡惠媚的关系在经过宜兰的"林宅血案"和在美国的"江南事件"后日趋稳定。在父亲蒋孝武最失意的时候，蔡惠媚勇敢地承担起照顾这个家庭的责任，临危不乱，令蒋友兰由衷地钦佩她。

1986年2月底，父亲蒋孝武带着蒋友兰和弟弟蒋友松以及蔡惠媚来到七海官邸，参加祖父蒋经国举办的小型家宴。在这次晚宴上，蒋经国事实上承认了蔡惠媚作为蒋友兰和蒋友松继母的身份。这对于蒋友兰来说，心情非常复杂，她既为生母汪长诗感到惋惜，因为将有人代替她的位置，同时她又替父亲、弟弟和自己高兴，因为父亲得到了好妻子，自己和弟弟有个好妈妈。由于"江南事件"对父亲仕途的负面影响极大，因此祖父蒋经国不得不将蒋孝武派往新加坡任商务代表团副团长。

1986年3月初，蒋友兰全家迁往新加坡，在远离市区的武吉知路289号购买了一幢英式高级别墅定居下来。父亲和英文教师蔡惠媚也于当年4月11日踏上了红地毯，蔡惠媚正式成为蒋友兰的合法母亲。这位英文教师最使蒋友兰敬重的地方在于，她决定不生孩子，全心全意照顾蒋友兰和蒋友松，此举不仅令蒋友兰、蒋友松感动不已，就连定居瑞士的汪长诗也对她感激涕零。由于父亲蒋孝武在台湾掌管情治机关，所以得罪了不少黑白两道的人，虽然祖父蒋经国把父亲调往新加坡，但是父亲担心过去的仇人来报复，因此别墅终年禁闭，只有蒋友兰和蒋友松出去上学，大门才打开。在这种情形下，蒋友兰每天都过着提心吊胆的日子，也正是这种生活令她对政治极为反感。

1988年1月13日，祖父蒋经国突然过世，父亲蒋孝武深受打击，起初不准备带两个孩子去吊唁，害怕有人会对他们不利。可是蒋友兰亦十分想念祖父，恳求同往。于是蒋孝武全家于1月14日到达台湾，参加了蒋经国的葬礼。看见因祖父病殁而发生巨变的台湾政坛，蒋友兰心中有股说不出的滋味，父亲则由于此时有人故意在各大报纸大放厥词极为不快。葬礼一结束，蒋友兰便随父母亲和弟弟返回新加坡。

1989年，蒋友兰在新加坡念完初中课程，旋进入新加坡国立高中读书。1990年，父亲被台湾当局调往日本担任驻东京的"商务代表"，因蒋友兰和弟弟蒋友松均要在新加坡读书，就没有同行，留下来继续生活在新加坡。没有父母亲在身边的日子里，蒋友兰负起做姐姐的责任，照看比自己小一岁的弟弟。在学业上，她凭借自己的努力，取得了不菲的成绩。新加坡的生活远没有台湾那么动荡不安，蒋友兰暗中庆幸自己早离那是非之地。1991年7月1日，蒋孝武返回台湾任"中华电视公司"董事长。

蒋友兰很快就可以和父母亲团聚了，她觉得生活开始变幸福了。岂料，厄运即将来临。1991年7月1日早晨，蒋友兰接到蔡惠媚从台湾打来的电话，要他们姐弟二人速来台北，母亲焦急的声音使得蒋友兰担心有什么不祥的事情发生。可是蔡惠媚在电话中始终不肯多说，这令蒋友兰更担忧。当天下午，蒋友兰就带着弟弟从新加坡国际机场乘飞机赶往台北。

在飞机上，蒋友兰从当日台湾的《联合报》上看见了触目惊心的消息："台湾荣民总医院今天早晨发表医疗公告指出，台湾前驻日代表蒋孝武先生于今天上午5时45分，病逝在台湾荣民总医院。"公报中指出：蒋孝武自1982年起就患有糖尿病及高血脂症，以胰岛素控制尚称稳定，蒋孝武另患有慢性胰脏炎，时有急性发作，皆在"荣总"接受治疗。

讣告又说："蒋孝武于6月30日下午9时住院，诊断为慢性胰脏炎，经药物治疗后，略有进展。至7月1日清晨3时至4时30分访视时，尚无症状。但至5时40分访视时，发现呼吸及心脏均已停止。经急救无效，于5时45分宣告死亡。因蒋孝武有糖尿病及高血脂症，其突然病故，经医生诊断确定为急性心脏衰竭所致。"蒋友梅再也看不下去了，她感到巨大的悲痛向自己袭来。

童年中的父亲虽然在自己面前不苟言笑，但是到了新加坡，尤其是与蔡惠媚结婚后，父亲与自己的关系好像一下子拉近了许多。岁月蹉跎，那个在台湾呼风唤雨、无所不能的父亲愈发显老，性格亦越发和善。他还经常带着蒋友兰和蒋友松到新加坡国际俱乐部打保龄球，或到城外一家网球场打网球。父亲还常常告诉蒋友兰："其实我也是个普通人，只不过在那特定的时代，那种特殊的家庭里生活，我在人们眼里成了个面目可憎的人了。"父亲无奈的感叹深深触动了蒋友兰年少的心，她发觉父亲的所作所为都是由于他是蒋氏家族的一分子。看来蒋氏家族的光环并不是那么好戴的，否则母亲是不会离开蒋家，离开他们姐弟二人。

然而，蒋友兰对政治可怕性的认识在父亲逝世后有了更清晰地认知。一下飞机，蒋友兰就看见一身黑衣长裙的母亲蔡惠媚。蒋友兰再也抑制不住内心的悲哀，扑进蔡惠媚的怀中，放声大哭。蔡惠媚却强忍着眼泪，带着两个孩子驱车赶往"荣民总医院"见蒋孝武最后一面。蒋友兰生母汪长诗得知此事后，也从瑞士赶到台北奔丧，生母的到来给蒋友兰增添了几分慰藉。在台北惠济寺为父亲作法事期间，蒋友兰一直待在母亲身边，须臾不愿离开，因为她害怕再失去一个亲人。

但是更令蒋友兰伤心的是，台湾新闻媒体大肆宣传父亲蒋孝武的奇怪死因，有人说是被人暗杀，有人说是仇家买凶杀人，甚至还有人说父亲是自杀。面对种种的污蔑，蒋友兰悲痛欲绝。政治的无情、冷漠，竟连死人也不放过。蒋友兰希望尽快离开这个令她痛苦的地方，回到新加坡继续她的高中学业。

然而，汪长诗却让蒋友兰先同她去瑞士静养一段时间，再参加考试也不迟，事实上蒋友兰的状况确实令汪长诗和蔡惠媚担忧。蒋友兰是个听话的孩子，于是葬礼结束后，蒋友兰就随母亲汪长诗来到瑞士疗养。在美丽的莱蒙湖畔，蒋友兰的心灵创伤很快痊愈。入冬之前，她回到新加坡，用最短的时间将耽误的课程补齐，圣诞节前夕顺利地拿到了高中毕业文凭。

●毕业后，蒋友兰进入旧金山伯克莱大学国际经济系就读，获得学位后先到瑞士再到香港创业。蒋孝武的第二个妻子蔡惠媚与蒋友兰姐弟俩关系甚佳，所以家庭和睦。即使蒋孝武去世后，蒋友兰和继母蔡惠媚的感情亦非常深厚。

1992 年，蒋友兰即将考大学，对于大学和专业的选择，蒋友兰早在父亲蒋孝武在世时就已达成协议，她想去瑞士读书，学经济专业，因为她不愿踏入险恶的政界。但是，就在她与母亲蔡惠媚于 3 月 21 日参加曾祖母宋美龄的 93 岁寿辰时，曾祖母的一番话改变了蒋友兰事先设定的求学方向。宋美龄希望蒋友兰和蒋友松都到美国来读书，这样她可以帮忙照顾而不用麻烦汪长诗，因为汪长诗毕竟已不再是蒋家的媳妇。

迫于曾祖母在蒋家的地位，尽管蒋友兰心中不悦，但也只得服从曾祖母的安排，到美国读书。但是，生母汪长诗考虑到若在纽约上学，难免会因宋美龄而使得蒋友兰和蒋友松的身份曝露，因此在必须赴美留学的前提下，汪长诗建议蒋友兰和蒋友松到旧金山的伯克莱大学念书，并且不要用原名，改用英文名入校。蒋友兰接受了母亲的建议，1992 年 9 月，蒋友兰和弟弟蒋友松双双进入伯克莱大学国际经济系。

在伯克莱大学大学的 6 年中，蒋友兰以"汪琳"的身份登记在学生名册上，而且她依然像在新加坡读书时一样勤奋好学，所以她的成绩一直都名列前茅。初到伯克莱时，蒋友兰非常思念远在瑞士的汪长诗，幸好由于弟弟蒋友松的关系，她结识了来自台湾的女孩徐子菱，两人很快成为无话不说的好朋友。

1994 年暑假，三人相约不回家，留在旧金山打工挣学费。在这段时间，蒋友兰发现徐子菱是一个善解人意又吃苦耐劳的好姑娘，弟弟蒋友松的眼光确实不错。挣足了钱后，他们三人又结伴去洛杉矶旅游，还登上比佛利山，游览了好莱坞影城。回到学校，令蒋友兰吃惊的是母亲蔡惠媚来伯克利探望自己和弟弟蒋友松。蔡惠媚的到来令徐子菱产生了怀疑。

一日，徐子菱与蒋友兰推心置腹地交谈，希望蒋友兰告诉她他们姐弟俩的真实家庭背景。尽管蒋友兰很想将实情相告，但念及如果告诉徐子菱他们是蒋家后代，难保徐子菱不会离弟弟而去，所以她始终守口如瓶，拒不说出实情。可是最终徐子菱发现了他们的真实身份，可喜的是，徐子菱并不在乎所谓的身份地位，她爱的就是弟弟蒋友松这个人，这颇令蒋友兰安心。

1996 年夏天，蒋友兰从伯克来大学毕业，来到旧金山有名的"西部华尔街"蒙哥马利大街的一家银行工作。然而，蒋友兰发现自己不适应在这儿工作，于是她又辞掉了在银行的工作，飞往瑞士日内瓦，到生母汪长诗身边寻找新的工作。不久，蒋友兰又来到香港经商，到 2000 年，她的事业可谓如日中天。2002 年弟弟蒋友松要与自己多年的好友徐子菱共结良缘，蒋友兰百忙之中抽空赶往旧金山参加婚礼。望着弟弟蒋友松幸福地牵着新娘的手，蒋友兰由衷地祝福他们。同时，她也默默地向在天之灵的父亲诉说：父亲，我和弟弟现在都有自己的事业，弟弟业已成家，您在天之灵可安息了。我们一定谨遵教诲，决不涉身政治，您就放心吧。蒋家第四代与政治是绝缘体。

2004 年 12 月，祖母蒋方良在台北逝世。为了寄托哀思，蒋友兰写了一首英文诗，送给祖母："祖母走后隔天，我和小女汛明在买菜回来的路上，突然雨停了，天空染上一层粉红一层蓝，太阳也破云出，照得大地一片金黄，莫名地，我笑了，告诉女儿，快看，太婆已经度了。"

三、蒋孝武的儿子蒋友松和儿媳徐子菱

●作为蒋孝武唯一的儿子，蒋友松从小就因父母关系不和而常常闷闷不乐，幸运的是父亲的第二位妻子蔡惠媚对他和姐姐蒋友兰关怀备至。

比姐姐蒋友兰小一岁的蒋友松出生于 1973 年 7 月 23 日。作为蒋介石的长曾孙、蒋经国的长孙，蒋友松自小就颇受蒋家长辈的疼爱。然而，父母亲的不幸婚姻生活给蒋友松的童年带来了不少阴影。年幼的他喜欢和温柔的母亲待在瑞士生活，但是由于他是蒋家曾长孙的特殊身份，一批逃亡到瑞士避难的"台独"分子对他和姐姐蒋友兰的生命安全造成了威胁，他9 岁那年，不得不与姐姐回到离别了 3 年的台湾，回到了庄严肃穆的七海官邸。

缺少母爱的蒋友松很少说话，而父亲蒋孝武因为忙于政事经常忽略了他和姐姐。幸好一位温柔善良的英文教师走进了这座冷清的官邸，给寂寞的蒋友松和蒋友兰带来了母爱和亲情。远在瑞士的生母汪长诗无法照顾蒋友松姐弟俩，不久父亲蒋孝武政途失意，不得不离开台湾赴新加坡任台湾驻新加坡的"副商务代表"，这段时间是蒋友松最难受的日子。

英文教师蔡惠媚此刻勇敢地承担了照顾蒋孝武一家人的责任，这令蒋友松对她的敬仰更进一步，他对蔡惠媚的感情亦与日俱增。当祖父蒋经国在 1986 年 2 月底举行的一次家宴上宣布蔡惠媚将成为他的继母时，蒋友松欣然接受了。于是，全家在 1986 年 3 月移居到素以整洁、安定闻名的花园城市新加坡。

新加坡的生活虽比不上在台湾所享受的待遇，可是蒋友松却更加喜欢在新加坡的生活。因为在这里，父亲不仅开始改变原来在台湾冷峻严肃的面孔，而且还常常开着一辆白色跑车带着他们姐弟去打保龄球和网球。更重要的是，这里远离台湾那是非之地，蒋友松和父母亲及姐姐可以过相对平静的日子。在新加坡，蒋友松被父亲送进新加坡国立学校读初中。

但是，只要身为蒋家后代，就很难不受政治的影响。1988 年 1 月 13 日，祖父蒋经国在台北猝然死亡，接到这个消息后，蒋友松感到震惊。尽管他知道祖父有先天性遗传糖尿病，但他万万没有想到祖父会这么快就永远地离开了他们。第二天，蒋友松陪伴父母亲和姐姐蒋友兰回到台北，参加祖父的葬礼。祖父的离去，使得往日车水马龙的七海官邸一瞬间门可罗雀。昔日围绕在祖父身边谄媚的高官都倒向他方，刚谙世事的蒋友松也感觉到蒋家鼎盛时期即将结束。尤其是他在台湾出版的一本杂志《雷声》上读到一篇文章，更让他心中悲哀。

蒋家大势已去以后，蒋经国的遗族该向何处去呢？抛开蒋家尚未成年的第四代不说，就说他们的第三代人，也是让人感到没有希望。蒋孝文终日病卧在草山上；蒋孝武、蒋孝勇虽然仍有发展的潜力，可是在李某人登台以后，也难得真正走上前台来。前几年，台北政治圈一度盛传蒋孝武除身为"中广"公司的总经理之外，又兼顾安全会议执行秘书一职，把持情治系统的权力。在"江南案"发生以后，蒋经国为了向海外澄清蒋家人士不能也不会成为他的接班人，毅然决然地将蒋孝武外放新加坡，出任驻"新加坡副代表"。然而，蒋孝武外放新加坡后，是否真正永远地与权力核心疏离了呢？恐怕并不见得。

面对如此污蔑蒋家人士的报道，身为蒋家长孙的蒋友松确实难以忍受。于是祖父的葬礼一结束，他便和姐姐迅速返回新加坡。可是，事情并非蒋友松想象的那么简单，不久，台湾方面就传来消息，祖父蒋经国曾在台湾不少地方建了曾祖父的铜像，祖父尸骨未寒，就有人以所谓妨碍市容而统统推倒，曾祖父蒋介石在世时建的各种别墅也被开放，而大批蒋家私人档案亦被公之于众。此种情形让蒋友松万分悲痛。

蒋家王朝的式微、世态的炎凉，令刚上高中的蒋友松过早地体味到平常人体会不到的悲酸。更使得他无法容忍的是，父亲将要被调往日本，在所谓台湾"东亚关系协会"中任职。蒋友松好不容易能够与父亲蒋孝武快乐地生活在一起，如今又要分离，而日本却又是蒋家成员最不愿去的地方，其主要原因在于蒋经国的母亲毛太夫人正是被日本人用飞机炸死的。

蒋经国还在老家奉化的一块石碑上亲笔写下"以血还血"四个大字来告诫自己乃至子孙，蒋家与日本的血海深仇。现在李登辉竟然要父亲到日本工作，而且工作的任务是加强台湾和日本的关系，在这种环境下，蒋孝武所处的尴尬地位可想而知。

"孩子们，我这一辈子最沉痛的教训，就是走错了路啊。我痛恨为什么要生在这样一个家族里，我痛恨为什么要走上从政之路。政治是个可怕的怪物，它可以给人以荣耀和既得利益，也可以使人一夜之间成为不齿于人类的废物。以我为例，如果我不从政，如果我不是出身于这种世家，也许会成为一个有益于社会的人。然而正是由于我一步踏进了政治舞台，所以我现在才落得个身不由己的下场。孩子们，在你们这一代，千万不能走的就是从政这条路啊！"父亲蒋孝武的肺腑之言，震撼了蒋友松和姐姐蒋友兰的心。特别是在祖父病去后关于台湾的种种消息，使蒋友松相信这番话是父亲积几十年的痛苦经历所得出的经验，尤其对于蒋家长孙来说，政界是他决不能涉身之地。它的可怕与无情，蒋友松早已品尝过。

1990年夏，父亲蒋孝武为了不耽误儿女的学业，遂让母亲蔡惠媚同往日本，蒋友松和姐姐蒋友兰则留在新加坡完成高中学业。在学校，蒋友松以自己的勤奋好学博得老师和同学们的好评。他和姐姐平民化的生活方式令人们不再把他们当作蒋家后人看待，而是和普通百姓一样，只是在学校学习，且成绩突出的优等生而已。这种宁静的生活也是蒋友松向往的。但是好景不长，1991年7月1日，母亲蔡惠媚从台北打来电话，告诉姐弟二人速回台北。当蒋友松和姐姐到达台北时，父亲蒋孝武已经于凌晨5时45分与世长辞。这对蒋友松来说不啻晴天惊雷，纵使他不愿相信这个事实，但事实已定，再难改变。

在父亲蒋孝武的葬礼上，蒋友松和姐姐蒋友兰跪在父亲蒋孝武的遗体前，向自己敬爱的父亲磕头表示孝道。而蒋友松的耳畔不时想起父亲蒋孝武多年沉浮官场中所得的心得：千万不要从政！

转眼父亲蒋孝武过世已有一年，蒋友松业已从悲伤中振作起来，重新开始自己的人生。这一年9月，他即将赴美国伯克莱大学攻读国际经济专业。在去美国之前，他和姐姐蒋友兰、母亲蔡惠媚再次回到他们的伤心地台湾祭拜父亲。当时一直守候他们的新闻记者抓住机会采访了蒋家长孙蒋友松。面对新闻媒体，蒋友松坦然自若，毫无以往的羞涩。

当记者问道他的志趣是什么，将来想做什么的时候，蒋友松表示将来他想从商，所以在大学选择了经济系。至于是何种驱使，蒋友松答道："从商好像是潮流所趋。不过主要是在新加坡念高中，有许多商业课程，让我很感兴趣。父亲从不会给我压力，只希望我好好念书，不要贪玩。"

记者又问道："蒋家第三代都从政，你选择从商，父亲没有意见?"蒋友松回答："他完全让我自己选择，我曾和父亲讨论这件事，父亲也认为蒋家已有第三代从政，同意我不从政的想法。不过，我虽不从政，却希望能对国家有一番贡献。"

记者："身为蒋家第四代，会不会有压力?"

蒋友松："因为世家的关系，旁边的人对我会有一些期望，希望各方面都要有优良的成绩，包括学校的体育课。"

记者："你的姐姐友兰今年高中毕业，她想做什么?"

蒋友松："跟我一样，学经济。"

记者："你姐姐和你是否有相同志向，是不是蒋家第四代真的要完全脱离政治?"

蒋友松："我希望如此!"

1992年9月下旬，蒋友松以"汪铭"的身份和姐姐蒋友兰如愿进入伯克莱大学国际经济系。两人虽属同系，但不属同一个班级，所以蒋友松和姐姐蒋友兰见面的机会少了许多，不免有些孤独。但是繁重的学习任务很快就将蒋友松带入浩瀚的知识海洋，令他暂时忘却了难以摆脱的寂寞。

●大学毕业后，蒋友松选择经商，在美国旧金山从事创投事业。2002年7月28日，与大学同学徐子菱结为夫妻，2003年5月20日，生有一女，即蒋家第五代子孙。

第一学年转眼就过去了，有一天，蒋友松去学校花园温习功课，忽然听到有人在诵读蒋友松熟悉的唐代诗人王逢原的七律《送春》：

三月残花落更开，
小檐日日燕飞来。
子规半夜犹啼血，
不信东风唤不回。

走进树荫深处，蒋友松发现一个留着满头乌黑长发的美丽姑娘端坐在石凳上，手捧着一本诗集。蒋友松猛然觉得这位女孩非常面熟，原来，早在蒋友松和姐姐蒋友兰来到伯克莱大学的第一天，他就与这位女孩有一面之缘。当时，蒋友松帮姐姐蒋友兰提皮箱和一个装有洗漱用具的网袋来到女生宿舍，不小心被迎面跑来的一个美国女孩撞倒，皮箱和网袋落在地上，东西散了一地。蒋友松和美国女孩一时都愣住了，不知所措。这位长发女孩见状便走过来帮蒋友松拾起散落的东西。这位美丽清秀的姑娘给初到的蒋友松留下了深刻的印象，以后，蒋友松一直没有见到那位姑娘，没想到今日这么巧，两人竟相遇了。

就在蒋友松想得出神之时，只听那位姑娘又念出一首古诗：

兰陵美酒郁金香，
玉碗盛来琥珀光。
但使主人能醉客，
不知何处是他乡。

这时，蒋友松惊呼："这是李白的《客中行》吧?"正沉醉于古诗中的姑娘惊愕回望发现一个高大英俊、皮肤白皙的中国男孩正站在她的身后注视着她。"你也知道是李白的诗，难道你也是文学教育系的?"

"不，我是经济系一年级的学生。"

"那你是课余专修中国古诗词?"

"不，只是因为我喜欢中国古代的诗词歌赋。"

"那太好了，我在美国终于遇到了可以探讨中国古诗词的同路人啦！"

"向我探讨？不敢当，我倒是应该好好向你学习学习。"腼腆的蒋友松定神望着姑娘闪闪发亮的双眸有点呆住了。猛地，他意识到自己的失态，在女孩还想和他多聊几句时匆匆地走了。

也许是上天注定的姻缘，一个星期后，蒋友松又在自己的教室见到了那位令他困窘的女孩。原来在伯克莱大学有一份来自世界各地的华裔学生办的报纸《启明星》。虽然蒋友松专攻经济，但受母亲蔡惠媚的影响，他对文学创作颇有兴趣。于是，当他看见这份用自己的母语写的一篇篇精彩作品时，他也萌发了创作的念头。他开始尝试写些诗文，然后投寄给《启明星》，不料其中一篇《忆台湾》被该报的主编相中，便派一位编辑亲自来找作者，请他再润色。而这位校刊编辑就是与蒋友松有数面之缘的长发女孩，正是这篇文章将蒋友松和女孩拉到了一起。

蒋友松慢慢了解女孩的点点滴滴。她叫徐子菱，1977年生于台湾淡水，后随父母迁到台北，住在阳明山下，分别在道明小学和道明中学完成小学和中学的课程，1991年只身飞往美国旧金山入伯克莱大学读文学教育系，专修英文和教育。由于出身平民家庭，徐子菱学习勤奋刻苦，常常考出让所有女生都羡慕不已的优秀成绩，同时她主编的校刊《启明星》亦十分受欢迎。徐子菱真正吸引蒋友松的地方是她的聪慧和善良，而蒋友松令徐子菱着迷的则是他的真诚。尽管蒋友松刻意隐瞒自己身为蒋家长孙的特殊身份，但是在与徐子菱交往的过程中，难免会露出一些蛛丝马迹。尤其是他和姐姐蒋友兰平时总会收到来自台湾和瑞士的钱款和信函。虽然蒋友松一再强调自己是平民家庭里长大的，然而对于蒋友松的身份，徐子菱心中始终有个谜。

这个谜直到1995年7月宋美龄在美国出席纪念第二次世界大战胜利50周年大会，美国电视台现场转播了这一盛况。与她同行的有蒋家不少直系亲属，其中一个熟悉的面孔引起了徐子菱的注意，这个人就是1994年秋到伯克莱大学看望蒋友松姐弟俩的母亲蔡惠媚，这下蒋友松知道自己的身份已不可能向自己深爱的人隐瞒了。于是在校园池塘边，蒋友松向徐子菱和盘托出自己的身世，令蒋友松吃惊的是，徐子菱并不在意自己男友的家庭背景。虽然她素来不喜欢与政治要人的子女接触，更不用说结为朋友，尤其像蒋家这么一个雄踞台湾几十年的大家族。但是"蒋家的人也是人"，她当初与蒋友松相恋，仅是出于单纯的爱情，出于对蒋友松人品的敬爱，绝未考虑过对方的家庭背景。现在纵然她知道了蒋友松的身份，可是仍然深爱蒋友松，她并不计较这些，而这些也不会影响她对蒋友松的感情。

徐子菱的善解人意令蒋友松感动不已。当徐子菱问及蒋友松对自己的看法时，蒋友松的回答使得徐子菱哭笑不得。"我爱你的原因很多，但最最重要的就是你的大智能。"何谓大智能呢？蒋友松继续解释道："我说的大智能，就是你的聪明才智。子菱，你的智慧在于你能在生活中发现最美的东西。你的善良是其他女人不具备的。你做人处事稳重，还有你对生活、对人生充满了爱心，这一切都是我最感兴趣的品质。"自此，两人的爱情开始了新一轮的长跑。

1996 年，蒋友松从伯克莱大学毕业后开始自己的个人奋斗生涯。女友徐子菱比自己早一年毕业，在旧金山一所学校教书。因为蒋友松决心依靠自己闯出一番事业，所以他一切都是从零起步。他在旧金山湾区租了个简陋的房子，然后每天挤公交车去离湾区几十里的电报山下一家公司打工。在打工期间，他学会了如何做期货生意。两年后，他就在旧金山开了自己的第一个公司创业投资有限公司，他的聪明才智和所学终于大有用武之地。2000 年冬，蒋友松的公司成功地在美国股市上市，在他旗下拥有员工近百名。蒋友松的事业取得了成功，他的爱情马拉松也要有个圆满的结局了。

2002 年 3 月 20 日，蒋友松带着未婚妻徐子菱飞往纽约，为蒋家大家长宋美龄庆祝生日，并准备将自己和徐子菱的婚事告诉宋美龄。得知蒋家第四代的长孙蒋友松即将成家，宋美龄由衷地高兴，而准曾长孙媳徐子菱颇讨宋美龄喜欢。对于这桩天作之合，宋美龄当然全力支持，但是她向徐子菱提了一个要求，就是虔诚地信仰基督教。没想到徐子菱真心答应，宋美龄为此十分满意。接着，蒋友松又携徐子菱到台湾拜见祖母蒋方良。平日生活在无声世界中的蒋方良听说长孙要结婚，欣喜得老泪横流。她衷心地祝福这对新人，同时又嘱咐蒋友松婚礼要低调。

2002年7月28日，在美国旧金山湾区的一座大教堂里，结束了9年爱情长跑的两人终于开花结果。蒋友松谨遵祖母的叮咛，婚礼只邀请了少数蒋家至亲，宋美龄虽然未能亲来道贺，但她派来了蒋纬国的夫人邱爱伦和蒋孝刚伉俪前来祝贺。他们还从纽约带来了宋美龄送给这两位新人的大花篮。蒋友松的亲生母亲汪长诗和姐姐蒋友兰专程从瑞士、香港赶到美国参加爱子、弟弟的大婚。蒋友松的三婶方智怡代表蒋家家长，以长辈身份在婚礼中致词，祝福这对新人。她说，今天是蒋家的重要日子，不但为友松感到高兴，更为蒋家高兴，因为，蒋家有了"好媳妇"。

不仅如此，他们还收到蒋经国在世时的旧部如郝柏村、连战等国民党要员从台湾空运到美国的贺婚礼物。蒋家在台湾唯一的叔辈——章孝严，是在蒋友松和徐子菱婚礼当天才收到从忠孝东路服务处送来的喜帖，虽然婚期已过，但是章孝严仍然补送了花篮以示心意。第二日，章孝严在接受记者采访时表示：友松找到了很好的另一半，很替他高兴，相信学有专长的友松，未来有很好的发展。

尽管蒋友松尽力将婚礼办得低调，但是新闻记者仍冲破重重阻力，采访到了一脸荡漾着幸福笑容的蒋友松和新娘徐子菱。从蒋友松和徐子菱的笑容中，记者没有发现任何忧郁和紧张的神态。当记者问到两人关于婚后的计划，蒋友松说，他们将到一个"充满海水与阳光"的地方度蜜月，然后开始崭新的生活，暂时没有计划回台湾。

2003年5月20日，徐子菱在美国三藩市诞下一名女婴，取名Josephine，依照蒋家族谱"孝友得成章"来算，她算"得"字辈中第一个孩子，中文名字尚未取好。"太祖母"宋美龄及曾祖母方良闻讯后十分开心，婶婆方智怡代表发言说，"给她所有的爱"，就是所有蒋家人送给这个婴儿的最好礼物。当问及现时她的中文名字仍然未有定案，方智怡笑谓，最近忙，海内外抗非典，没空赴美，但已预备好送给Josephine的礼物了。

四、蒋孝勇长子蒋友柏和儿媳林姮怡

●蒋友柏乃蒋孝勇的大公子,在蒋家第四代中名气最旺。他生得英俊帅气,早年随父母移民加拿大,后又移民美国,入纽约大学读资讯管理专业。

蒋友柏生于1976年,是蒋孝勇和方智怡的第一个男孩。由于继承了父母优秀的遗传因子,蒋友柏长得高大健硕,在12岁那年他的身高就已有170公分了。成人之后则更加秀美挺拔,185公分的个子,留着飘逸的长发,脸型酷似偶像明星金城武,乃众多青年女子心目中的"梦中情人"。

自小就在安逸环境中长大的蒋友柏,从未考虑过政治为何物,但是在12岁那年,也就是祖父蒋经国逝世的那一年,他开始承受家庭变故所带来的压力与痛苦。随着蒋经国的与世长辞,曾经充当蒋经国生病期间与国民党政界高层间特殊"联络员"的蒋孝勇的地位一落千丈,昔日对父亲阿谀奉承的官员们似乎一瞬间就消失了,甚至还公开恶语中伤父亲,而父亲的情绪亦日渐不佳,与那个从小常带他和弟弟去阳明山打球、泡温泉、游泳、爬山的和蔼父亲简直判若两人。年仅12岁的蒋友柏也能感受到世态的炎凉,台湾可能不是他永久居住的地方。

果然,当年8月,父亲蒋孝勇即携妻带子赴加拿大旅游,名为旅游,实则考察加拿大的环境是否适合全家生活。后来,蒋孝勇挑中了位于加国北部的著名城市魁北克附近的蒙特利尔,虽然那儿比较荒凉,但是正符合蒋孝勇向往的"鸟不生蛋","中国人少"的标准。蒋友柏在那儿与父母、弟弟愉快地玩了一个月后恋恋不舍地回到台湾,可是小友柏知道他不久还会回到那个"鸟不生蛋"的地方。

1989年2月15日,父亲蒋孝勇接到了加国移民局的批准函,要其全家务必于3月中旬到加。小友柏没有想到这么快就要离开生长的土地台湾,尽管他还想在台北念完初中。然而，父命难违，临行之前，蒋孝勇带着孩子去向宋美龄告别，宋美龄深知挽留亦不可能，因此她嘱咐小友柏：一、出去以后，到任何时候都不要忘记你们姓蒋；二、到任何时候，你们都不要忘记自己是中国人。

铭记着曾祖母的叮咛，友柏随着父母和弟弟于1989年3月中旬到达加拿大的蒙特利尔，在一座貌似七海官邸的房子住下。由于当地的通用语言是法语，于是友柏进入一家私立学校初中部学习法语、英文、中文和其他初中课程。在蒙特利尔的日子非常平静，远离政界的父亲与他们兄弟俩之间的关系更为融洽，经常与他们交心聊天，谈生活、谈学业、谈未来。

1990年秋天，蒋孝勇驱车去学校接友柏和友常回家，却见二人正和别人互相追打。父亲焦急地询问原因，友柏如实道出同校的这几个来自台湾的华人子弟当面大骂蒋经国和蒋介石，两兄弟无法忍受他人漫骂自己敬爱的曾祖父和祖父，便与他们厮打起来。蒋孝勇了解情况后，意味深长地对他们说："你们不要为有人攻击你们的祖父和曾祖父，就和别人动武。其实，为这种事情动武是无济于事的。话应该让别人说，但是天是不会塌下来的，所有的一切毕竟都是历史啦！"经过父亲这次的教诲，友柏更加谨慎、宽容，不与他人无端起争执。

转眼到了1992年夏天，友柏面临着人生的转折。虽然下定决心要上大学，可是在蒙特利尔这3年他的法语没有多少进步，甚至连最基本的法语升学考试都难以通过。然而，蒙特利尔教育局明确规定，凡属该地的学生必须通过法语考试，否则不得进入大学深造。为了解决这个矛盾，全家人经过商议，采纳宋美龄的提议，再次决定移民美国，好让友柏到美国读书。起初友柏希望去纽约，因为曾祖母宋美龄在那儿，但是母亲方智怡认为定居旧金山更为妥当。最后结果是全家移居旧金山，友柏入纽约大学学习。这样，曾祖母可以常常见到曾孙子。

虽然决定了在哪儿读大学，但是究竟读什么专业，父子两人有一番长谈。友柏自小就喜欢绘画，或许与蒋友梅一样深受曾祖母宋美龄的影响。但是父亲蒋孝勇颇不赞成，他认为去大学学习绘画，并把绘画作为终身职业难以真正成功，这样大学的宝贵时光就浪费了。接着，友柏又提出学习政治专业，父亲甚为震惊，他用自己的亲身经历告诉儿子从政是一个可怕的职业，他不希望自己的孩子重蹈覆辙，"我自己的子女是绝对不会在政治上继续延续下去的"，所以他建议儿子读经济专业。

父命难违，最后他在父亲的安排下进了资讯管理专业，他心里明白父亲是希望自己能够继承他的事业。在纽约大学求学期间，父亲只给友柏每月800美元的学费和生活费。友柏知道父母紧缩财政政策目的，是不愿让他变成一个纨绔子弟，不求上进。友柏未辜负父母的期望，他在校期间专心学习，成绩一直名列前茅。

就在友柏准备毕业冲刺的时候，家中传来父亲癌症晚期的噩耗，友柏再也没法继续安心学习，于是1996年夏天向学校提请休学一年，返回旧金山陪伴重病的父亲。虽然父亲强打精神，但是友柏深知父亲去日已不远矣。所以，他希望在这有限的时间里，能够给父亲带来尽可能多的欢乐。7月14日夜间，友柏随父亲一同乘飞机到达香港启德机场，之后下榻丽嘉酒店12楼，等待从旧金山来的母亲和弟弟，一起回趟大陆。之所以陪同父亲来到大陆，是为了了却父亲的3个心愿："我们此次回到大陆，一是治病；二是回溪口故里扫墓；三是去游黄山。这3件事就是我人生最大的希望了。"

由于这次大陆之行消息封锁，加之父子两人深居简出，所以记者没有发现他们的行踪。友柏料想一切可按原定计划施行，但是就在他们抵达香港的第三天清晨，友柏发现父亲在酒店浴间吐了一口鲜血，并重重地摔了一跤。友柏急忙找来在香港的"荣总医院"著名医师陈云亮给父亲进行检查，愕然发现蒋孝勇的癌细胞已经转移到头部要害，而且在蒋孝勇头部还发现了两颗脑肿瘤。

当天下午，母亲方智怡和弟弟友常、友青也乘飞机到达香港。见到丈夫如此情形，她开始迟疑该不该继续计划，她觉得当务之急应是带丈夫回"荣总"治病。令友柏吃惊的是父亲坚决要上北京，"已经到了家门口，我们怎么能不去呢？"最后全家人商议，友柏陪父亲从澳门直达北京，母亲和弟弟们则从九龙直飞北京，开始了堪称划时代的旅行。

游北京后，又到溪口。在溪口故乡，他们游览了十几个景点，尽管路途辛苦，然而身染重病的父亲丝毫不言痛苦。溪口之行后，在母亲的坚持下，取消了游览黄山的计划，将父亲送回"荣总"治病。尽管蒋孝勇在不停地与病魔搏斗，但终究还是被死神带走了，友柏为此伤心不已。

●大学毕业后，蒋友柏子承父业，在旧金山经营笔记本电脑的销售，并开拓欧洲市场，被称为"旧金山的电脑新贵"，后回台湾投身影视文化业，结识演员林妲怡，并喜结良缘。

1998年夏天，休学一年的蒋友柏重新回到纽约大学，顺利地完成了学业并返回旧金山。已经21岁的蒋友柏由于经历了众多的变故，显得更加成熟。当母亲问及他将来想从事的职业时，他虽然仍心仪艺术，但还是听从了母亲的建议，继承父亲在旧金山的电脑产业，投身于台湾笔记本电脑在美国的销售。

尽管蒋友柏年纪尚轻，但是他得自父亲蒋孝勇的真传，极具经商头脑。他秉着"从自我做起，商人的勤奋；培养员工的主人翁精神；对员工恩威并施"的原则，在短短两年内，他就把因父亲过世而濒于倒闭的红木市电脑公司带出了低谷，推向成功。而且，不仅在红木市有他的电脑公司，就是在旧金山也有属于他的一家大型电脑公司——"新宏大"。但是，他不满足仅仅在美国发展，他迫切希望能够在全世界开拓更大的市场。因此，他将目光瞄准了欧洲市场。

为了有效地实施他的开发计划，1998年春，蒋友柏亲自赴法国、英国和意大利考察。他发现这些地方的电脑市场充斥着美国和日本的笔记本电脑，可是这些电脑价格昂贵，一般平民难以承受；另一方面，中学生又急需大量轻便型价格便宜的电脑。看准了这三地的电脑市场潜力，蒋友柏一鼓作气，制定了周密的营销计划，成功地将他公司经营的台湾电脑打入欧洲市场，一举成名。

在进军欧洲市场的过程中，蒋友柏亦遇到了不少困难。首先是公司董事会惧怕失败，不赞成冒险进入欧洲市场，宁愿安于美国。然而蒋友柏的坚定信念最终打动了董事会，同意向欧洲市场发展。同时，蒋友柏还亲自到台湾挑选具有中国少女气质的女模特来为他公司的电脑做广告。正是这次选拔，蒋友柏结识了年轻漂亮、身材高挑的名模倪雅伦。倪雅伦的广告非常出色，吸引了众多外国人的眼球，也为蒋友柏公司招揽了不少顾客。令蒋友柏啼笑皆非的是，许多八卦小报开始大肆渲染他和倪雅伦的关系。其实两人纯属普通朋友，合作伙伴。

蒋友柏生得英俊潇洒，又是极具发展前景的年轻企业家，身边不乏女孩子追求，早在纽约大学读书期间，就有大批女生视他为白马王子，但是蒋友柏谨记父亲教诲：做人一定要低调，以事业为重，决不眠花宿柳。所以在大学期间，他立志决不谈恋爱。如今，他的事业如日中天，就更加勤心于事业，很少顾及儿女私情。欧洲电脑市场的成功开拓，亦为蒋友柏带来了好名声，旧金山的同行都知道有一个电脑大亨蒋友柏，他则称自己是"旧金山的电脑新贵"。

2001年夏秋之交，蒋友柏向母亲提出进入台湾市场，但不是以电脑销售为主，而是开一家影视文化公司，制作一些商业性的广告和娱乐性的电视剧。这主要是圆蒋友柏多年来想从事艺术行业的夙愿，同时也为公司发展寻找一条新路。不久，一家名叫金狮影音公司在台湾正式运营，它是蒋友柏在东方科技园一家小型音像公司的投资再扩大。

回到台湾后，他发现台湾发生了令他不悦的变化，崇日文化到处蔓延，蒋友柏在台的影视业也发展不顺。尽管如此，他还坚持自己的理想，开始着手拍一部电视片《中国饮食文化》。这部电视片需要一个女主持人，于是蒋友柏又在茫茫女孩中寻找合适人选。经过多日的观察，尚未发现一位气质高雅又能够代表古老中国文化风格的女孩。一日，他心烦意乱地走进中电俱乐部的咖啡厅喝咖啡，蓦然发现了一位身材苗条、恬静而文雅的女孩林姮怡。她的品性和魅力不仅征服了《中国饮食文化》的观众，也掠取了蒋友柏的心。他们两人频频约会，喝咖啡，共进晚餐。各处游览，互相切磋台湾的古老菜肴，有时还会谈论当今的台湾时政，二人的感情与日俱增。正是因为林姮怡与蒋友柏的恋情曝光，人们开始注意这个清秀可人的女孩，记者纷纷探究她的背景和家庭情况。

林姮怡

林姮怡，与蒋友柏同年，毕业于文化大学畜产系，巨蟹座，身高 168 公分，46 公斤，清秀略带点古典味。在大学期间就是凯渥的名模，大学毕业后即投身演艺圈，被导演洪育智发掘，参加电影《纯属意外》的拍摄，担任女一号，同时她还接拍了不少广告。她的广告作品有《旁氏美乳霜：豆腐篇》、《旁氏妙鼻贴》、《速织》、张国荣 Everybody MV，曾被公司送往新加坡由金曲奖制作人李思菘、李伟菘训练，欲向歌坛发展。她还在偶像剧《薰衣草》中出演女主角的姐姐——患有先天性心脏病的"梁以晨"。

在该片中"梁以晨"在男友怀里悄悄死去，画面唯美得让人心疼。面对媒体，她坦言饰演"梁以晨"的心情，说，对这样的浪漫剧情不报期待，她个人认为，最浪漫的举动就是希望"和情人坐在夏威夷的海滩上，享受阳光的热情，吹着徐徐海风，享受两人世界，过程不必太过繁杂"。在与蒋友柏相恋的过程中，她也遇到了很令她苦恼的事情，她表示："我和蒋友柏是单纯的朋友关系，在媒体夸张的解读下，好像还很年轻的我们就要踏入礼堂。这样的结果并不令我开心，因为我感到，现在的林姮怡好像活在蒋友柏的光环下，早知如此，我宁可回到那个没有人认识的林姮怡阶段。"

为了不影响女友的事业，蒋友柏在媒体面前亦几度否认与林姮怡的恋情，直到 2003 年 1 月 23 日，蒋友柏的母亲方智怡证实她的长子蒋友柏与林姮怡已订婚，且准媳妇已怀身孕，2 月择日完成婚礼。她还表示希望外界不要过于过问小孩子的事，因为小孩子应该保有清新的环境，不要有政治色彩。这也意味着蒋家第五代即将诞生。

与此同时，林姮怡的母亲也看好这场婚姻。友柏的岳父现任花莲慈济医院院长林欣荣开心地说："想当年我 20 岁就结婚了，姮怡现在已 26 岁，我嫌太晚了，早该结了，我也该升格当阿公了。"林欣荣接受记者采访时，显得非常开心，他一开始仍很保守地说："喔，都是看到媒体报道才知道的，都没有人跟我报告，我还要来问一问"，后话匣子一开，林欣荣便先称赞准女婿蒋友柏"烧得一手好菜，功夫好到可以办桌"！对于未来准女婿赞不绝口的林欣荣说："小两口已经交往很久了，要结婚是好事，祝福他们，友柏也很照顾姮怡，脾气又好，他的家教也很好。"平时两家就有经常来往，前一阵子林欣荣的儿子结婚，友柏也来参加，其实关系早就很密切。

林欣荣是台南七股人，在神经外科拥有极高的地位。他曾担任"三军总医院"神经外科主任，并以"钥匙孔手术"为微创型手术写下新页。2002 年接任花莲慈济医院院长后，更在父亲节前夕亲自执刀，为高龄父亲林炎山成功摘除脑部血管瘤，作为送给父亲最特别的父亲节礼物，在台湾医学史上留下佳话，迄今许多医生都还难忘他"胆大心细"的这一刀。诚如林欣荣说，为自己父亲开刀，只要"胆子大一点，肠子硬一点"就可以了。

林欣荣的胆大细心似乎也遗传给了自己的女儿，即将嫁入蒋家的林姮怡谈论自己与蒋友柏的恋情时说："不论外界怎么看我和蒋友柏的交往，但就我的立场来说，男人的外形和家世背景不是我衡量另一半主要原因。我很重视男人说话时的感觉和气质，能聊得来，并且能从对方身上学习，才是吸引我的重点。"

2 月 8 日晚，蒋友柏和林姮怡在台北市一家俱乐部举办了婚宴，新娘戴着婆婆方智怡赠送的银金色项链。这场婚礼只有6桌酒席，谢绝所有媒体记者的采访，应邀出席的亲友也很低调，双方共只宴请了亲友约60人，其中包括男方的亲友、前台湾故宫博物院院长秦孝仪、前"行政院长"郝柏村等，至于女方的亲友则包括了沈国梁、林碧玉等。方智怡用歌声庆祝，年事已高的方老太夫人特别弹奏钢琴，场面温馨。因国民党主席连战晚间南下台中为台湾灯会点灯，他委托的代表和前"国防部"军医局局长沈国梁担任男女双方的证婚人。这对新人穿着深色的礼服，婚后将息影的林姮怡明艳动人，看不出是怀有4个月身孕的准妈妈。

●蒋友柏和林姮怡的爱情结晶——蒋得曦（英文名 Katerina）于2003年7月10日在台北市中山医院顺利出世，出生后即被媒体广泛关注，就连取名亦引起讨论，但是无论台湾那些算命大师如何分析其名字不吉利，最终蒋得曦的命运还需要自己把握。

2003年7月10日傍晚6时30分，蒋友伯的妻子林姮怡顺利产下一名重3241克的女婴，母女均安。婆婆蒋方智怡表示，媳妇的生产过程与她当年生蒋友柏的情况相似，也是自然产途中改剖腹生产，家里已经做好各项

蒋友柏夫妇抱着蒋得曦

准备，迎接小孙女的到来。当时确诊林姮怡的预产期是7月9日，凌晨她便住进台北市中山医院待产，婆婆蒋方智怡上午前去陪产，对于即将当祖母显得相当高兴，她表示希望为人父的儿子以后要多尽一分责任。

依蒋家族谱"孝友得成章"排序，蒋友伯的女儿是"得"辈，但名字还要蒋友柏夫妇决定。

蒋友柏一直沉浸在当爸爸的喜

悦中，在接受 TVBS 何启圣独家专访时，他首度公开分享迎接刚出生两天的女儿 Katerina 的心情。

穿着一身轻便蓝色运动服，头发有些许凌乱的蒋友柏，从其下巴长出的胡碴明显看出疲态，但是还是难掩兴奋的神情，只要一提到女儿 Katerina 和太太林姮怡，三天都没有睡觉的疲倦立刻一扫而空，挑着眉得意地说，"我可是第一个抱她的人喔！"还频频地说女儿 Katerina 就像他一样活泼好动，除了头发颜色像他比较淡之外，其他部分都遗传到林姮怡的大眼睛和高鼻子，长得很美很美，心疼坚持自然生产的林姮怡太过辛苦，最后改成剖腹迎接新生命。从林姮怡怀孕开始一直到进入产房，蒋友柏的表现可圈可点，坚持不让两人曝光，他说，等到满月时，一定让女儿打扮得漂漂亮亮，再出来和大家见面。

蒋友柏表示，虽然女儿的中文名字会依照族谱排名"得"字辈，但是不会用算命的方式决定。不过英文名字可是还在肚子里时就已经由远从上海和日本回来的两位干爹，从 1000 多个英文名字里面筛选出来了，现在的情况可是"三个奶爸一个娃"，对于女儿 Katerina 的所有问题，老婆凡事都 OK，完全都听两个干爹和蒋友柏的。

自从出生后，蒋家第五代孙女"小玫瑰"就是众人好奇目光的焦点，为感谢各界亲友的祝福与关心，奶奶蒋方智怡决定在小孙女快满月时，即 2003 年 8 月 9 日，于国民党"中央党部"摆满月酒，让"小玫瑰"正式露面向大家打招呼。

对于为小孙女摆满月酒一事，蒋方智怡相当低调，原先考虑若在外面餐厅摆满月酒，恐怕太过招摇，也不符合经国先生简朴的家训，因此最后决定选在就像自己家一样的国民党"中央党部"

身为人父的蒋友柏

109

请客，国民党方面得知消息后，对此安排也相当高兴。

周六晚间出席的客人预定将有 300 多位，除男女双方的亲朋好友外，国亲两党主席连战、宋楚瑜夫妇、新党主席郁慕明及国民党李焕、梁肃戎、"考试院"院长许水德、前国民党副主席郝柏村等经国先生故旧，都在受邀之列。

据了解，由于不想惊动各界尤其是媒体，蒋方智怡处理态度相当低调，连预定餐厅桌次时都没有亲自出面，而是委托他人处理。最后在党部地下一楼中央餐厅预定的桌餐内容也相当平实，菜单中除配合满月酒的油饭及麻油鸡两样菜外，其他的菜色都相当平常，没有什么大菜，共预定 30 桌，价钱也只有 5000 元，颇符合蒋方智怡低调的作风。

此外，"小玫瑰"的正式名字也调足了媒体大众的胃口，果然，其正式名字"蒋得曦"出来后，人们就开始讨论这个名字取得好不好。现在人

2006 年蒋友柏怀抱首度曝光的蒋得勇

们普遍的观点是蒋得曦这个名字命盘有"爱情不稳定、有变数"，"不让须眉"，或者说是"女身男命"的现象。台湾的风水大师推算，蒋得曦在长大过程中容易心情不好，运气也比较差，所以建议蒋友柏夫妇从小不要太宠她，为她建立正确的人生观，最好让她学习扮演好女生的角色。在还没进入社会前，就了解到社会是需要两性"角色互补"，才能和谐与进步的，这样或许能改善一些。

虽然这些风水大师都要求蒋得曦改名，但是对于信奉基督教的蒋氏家族来说，风水大师的话对他们不会有多大影响，蒋得曦作为蒋家第五代子孙，她的命运还需要她自己来把握。

2005 年 1 月 27 日，林姮怡在台北内湖"三军总医院"又诞下一名男婴。为了纪念

过世的父亲，蒋友柏特意为爱子起名为蒋得勇。这是蒋家第五代的第一名男丁。

很难想象，蒋友柏的俊朗容貌、前卫外表下有一颗火热的爱家之心。据中新网的报道：蒋友柏每天下午二时便下班，先回家带妻子、儿子，然后一家三口去接上幼儿园的女儿蒋得曦。记者问及：才30岁的年轻人怎么就充满父爱？他答道："台湾治安不好，这也是做父亲的责任嘛！"为了小孩，他还有一个疯狂居家哲学："早上六时开始上班开会，下午二时陪家人，若公司因此垮掉，我也认啦！"

2007年，蒋友柏和蒋友常兄弟两人合著了回忆录《悬崖边的贵族》。本书主要展示了10年前他们的父亲蒋孝勇猝然病殁，尤其是2003年10月作为蒋氏家族大家长的宋美龄溘然长逝以后，他们作为蒋家第四代人如何打造新天地的经历。

面对蒋家带给他的光环，蒋友柏从不予以否认。"我生下来就是一个品牌"，"其实我比较幸运，因为我能在20岁以前就已经经历了人家40岁才经历过的大变，我又在30岁以前完成了人家可能在四五十岁才会完成的东西。所以我现在变得比较老，比较温，比较呆，没有什么欲望，没有什么所求。"蒋友柏这样评价现在的自己。

蒋友柏曾多次在书中和各种场合提到，"蒋这个姓它给我很多关怀，它也是历史的一部分，我不知道该怎么样去分割它，但是我也不会特别去利用它。"他多次表示希望自己能够脱离蒋家带给他的政治光环，也曾公开表示："蒋家再起，不会从政治起来。""我对政治

蒋友柏举行《悬崖边的贵族》新书发表会，国民党荣誉主席连战夫妇（右二、右三）亦亲临现场祝贺

没有看法，我很喜欢当个商人。"

他的人生和事业，正演绎了一个曾是中国最有影响力家族的"去政治化"历程。

2006年，蒋友柏曾一度遭遇事业的瓶颈，但正如他在书中所写的那样，他常把自己逼到悬崖边，这是驱使自己向前的路。而悬崖也代表着一种自我的极限，也是一种让人想往上爬的力量。"每个人都在寻找自己的价值，而自己所做的事，将决定自己的价值。"

2008年5月，蒋友柏赴大陆考察投资，在台湾设计界打拼多年的他，在上海成立了"橙果设计"的分公司——常橙品牌策划咨询（上海）有限公司，正式将生意业务拓展至大陆市场。

五、蒋孝勇次子蒋友常与儿媳陆敬贤

●蒋友常随父母先到"中国人极少的"加拿大蒙特利尔，后又到美国旧金山。比蒋友柏小两岁的蒋友常虽然没有哥哥那么出名，但是他谨记父亲蒋孝勇的遗愿：决不从政。

蒋友常是蒋孝勇和方智怡的第二个儿子，比蒋友柏小两岁，生于1978年。与哥哥蒋友柏长得十分相像，也是高高的个子，但眉眼却酷似母亲方智怡。在他8岁的时候，母亲曾提议带哥哥友柏去加拿大求学，后来虽未实现，可是父亲却特别允许母亲在林森路租下一座几百坪的住宅，让她在那里开办一所怡家幼儿园，还在幼儿园不远开办了一家怡兴花苑，请人在那里种花养花。小友常不明白为什么父母要从事那种没有利益的事业，但是他也感觉出不寻常的氛围，尤其是祖父蒋经国逝世后。

两年后，父亲突然决定去加拿大旅行，年幼的友常听说出去旅游，自然双手赞成，其实他不知道父亲去加拿大的真实意图乃是为不久的将来移民加拿大作先期考察。1988年8月18日，小友常随着父母和哥哥蒋友柏乘飞机到达加拿大首都渥太华，下榻一家距离国会大厦不远的旅馆，这是一座友常从未见过的意大利哥特式建筑。在渥太华逗留的几日中，他发现这儿的气候非常凉爽舒服。他喜欢站在旅馆窗前，遥遥望着那列多运河附近的联邦广场，而矗立在广场中央的巍峨高耸的花岗岩纪念碑，常让他想起台湾的圆山饭店。

与哥哥友柏不同，友常是个喜欢沉默的孩子，他经常一个人在寂静的环境里思考问题。就像这次父亲突然带全家来到加拿大的举动，虽然令他费解，然而很快他就从父母的悄悄谈话中了解了父亲的愁苦心情。"我为什么要到这里来？就是想寻找一个世外桃源似的地方，从此过隐居的生活。"几天后，友常又跟着父母和哥哥乘飞机飞往加拿大东北部名城魁北克。这里仿佛是另一个天地，十分寒冷，尚未进入深秋，片片枫叶就已泛红。

接着，全家又到魁北克的蒙特利尔市区游览，这里不仅寒冷，而且人非常稀少，建筑是他喜欢的蒙特利尔古典式法国建筑。它们大多是临山而筑的小楼和屋舍，房屋的墙壁非常厚重，一律由大青石砌成。更使他奇怪的是，"中国人就更少了，街上出现的人，大多是美国人、英国人还有法国人"，独不见中国人。可是父亲却异常兴奋"好，这地方真好"！"爸爸，你为什么喜欢中国人少的地方呢？"少不更事的友常实在不理解父亲的想法，他睁着一双茫然的眼睛询问着。

在蒙特利尔，蒋孝勇带着友常和哥哥玩得很开心，友常也和哥哥友柏一样隐隐觉得他的少年和青年将在这"鸟不生蛋"的地方度过。然而有一件事情令友常感觉颇为棘手，因为蒙特利尔的通用语言是法语，可是在台湾他与哥哥都是学习英语，他害怕不能适应。幸而母亲注意到他的担心，开导他说："由于地理位置的特殊性，魁北克省是法国以外第一个专以法语对话的城市。也好，将来如果我们当真实现了移民计划，咱们全家就可以在这里学法语了。虽然初步学习不习惯，可是，将来对你和友柏会大有益处。因为二十一世纪的世界里，需要有一批善于讲多国语言的人才。友常，你们如果真想成为有用的人，就要多学几种外语，这并没有什么害处。"听了母亲的一席话，友常才慢慢宽心了。

果然，就在他们回台湾后不到半年，即1989年3月，友常随着全家人来到了蒙特利尔，在一座位于蒙特利尔东山坡上的房子住下，父亲将他送进一家私立学校小学部读小学五年级。转眼3年过去了，友常和家人在蒙特利尔过得很快乐，尤其是父亲的变化令他欣喜。因为过去父亲对他们兄弟俩经常发脾气，很少与他们谈心，现在父亲不但不对他们乱发脾气，而且还和他们聊天。但是，有一次他和哥哥与同学打架，原因是那几个来自台湾的同学当着他和哥哥友柏的面大骂曾祖父和祖父，两人听不过，遂和他们扭打起来。父亲知道后，训导他们一定要低调，不要与他人起争执，毕竟过去的一切都已成历史了。此后，友常牢记父亲的教诲，在学校尽量保持低调，专心于学业。但是，纵使他努力地学习，他的法语考试总是难以过关，这将影响他未来的升高中乃至升大学。其实他的哥哥友柏也遇到了相似的情况，为了解决矛盾，1993年秋，全家又举家迁到美国旧金山定居，友常进入一家高中学校学习。

在那儿，友常过得很快乐，因为那里的华裔人士并不十分关心台湾的政局，对蒋介石和蒋经国也不常议论，所以友常不用在压抑的环境中生活。友常能够安心地学习，当然就有收获。蒋友常在学校的成绩一直名列前茅，是大家公认的高材生。可是父亲蒋孝勇对友常和哥哥友柏的期望令他不明白，父亲曾对他说："不要忘记你们是蒋家的人，我不要求你和友柏的学习成绩成为全班第一名，也不是第二名和第三名，我只要你们永远排在全班的前三分之一，那我就满足了。"

"为什么？"

"不为什么，就因为在我看来，你们的智力能达到这个水平就行了。你们不成为依赖家庭生存的纨绔子弟，就说明我这爸爸没有白当。至于你们能成为学习的翘楚，当然是更好，但我不要求那样。因为大家都不是圣贤，对你们要求过高，就是一种不公平的行为。"见父亲如此开通，友常觉得有这么一个开通的父亲，他感到放心多了。

"孩子，如果一个人出生在优越家庭里，那就注定他的前途要受到影响。只有通过挫折和失败才会感到，为什么古人说富贵家庭难出才子的原因了!"在哥哥友柏进入纽约大学不久，父亲蒋孝勇又对儿子推心置腹地交谈，"爸爸时常在忏悔没有好好珍惜自己的童年和少年。本该好好求学的时候，我没有好好利用这宝贵的时间。所以我希望你吸取我的教训。我不否认自己生活在政治家庭里苦恼。如果说我没有接触到政治，那是骗人的。但我很好强，在少年时期我就立志：决不背上家庭包袱，决不做八旗子弟。"

友常明白父亲的深意在于既不要忘记自己是蒋家人，又不要依赖蒋家的余荫庇护，变成人人憎恶的纨绔子弟。蒋友常决定不辜负父亲对自己的期望，他要凭借自己的努力考取大学。

●**蒋友常入纽约大学读经济专业，2001年6月，毕业后即到哥哥的电脑公司工作，从基层做起，不久升为业务主管。在母亲方智怡眼中，蒋友常和哥哥蒋友柏一样，都是孝顺听话的好孩子。**

1995年夏，友常和哥哥一样，借着自己优秀的学业考上了纽约大学，而他选择了经济专业。他没有忘记父亲的叮咛，不要涉身政治。在大学里，友常一心埋头苦读，很少过问与己无关的事情，所以在学校的日子也安宁舒服。谁知，突然有一天友常接到母亲的电话，从母亲焦急的语气中友常觉察家中定有事发生。于是，他和哥哥商量先由他回家看看情况再作打算。1996年元旦过后，友常就乘飞机回到了旧金山。

1月6日，母亲不安地向他透露了一个惊人的消息："友常，本来你父亲今晚就应该回来，可是都这个时候，还不见他身影，我担心他在台北发生什么事。"友常听后，起初以为母亲担心台湾当局会对父亲不利，可出乎他意料的是，母亲忧虑的是父亲的身体健康。"你父亲在圣诞节的第二天晚饭时吐了血。"这个消息对友常来说无疑是晴天霹雳，一向身体健康的父亲怎么可能吐血呢? 友常开始不安起来，他隐隐觉得灾难开始向本已平静的家庭袭来。

果然，1月9日，蒋孝勇在台北"荣民总医院"的检查结果出来了，父亲患了食道鳞状上皮癌，而且已确定为晚期，"荣民总医院"特别组成了一个由食道癌专家参加的手术小组，准备在1月10日为其动手术，母亲已于当天赶往台湾。友常带着这个悲痛的消息回到纽约大学，告知哥哥。两人心情均无比沉重，已无心专注学业，时时刻刻牵挂着父亲的病情。父亲经过那场大手术后，显示出极度疲惫虚弱。见父亲如此神态，友常决定向母亲提出休学以回家陪伴父亲。母亲同意了友常的请求，因为她知道此时此刻儿子在蒋孝勇身边是对他最大的安慰。

　　休学后，友常就一直陪在父亲身边，经常带着父亲去打高尔夫球，这也是父亲唯一能够参与的体育活动了。然而，父亲在经过几次手术后，迫切希望回大陆看看老家溪口，也了却祖父蒋经国爬黄山的遗愿。友常虽不希望父亲劳累奔波，可是他心知父亲的日子所剩不多，应尽可能满足他的一切愿望。因此，全家人商议，由哥哥友柏陪伴父亲先行，友常则和母亲、弟弟友青晚一步从旧金山飞往香港，目的是防止被新闻媒体发现。虽然经过手术，父亲的病暂得控制，可是就在与母亲弟弟到达香港的当天，友常得知父亲又吐血了，更为可怕的是父亲还患有脑瘤。一切都太突然了，友常一时难以接受，他真不知以后该如何是好，他常常独自暗暗流泪，悲叹上天对父亲的不公。

　　但是父亲比他想象中坚强得多，在重病的情况下，他依然决定按原定计划去家乡祭祖，十几天的旅途终于将父亲仅有的生命力给消耗殆尽。父亲没有完成爬黄山的愿望就不得不再次进"荣民总医院"进行治疗，可是医生们亦无力回天，1996年12月22日，友常见父亲已脉如游丝，便叫上哥哥一起去街上买了一套黑色西装，并为父亲准备了一套颜色适中的衣服。当夜，父亲在祖母蒋方良的呼唤声中与世长辞。手捧着父亲早在1996年1月8日留下的遗书，友常潸然泪下，他暗中发誓谨遵父亲遗命，决不从政，"我们家庭和中国现代史之间，总要打个休止符。"父亲的话在友常耳边久久回荡，挥之不去。

　　2001年夏，友常顺利地从纽约大学毕业了。历经多年的磨炼，蒋友常长大了，他的身材虽然没有哥哥友柏高大魁梧，但他极像已经病逝 4 年的父亲蒋孝勇，生得瘦削精悍。方智怡亦非常关心次子对未来的打算，自友常回来后，她就不停地询问友常将来干什么。其实蒋友常早已打定主意，他希望像哥哥友柏一样，成为

蒋友常（左一）

一个商海的弄潮儿，以经商为业，不负父亲生前的忠告。

方智怡对于次子的志向非常满意，然而，她以自己几年在商海中搏击的经验告诉儿子，从商虽好，但也并非易事，需要从头做起，一步一步爬上来，方能取得最后成功。蒋友常深切体会到母亲的用心良苦，决定到哥哥友柏的电脑公司打工，从低层做起。很快，蒋友常便进入哥哥蒋友柏的"新宏大"电脑公司当一名打工仔。功夫不负有心人，蒋友常通过自己的勤奋努力，加之哥哥从中扶助，不久就升为业务主管，亦是蒋友柏的得力助手。兄弟两人齐心协力，公司的业绩一年赛过一年，可谓如日中天。

蒋友常

2003 年 1 月 13 日，是祖父蒋经国逝世 15 周年纪念日，蒋友常陪同母亲方智怡和哥哥蒋友柏一起赴台湾头寮拜祭祖父。面对新闻媒体，蒋友柏与蒋友常都刻意回避。和留着一头长发的哥哥不同，友常剃了光头，让别人看起来颇具叛逆性格。其实

不然，友常和哥哥友柏一样极其孝顺。父亲过世后，他非常听母亲方智怡的话，凡母亲的嘱咐，他都铭记于心。在母亲方智怡眼中，蒋友常是一个好孩子。

作为蒋家后代的蒋友常，与蒋友柏不同，在外界眼中一向是个安静、与世无争的人。他的父亲蒋孝勇对做菜颇有天赋，任何菜式只要吃过一遍，就基本可以依葫芦画瓢地做出来。而蒋友常也颇得父亲的真传，对饮食很有研究，窝在厨房里做菜成为他最大的嗜好。不但爱做吃食，蒋友常平日最喜欢泡老人茶，享受人生。和他曾祖父蒋介石相同，蒋友常也爱早睡早起，对纷纷扰扰的台湾政治，提不起一丝一毫的兴趣。

2007 年 9 月，蒋友常与相恋 4 年多的女友，香港珠宝设计师陆敬贤在加拿大完婚。他们没在台湾正式宴客，婚后两人定居香港。然而好景不长，这段婚姻只维持了短短 9 个月就以未知的原因而告终。

离婚后，蒋友常对婚姻触礁一事始终不愿提起，并返回台湾，专心于事业。

从哥哥的橙果设计离职后，蒋友常开始自主创业，将目光投向家居用品行业，和汉百企业合作创立 "JIA 品家家品"，任公司亚太区总经理。他花了一年时间和团队讨论如何表现中国，最后将产品定位成现在的 "Chinese ING"，把中国每一个阶段的变化和多面性呈现在作品中，朝向 "华人地区的家庭用品品牌" 的目标。

六、蒋孝勇的三儿子蒋友青

●蒋友青是在蒋孝勇移民加拿大后在蒙特利尔出生的，蒋孝勇在友青 6 岁那年就去世了，自小就缺乏父爱的友青是在母亲方智怡的照顾下长大的。

移居加拿大蒙特利尔一年后，1990 年冬天的一个风雪交加的夜晚，蒋孝勇的小儿子蒋友青降临人间。他出生的时候，父亲蒋孝勇正忙于处理与台湾中兴电机公司彻底脱钩事宜。小友青的诞生，给父亲蒋孝勇带来了不少麻烦，蒋孝勇必须家里和医院两头跑，既要照顾在医院生孩子的方智怡，也要接送上学放学的蒋友柏和蒋友常两兄弟，幸而蒋孝勇有着坚韧的性格和极强的适应能力，很快就能应付自如。

不久，小友青就随着妈妈回到位于小山坡的家中。在严冬降生的小友青长得虎虎实实，很像当年在台湾军校里受训的蒋孝勇。见自己

蒋友青与父母在一起

的小儿子酷似自己，蒋孝勇从心眼里喜欢他，遵照蒋介石生前为其曾孙辈取好了"松柏常青，梅兰菊竹"的名字，因此蒋孝勇便给儿子取名蒋友青，这下蒋孝勇的孩子就占了"松柏常青"中的 3 个，蒋孝勇亦为之骄傲。

蒋友青

就在小友青快满 3 岁的时候，由于他的两个哥哥蒋友柏和蒋友常在蒙特利尔的法语考试过不了关，所以蒋孝勇决定再次移民美国。于是，小友青就跟着母亲于 1993 年秋坐飞机到了美国旧金山，从此就定居下来。他们的新家是一片紧邻高尔夫球场的幽雅高级住宅区，3 层的白色小楼，门前有一泓碧绿的池塘，后边则有个小花畦。小友青就在这片广阔的天地快乐地成长，父亲蒋孝勇经常陪着他嬉戏、玩耍，好不愉快。当时友青尽管还小，但是父亲

常常告诉他蒋家的起起落落，同时还谆谆叮嘱友青和他的两个哥哥：要感谢上帝的恩典和祖上的余荫余德！别人都喜欢荣华富贵，那是别人的事情，你们决不要去干涉！因为我们蒋家的第四代人，是与政治及荣华富贵绝缘的！只能靠你们自己的能力，去做你们自己应该做的事情！年幼的友青虽听不懂父亲话中的含义，但是他告诉父亲他一定回牢记于心的，父亲为之开怀大笑。然而，幸福的时光总是短暂的。在友青6岁那年，父亲就被诊断患有食道癌，而且是晚期，与父亲朝夕相伴的友青非常舍不得，经常在母亲面前嚎啕大哭，他不要父亲走。

为了达成父亲的愿望，1996年7月16日，友青和母亲方智怡、哥哥蒋友常从旧金山乘飞机飞往香港与大哥蒋友柏、父亲蒋孝勇汇合。刚到他们下榻的丽嘉酒店，友青愕然得知父亲的癌细胞已扩散到脑部，父亲又得了脑肿瘤，这个消息不啻晴天霹雳，把友青吓得大哭。可是坚强的父亲毅然地赴溪口探祖，令友青颇为震惊。他跟随着父亲一同前往，游览了溪口蒋家全部遗迹：玉泰盐铺、丰镐房、武山庙、蒋家祠堂、留有他曾祖父题字的多处纪念地，这些景物给友青留下了深刻的印象，这也是他最后一次与父亲同游了。1996年12月22日深夜，被病魔折磨了近一年的父亲蒋孝勇溘然长逝了。由于友青尚年幼，所以父亲并未留有遗书给他，但是看见两个哥哥手捧遗书泣不成声的样子，友青无法抑制住自己的眼泪。

小小年纪就永远地失去了父亲，没有父爱的友青是在母亲的精心呵护下长大的。因为两个哥哥皆已长大成人，家中唯有友青还小，因此方智怡全心地照顾友青，她知道缺少父爱的孩子更需要疼爱，这也是

蒋友青（左）、女友和妈妈蒋方智怡在婚宴后准备搭车离去

她替蒋孝勇对友青的补偿。友青也是一个听话的孩子，凡是母亲的教诲他总是铭记于心，他希望像两个哥哥一样，成为学校里的高材生，商海中的弄潮儿。2001 年，友青已经 10 岁了，为了实现自己的理想，他在母亲的安排下进入了旧金山的一所华人高小读书。在校期间，他学习十分认真刻苦。正是因为有蒋友柏、蒋友常两位兄长为榜样，小友青坚信自己的将来一定不会让父亲失望，他也要为蒋家争光添彩。

2004 年 12 月，蒋友青回台奔丧，当时念高一，只有 16 岁的他，面对媒体显得十分生涩。

2010 年 3 月，蒋友青被媒体拍到带着其女友参加表哥张立方的婚礼。相较于数年前的青涩模样，如今的蒋友青已是俊俏帅哥，毫不逊色于哥哥蒋友柏与蒋友常。身高 175 厘米的蒋友青，身穿西装外套，戴黑框眼镜，神似港星吴彦祖。由于蒋友青俊俏模样不输蒋友柏、蒋友常两位哥哥，已有台岛网友组成"家族"支持他，俨然成为新一代少女杀手。

七、蒋孝章的儿子俞祖声

●俞祖声乃蒋经国爱女蒋孝章和台湾"国防部"部长俞大维的儿子俞扬和之子，从出生到成人一直住在美国，接受西方教育。曾跟随母亲回台数次，与外祖父蒋经国感情甚深。

1961 年春天，在美国旧金山，蒋经国唯一的女儿蒋孝章和俞扬和结婚后一年，他们的爱情结晶俞祖声就来到了人间。由于蒋孝章是蒋经国膝下唯一的女儿，也是蒋介石唯一的孙女，所以备受蒋家长辈蒋介石、宋美龄的怜爱，蒋经国亦是把蒋孝章当成手心里的宝贝一样对待。现在连小外孙都出世了，爱屋及乌，蒋家长辈对俞祖声也是非常疼爱。

俞祖声出生后，蒋孝章就给台湾打来越洋电话，征求蒋介石为爱子取一个名字。由于俞扬和不是蒋介石的曾孙辈，所以早已为蒋家第四代取的

"松柏常青，梅兰菊竹"不能给蒋孝章的孩子取名。但是蒋介石认为给这个孩子取名亦不得马虎，毕竟他也是蒋家的一分子，流着蒋家的血脉。经过一番思索，蒋介石最后以一句古诗"克绍祖裘，声望远播"中的"祖声"为这个小曾外孙命名。就这样，蒋孝章的儿子叫俞祖声。

俞祖声是个天资聪颖的孩子。因为长在美国，那里独具特色的社会风气和洋化教育，加之他与生俱来的天赋，在他3岁的时候就会默写英文字母，父亲俞扬和亦教会他许多不连贯的英语。4岁的时候，他就可以用半生不熟的英语和母亲对话，7岁时俞祖声进入旧金山湾区一家教会幼稚园接受英文教育。从小俞祖声一直都把美国看成自己的家乡，直到9岁时，母亲蒋孝章才告诉他在东方的一个小岛台湾住着他的曾祖父母、祖父母，还有一大堆叔叔伯伯、婶婶阿姨，那里才是他真正的家乡。俞祖声得知这件事后第二年5月，母亲蒋孝章即带着他回到繁花似锦、春意盎然的台湾，这也是俞祖声第一次来到台湾。

在台湾，俞祖声见到了在旧金山看不到的椰树、棕榈和菠萝，更令他兴奋的是，他在七海官邸见到了母亲口中时常提起的外祖父蒋经国和外祖母蒋方良。在俞祖声眼中，外祖父是一位和蔼可亲的老人，外祖母则是一位身材高挑，留着一头棕黄色头发的善良俄罗斯老太太，他觉得这个家并不像母亲曾经告诉他的那样恐怖。很快，俞祖声便欣喜地随母亲回到了旧金山。不久，父亲俞扬和把他送进一家华裔人士创办的小学读六年级。1975年春，俞祖声又以优异的成绩破格升入初中一年级。

有一次，语文老师给他和所有同学出了一道命题作文，题目是《我熟悉的人》。在这篇作文中，俞祖声以《我的外祖父》为题，从一个外孙的角度来写仅见过3次面的外祖父蒋经国。在俞祖声的少年时期，他随母亲回到台湾3次，每一次台湾之行都给他幼小的心灵留下了深刻的印象。他发觉外祖父母住的七海官邸和其他人住的地方不大一样，外面总会有一群荷枪执弹的军人把守，而外祖父身边亦有一些在台湾的特殊人物，但是当时俞祖声年纪尚轻，不大理解其中的奥秘。他只认为外祖父是一个身材矮胖，长着一对八字眉，一见他就笑眯眯的和蔼老人。在文章中，俞祖声把自己与外祖父的几次接触清楚地写出来，同时还写上自己的想法。他发现外祖父是一个对家人严厉，对身边侍卫和蔼的人。外祖父喜欢陪着自己玩耍，这也显示出蒋经国对外孙的疼爱。

"这位在我脑海中留有许多印象的人，就是我的外祖父。我的外公总是遵循一条哲理，那就是往者已逝，把握现在，来者可追。他认为文明是在进步的，更重要的是他尊重列祖列宗所创造的历史。我的外公有一个习惯，他每天把他的活动思维都保持记录。很胖的身材，配上中等的个子，他的体重整整有一百四十磅。黑色的头发夹杂着花白，他的头发老是由前额往后梳，红润的面颊加上饱满的鼻子，更衬出外公的性格。他的姿势仪态与举手投足常随着他的心情而有不同的变化。他不只是我的外公，亦是我的朋友。说真的，他真是我的一位十分亲密的良伴"……

只有14岁的俞祖声能够写出如此笔法娴熟的文章，颇令蒋经国诧异。虽然女儿的婚姻曾给他带来不愉快，但是精明过人的小外孙着实给了他不少慰藉。收到外孙的作文后，他便一字不漏地摘抄下来，最后发表了一番感慨："外孙祖声是一天真、诚实而又聪明的孩子，在余居丧期间，接获其所写的初中作文，题为《我的外祖父》，读后很感安慰。""此十四岁孩子，从其作文中，可知何等有条理和热情。祖声曾有数次在慈湖侍外曾祖父一起聚餐散步，今日，父亲在天有知，闻曾孙已经长大并如此聪明，必甚安慰……"可见，在蒋经国心中，他对俞祖声的关爱之深。

1978年，俞祖声初中毕业，考入旧金山华人高级中学。是年5月，台北寄来两份请柬，邀请父母亲参加外祖父蒋经国就任"中华民国"第六任"总统"就职仪式。出乎意料地是父母亲均拒绝参加，俞祖声不明其中内情，母亲蒋孝章便不得不告之父亲俞扬和不愿涉入政界的心意，所以也就拒绝参加在台湾举行的各种与蒋家有关的政治活动，俞祖声方才慢慢意识到旧金山俞家和台湾蒋家之间的差别。甚至外祖父差人第二次送来请柬盛情邀请他们参加"中华民国第七届总统"就职典礼，父母亲同样是以沉默对待。这些事情在俞祖声成长过程中留下了痕迹，影响着他未来的选择。

　　●中学毕业后，俞祖声曾想学报告文学或历史学专业，为父母所阻。大学选择自然科学领域作为终身职业，这完全得自于父亲俞扬和的教诲和坚持。

　　转眼之间，俞祖声高中毕业，已是一个身材魁梧，仪表堂堂的美男子了。不久，俞祖声就要考大学，关于专业的选择，他需要听听父母的意见。虽然他从小就喜欢中国文学，更喜欢历史，然而母亲蒋孝章认为报考文学和历史专业将来很难在美国有发展前途，父亲俞扬和尽管没有明确反对儿子的意见，但他不得不提醒儿子读文学和历史容易走上从政的道路，因此他提议儿子读自然科学，虽然将来会比较辛苦，但是他始终不希望儿子将来凭借政治权术得到利益。俞祖声深切体会父母亲的期望，便遵循父亲的意思，报考了加州大学自然科学类的专业。在几年的求学过程中，他很快就以优异的成绩获得了一等奖学金，成为他所在专业的优秀学生。

　　自 1975 年父亲俞扬和参加了外曾祖父的葬礼后，俞祖声就再也没有去过台湾了。但是他对曾祖父的思念使他常以通信的方式与外祖父保持联系，诉说心中的喜怒哀乐。1985 年 4 月，外祖父蒋经国给俞祖声寄来了他写的一本新书《十年风木》，从中俞祖声更深刻地体会到了政治的可怕。他庆幸自己在报考大学时听从父亲的意见，进入了远离政界的自然科学领域，才可以无忧无虑地在知识的海洋中遨游。在大学的俞祖声亦渐渐明了母亲蒋孝章——一位从小就生活在中国社会上层的千金小姐，为何远渡重洋来到人生地不熟的美国旧金山，并且和父亲俞扬和这个不热衷政治的人结合，关键原因在于她看透了政界的黑暗与恐怖。在俞祖声进大学的第一年，母亲蒋孝章送给他一件圣诞礼物——新式日记本，她还在扉页上写下一首诗：

　　　若求生活无忧无虑，

劝你切实把握今朝。

放下昨天的错误和挫折，

拨开明天的阴云暗影，

莫把时光徒用于杞人忧天或遐思幻想。

切记每寸光阴都是生命的片断，

应为造物之神而欣喜，

用快乐和信心去迎接人生。

俞祖声很快就领会了母亲这首诗的涵义：笃信基督教的母亲蒋孝章，是希望儿子能够专心从事他所在的领域，成为善良的智者，而不要像他的祖辈们那样陷入生死相争的政界。

1995 年，俞祖声大学毕业，同年 7 月 8 日，他随父亲俞扬和回到了久别的台湾。此行的目的是为祖父俞大维送行。参加完祖父的葬礼后，俞祖声来到外祖父的大溪头寮吊唁。望着简朴肃穆而又寂静的灵堂，俞祖声不由地哀叹，真是印证了父亲的一句话："天下没有不散的筵席，任何靠政治起家的人最后都难以逃脱以政治毁灭的结局！"昔日辉煌的蒋氏王朝今朝已名存实亡，蒋家对台湾政局的影响已大不如从前，甚至可以说几乎没有影响。面对此番凋零的情景，俞祖声亦无能为力，只能默默祝福外祖父在天之灵保佑蒋氏家族未亡人能够生活美满，不再踏入险境重重的政界。

八、章孝严的长女章惠兰

●章惠兰自小就钟情于艺术，尤其是电影，这主要缘于她的母亲黄美伦对艺术的热爱。但是章惠兰与母亲不同的是，她勇敢地将电影作为自己的职业。

章惠兰于 1970 年在美国出生，由于母亲黄美伦长得艳丽夺目，章惠兰也是出奇地秀丽。进入台北私立中学读书时，章惠兰就已是身材修长、仪态出众的妙龄少女了。她的性格极像母亲黄美伦，从小就是个善良而又聪慧的女孩，更为重要的是她对艺术情有独钟，也来自母亲黄美伦对艺术的喜爱。母亲黄美伦在读书期间是全校公认的"校花"，样样精通，尤其是搞起文艺活动，更是如鱼得水。章惠兰正像自己的母亲，在私立中学上学期间，章惠兰就是学校各种重大活动的台柱子，每每被选为鼓乐队的指挥和校剧团的导演、节目主持人。在读高三时，她的艺术天赋更加显现出来。毋庸置疑，章惠兰的艺术才能全赖于多才多艺的母亲黄美伦。可以说，母亲黄美伦是章惠兰的第一位艺术老师，她常常对章惠兰谈论演话剧的感受："演话剧比所有艺术形式都困难，因为它不仅要演员具有很强的语言表达能力，还要求有相当丰厚的生活底蕴。所以我喜欢话剧演出，遗憾的是我没有把话剧作为我终身的职业。"

章惠兰对于母亲未能把艺术作为自己的职业颇为不理解，因为在她看来，只要是自己爱好的事物，就可以成为自己终身都钟爱的东西，甚至以此来生活。可是母亲却用自己的亲身经历告诫女儿："我在读高中的时候，也像你一样，想把艺术作为自己毕生的职业，借以圆自己年轻时的艺术之梦。然而，当我面临大学考试的时候，才知道终身从事艺术是不可能的，倒不是我没有那种才能，而是当你面对如何择业的时候，家庭、社会和亲友都有可能制约你这种理想的实现。所以我后来不得不选择了更有前途的外语专业。"如今，章惠兰也像母亲一样，处于人生的十字路口，虽然她很想报考自己热爱的艺术专业，但是最后不得不听从父母亲的建议。

1990 年夏天，章惠兰进入台湾知名的私立大学——辅仁大学，选择了对她来说极为陌生的专业——社会学。尽管如此，她对艺术的追求丝毫没有减损。她在完成必修课程的基础上，仍孜孜不倦地遍览各种文学作品。尤其是琼瑶的爱情小说，更是令她如痴如醉。从《我是一片云》开始，到《彩霞满天》、《烟雨濛濛》和《几度夕阳红》。先看小说再看电影，章惠兰仿佛进入一个全新的世界，她的眼界逐渐开阔，日益明白什么才是真正的综合性艺术。在辅仁大学学习期间，章惠兰对电影的爱好进一步加深。

她不但观看了多部金马奖作品，例如李行、刘家昌和李翰祥等艺术家的精品，从中体会电影的真谛，而且她还把注意力大胆放在杰出电影家的作品上，如谢晋、张艺谋等大陆优秀导演所拍的作品，希望从中获得新视角。

她的心越来越远离社会学，而是利用大量课外时间在看电影、看电视。如果说章惠兰小时候对影视的爱好，仅是种本能的欣赏，那么她在大学里对自己人生座标有了定位以后，就开始有目的、有计划地研究电影这门综合性艺术了。章惠兰对电影的爱好尽管起源于女作家琼瑶的电影，但后来她又从琼瑶式的爱情片转向了在台湾获奖的颇有深意的电影。

章惠兰尤其注意台湾著名导演李行拍的电影，如他早期获奖的《哑女深情》、《母与女》、《小城故事》。章惠兰不但欣赏这些电影中的人物和情节，也研究那些在影片中引人注目的女主角，她感到像林凤娇、张艾嘉和林青霞这些人的成功除剧本赋予可供一展才华的载体外，更重要的是她们本身的气质和学识，丰富了她们主演的每一部电影。李行所以专导以女性命运为题材的电影，是因他深谙女性在当今台湾社会始终以陪衬角色出现的大背景。而李行的导演才华所以得以充人展示，很大程度上得益于林青霞等著名演员的精湛表演。

从那时起，有独立主见的章惠兰，开始把关于对电影的看法，特别是对新时期台湾电影女主角的理解，细心地整理成笔记。每次去电影院看一场经典台湾电影，章惠兰都会写下大量心得体会。在大学4年中，她几乎看遍台湾近20年拍摄的几百部电影，她宁可放弃其他学科的研究，也不愿放弃对电影的追求。当老师对她这偏执的爱好发出疑问时，章惠兰理直气壮地反驳道："电影既然是反映社会面貌的产物，那它和我报考的社会学就不发生矛盾。就是说，我现在不停地看电影，也是对社会学的一种研究方式。"

到大三时，章惠兰对电影的兴趣又发生了改变。这时她偏重研究电影的思想性，尤其对李行导演的作品格外重视。如《小城故事》，她一连看了十几场。这部让章惠兰如此着迷的台湾乡土电影，吸引她的究竟是什么？章惠兰曾解释道：首先是浓厚的乡土色彩，台湾出生的她看到电影上那些小城小村，心里无比激动；二是电影中展示的人情味，哑女的扮演者林凤娇已将哑女那美好的心灵，通过眼神手势表现得淋漓尽致，让她百看不厌；三是李行电影中渲染的伦理道德观念，也符合她对艺术的追求。她从电影中陈文雄、赖金水一家人的关系，透视了住在小城中各种人物的面孔。

接着章惠兰还系统地研究了李行的乡土电影系列，如《原乡人》、《源》、《秋决》、《养鸭人家》和《汪洋中的一条小船》等。她不仅为李行电影中引人遐思的人物所动，而且通过研究这些作品更加认清了自己的前景："我要把电影作为终生职业！因为电影太能够反映我对艺术的追求了！"

章惠兰在大四的时候，开始把兴趣转向电影导演。这是因为她看了台湾导演杨德昌的早期电影，如20世纪50年代开拍的《1905年的冬天》和《十一个女人》之类的纪实片，在台播映后影响很大。章惠兰特别研究了杨德昌20世纪90年代以来拍摄的新纪实电影，她格外感兴趣的是《牯岭街少年杀人事件》、《麻将》和《独立时代》3部。她感到杨德昌的纪实电影所以独出心裁，在于他没有草率图解一桩血腥的案件，而是深刻挖掘了剧中人物的心灵世界。她忽然发现自己喜欢导演这项工作，也许从那时起，章惠兰萌生了一个大胆设想：将来以电影导演作为职业！

1994年夏天，章惠兰即将毕业。这时，她的妹妹章惠芸也考上了辅仁大学，而她的小弟弟章万安，也开始进中学读书。就在她开始着手写毕业论文时，一个严峻的问题摆在她面前："对电影的兴趣究竟是暂时的爱好，还是将来毕生追求的事业？"

为了最终确定自己未来的发展方向，章惠兰与父母亲有一次深刻的交谈。父亲章孝严认为电影只能作为业余消遣，难成一个人的终身职业。但是意志坚定的章惠兰勇敢地反驳了父亲的观点，向父亲表明她对电影是种刻骨铭心的爱，决非普通的喜欢，既然如此深爱它，为什么不能作为自己的职业呢？

面对父亲的阻挠，章惠兰唯一可求助的，就只有与自己有着同样艺术爱好的母亲黄美伦，她劝说丈夫："既然惠兰深爱电影艺术，她本人又有这方面才能，为什么让她放弃心中所爱而去另外追求其他她不喜欢的职业呢？如果我当年不为考虑生活改学外语的话，那么，我现在很可能也会在艺术上有了新的发展。所以，我不希望女儿再像我一样，牺牲了自己特有的艺术才华！"

慢慢地，章孝严也开始理解了女儿的意愿，便鼓励她说："好吧，既然惠兰那么自信，那么执著地追求电影，就让她大胆向前闯吧。我们做父母的自然乐观其成！"

最后，全家人都支持章惠兰以《台湾新电影中的女性角色》，作为她在辅仁大学社会学系毕业的论文标题。无疑，章惠兰毕生从影的目标，正由理想一步步变为现实。

父亲章孝严当然希望女儿在辅仁大学毕业后，

章惠兰为章孝严拍竞选广告，以父亲的"手"为主题

能在社会学专业上有所建树。可是，从小意在艺术而对政治丝毫不感兴趣的章惠兰，选择了与从政背道而驰的新路。在她看来从政自然荣耀，可当章惠兰看到蒋家第三代接连在台湾政治舞台淡出，而蒋家的第四代人，如蒋友梅、蒋友松、蒋友兰和蒋友柏等人，大多离开台湾，远避海外，毅然选择了与蒋家第一代、第二代截然不同的经商之路。特别当她在报上见到蒋友松对记者发表的《蒋家第四代经商不从政》的新闻后，震动是无法用语言形容的。也许正是看到蒋家第四代人选择远离政治的道路，更促使她坚定自己的选择。

章惠兰在她的毕业论文中，将她从青少年时对电影，特别对台湾电影女性角色的研究成果，都系统地写进论文中，那是她整个大学期间对社会学研究的具体深化。她在论文中说："电影是社会学的生动体现，任何一部电影都可折射出人生和社会的侧面。在我看来，没有任何艺术载体能比电影这一综合艺术更能生动体现社会的了。"

她在这篇论文里通过林青霞、钟楚红、林凤娇等著名台湾女演员在电影中塑造的人物形象，评价和剖析林林总总台湾电影中女性形象的成功与失败。由于章惠兰多年前就开始了对电影的研究，所以她的毕业论文在答辩时获得辅仁大学校方的一致好评，并获得了高分。那时，章惠兰早已为自己今后的从业道路铺下了一条平坦的大道！

不久，章惠兰如愿以偿地来到美国留学。

●尽管父亲章孝严希望女儿能够像自己一样在仕途上有所作为，可是素有主见的章惠兰毅然选择了自己的挚爱。她最后成功了，其处女作《小百无禁忌》在法国戛纳电影节上备受关注，章惠兰的名字也开始为人所知。

到 1994 年秋天，章惠兰已是波士顿大学的硕士研究生了。她在这里报考的专业，就是苦苦追求了十几年的电影艺术。她的导师并没有马上满足这个中国少女想成为电影导演的梦想，而是同意她专修电影制片人专业。

在波士顿大学攻读期间，章惠兰专程去了一趟好莱坞影城，"美国电影正在走下坡路，但是，这里的影业仍有它们独特的管理方式。"章惠兰的导师是位通晓世界电影管理手段的制片人，他在章惠兰考察好莱坞期间，不断向这个有天赋的中国女孩灌输西方电影制片的经验。他说："中国台湾的影业所以停滞不前，主要是管理手段不及西方。美国八大影片公司现在的生产方式与东方有本质上不同，台湾电影厂养着包括编剧、导演和演员的庞大队伍，可是好莱坞不是这样。我们这里的导演和演员都是自由职业者，只有制片人才是正式保留的职业。所以，章小姐，我希望你将来当个真正的制片人！"

章惠兰在好莱坞真正见识了什么是导演，什么是制片人。那时她甚至将自己将来的从业基点定位在制片人上，因为她在好莱坞亲眼见到美国制片人可以包揽一切制片大权。她发现制片人不仅承包整个电影的全部人马，还可以承包电影公司，有些人甚至还可承包到电影的发行权。

章惠兰从好莱坞影城回到就读的波士顿大学后，心灵上的震撼是难以言说的。如果说过去她对电影的兴趣仅仅局限在它的思想性和艺术性上，那么经过亲赴洛城，对好莱坞这历史悠久的制片集团的考查，年轻的章惠兰对如何将艺术品的电影面向市场，并换取工业价值，从理性上加深了认识。

她的导师对这个来自中国台湾的少女充满好感，因为他从没见过这样刻苦的亚洲姑娘，情愿为她钟爱的艺术吃尽苦头。章惠兰的学业斐然，她按照导师的要求，先后对20余部好莱坞历史经典影片进行系统的观摩和讲评。章惠兰从前在台湾时就多次看过费雯丽主演的《魂断蓝桥》和《飘》。现在她必须以一种内行的眼光，去重新研究和审视这些获取过奥斯卡金奖的杰出名片。章惠兰在重新研究这些经典影片的长处时，自己仿佛又一次经历了影片中反映的故事。特别对美国电影历史真实性的认知与理解，也产生了新的飞跃。

在波士顿大学攻读电影制片硕士两年间，章惠兰几乎没有外出旅游的时间，她把这所大学电影馆里近百部美国优秀影片，如《王子复仇记》、《傲慢与偏见》、《欲望号街车》和《蝴蝶梦》等名片，几乎都看得滚瓜烂熟，她写的英文笔记足有几百万字之多。章惠兰不但观摩美国波士顿电影馆的影片，还对近年美国好莱坞新片，如《迫不及待寻找苏姗》等，也进行了仔细地研究。在进行电影研究的同时，章惠兰还在波士顿、洛杉矶等地先后拍了几部电影短片。虽然都是习作，但却为她今后成为成功的电影人奠定了基础。

1996年5月，章惠兰终于写出在波士顿求学时的最后一篇电影论文《关于电影的蒙太奇》，这是她在硕士学位答辩时拿出的优异的毕业答卷。章惠兰写道："从前对电影蒙太奇只有书面上的理解，可是，通过对美国大片观摩和制片人的考查，最后使我认识到，蒙太奇不仅是电影的术语，它更是导演不可缺少的艺术语言——因为它是电影无数画面与观众进行交流的特殊语汇，也是电影导演将孤立电影镜头联系起来的特别表现方式，而我现在才刚刚悟出蒙太奇的奥妙！"

那些辅导过章惠兰的教授和讲师们，发现这位中国姑娘的学识已超过了一个制片硕士的水平。可是他们却没有发现那时的章惠兰，在内心思考的早已不再满足于毕业后只作个忙忙碌碌女制片人了。章惠兰那时在她的论文中涉及到另一个新领域，就是电影导演！如果说章惠兰在台湾辅仁大学的毕业论文是将她引向神秘的电影领域，那么，在波士顿大学毕业后，她把自己的目标限定在当一个女电影导演上！

章惠兰的论文答辩得到与会美国学者与艺术家的一致好评，她以高分获取电影制片硕士学位后，美国多家电影厂老板，都纷纷赶到波士顿大学，洽谈重金聘请章惠兰出任见习制片人，一些公司出的薪水甚至高出台湾电影厂资深制片人的几倍。可是，一心向往回台湾发展自己电影事业的章惠兰，没有被高额美金所动，她谢绝所有留在美国当制片人的邀请，于1996年秋天飞回了阔别已久的台湾。从那时起，她又开始了一个新的冲刺。就在章惠兰刚走进台湾电影圈时，她首先遇上的老师，就是初中和高中时多次在银幕上见过的张艾嘉。

当时，张艾嘉正执导一部言情片《今夜不回家》，这也是章惠兰走进影视圈后亲自跟拍的第一部电影。尽管她那时只是一个见习场记，然而，在拍摄过程中，从张艾嘉身上学到了不少东西，尤其是一个女导演将面临的艰辛路程。电影完成了，章惠兰却因过度劳累病倒了。

1998年春，章惠兰开始给台湾另一著名导演蔡明亮做助手。

从小生在马来西亚的蔡明亮，在章惠兰眼里与张艾嘉是完全不同风格的导演。如果说张艾嘉是演员出身的导演，注重戏的细腻感，那么从小在基隆坡摆面摊出身的蔡明亮，却注重于电影人物的情感与故事的曲折性。前来给蔡明亮当副导演之前，章惠兰多次研究过他的3部轰动电影：在东京国际电影节上获得樱花奖的《青少年哪吒》、在威尼斯国际电影节获得金狮奖的《爱情万岁》和在第47届柏林电影节获取银熊奖的《河流》，其中《河流》的部分情节曾让易于动情的章惠兰落泪。

章惠兰感到与有成就的导演合作是愉快的，她知道在资深名导的熏陶下，甚至比再上一次大学收获的东西还多。正因为随蔡明亮拍摄《洞》获取了成功，所以章惠兰决定自己独立拍片！

1999 年春天，章惠兰在回台刚两年后，就大胆地成为了独立操作的电影导演。她第一个设想是要把自己的处女作《小百无禁忌》，拍成一部艺术名片。她深夜多次修改电影剧本，开拍之前又数次寻找片中的演员，最后被章惠兰选中的是，正在台湾走红的女演员舒淇，来

章孝严和妻子、女儿拜祖

做《小百无禁忌》的女一号。不久，这部处女作开拍了，章惠兰几乎全身心地投入了这部电影的拍摄。那时，她几乎住在电影厂里。

终于，这部名为《小百无禁忌》的电影在 2000 年初在台公映。是年 5 月，她又带着这部凝聚心血的处女作，来到了法国戛纳电影节。当它刚在戛纳上映，顿时受到来自世界各国电影评论家的欢迎。在好评如潮之中，章惠兰做梦也没想到，她拍的第一部电影，不但得到了戛纳电影节国际影评人奖的入围资格，且获取了"金摄影机奖"的前三名。章惠兰在万众欢腾中陶醉了！

现在，她已确认自己走的从影之路是正确的！

2001 年夏天，章惠兰再次带着她的处女作《小百无禁忌》，应邀出席爱丁堡国际电影展。也是从那时开始，一个陌生的中国女电影导演的名字——章惠兰，开始为国际电影界所熟悉！

第二年的春天，东南亚一张华人报纸，报道了蒋孝勇之子蒋友柏和台湾名模林姮怡相恋的信息以后，一度销声匿迹的蒋家第四代，再次成为引

人注目的新闻。其中在一篇题为《蒋家第四代无人从政》的评论中，这样说："由于蒋友柏的信息，早已淡出政坛的蒋家第四代人再次引起世人关注。'松柏常青'和'梅兰菊竹'，曾是已故蒋介石为蒋家第四代人依族谱和性别分取的名字，现在除'竹'字空缺外，其余都已长大成人。他们大多远避海外，在美国、英国者居多。只有章孝严和章孝慈的孩子们还留在台湾。章孝严的长女章惠兰在影坛上以一部名叫《小百无禁忌》的电影脱颖而出，他的次女章惠均目前即将从辅仁大学毕业，据说她毕业以后也决不作从政的选择。另一个以当年章亚若两位儿子在她死后暂避灾祸地名为名字的幼子章万安，也已经在台北高中读书，估计他也不会走章孝严从政的道路。章孝慈的一儿一女都已就业，他们都不希望在台湾的政治舞台上寻求一席之地，而是继续了他们父亲章孝慈喜欢的法学。此外，分布在世界各地的蒋家第四代人，他们大多都已厌恶从政，甚至视从政为畏途。蒋友松曾经公开说，'我所学的专业可能是社会科学，但绝不是政治。'而且'说到做到'。年纪轻轻就说出这种毅然决然的话来，看来绝不可能是戏言。从他的上述话里，以及那些正在世界各地经商和从文的蒋家后裔的现状观之，当年曾经在中国近代历史上占有一席之地的蒋氏家族，已经从历史的帷幕下悄悄地隐退了……"

2004 年 1 月 12 日，章惠兰和同为台湾导演的李幼乔结婚。李幼乔与章惠兰都是知名导演，两人在一个共同友人的婚礼上相识后，交往两年多，并与 2003 年 7 月订婚。婚礼在台湾君悦饭店席开 50 桌，连战、宋楚瑜、王金平、马英九以及部分蒋家后人都是座上宾。谈到女婿，章孝严直说"越看越满意"，他认为女婿是认真、重视婚姻的类型，也是有创意、才华的年轻人。章孝严嫁女儿，其喜悦心情溢于言表。他表示，第一次嫁女儿，第一次当主婚人，十分高兴也万分不舍，希望大家给予新人祝福，乐见女儿找到好归宿。

九、章孝慈的长子章劲松

●若按出身来排列，蒋经国的庶出子章孝慈的长子章劲松应是蒋家第四代中的长孙。章劲松谨记父亲的嘱咐，凭借自己的真本事而非家族余荫来获得成功，与父亲一样钻研法学，希冀成为像父亲一样著名的法学家。

章劲松生于 1960 年，比蒋家第四代的第一人蒋友梅大一岁。但由于父亲章孝慈是蒋经国的庶出子，所以他的身份一直未被蒋家成员承认。父亲章孝慈给他取名劲松，主要是因为他出生的时候，章孝慈本人尚不清楚自己的身世，所以并未像蒋家第四代的其他成员一样被冠以"松柏常青，梅兰竹菊"，而是取名"劲松"。

章劲松自小学习勤奋，主要源于父亲章孝慈的言传身教。他经常告诫自己的孩子：任何时候都要依靠自己的能力生活和奋斗，千万不要依靠别人，不要依靠家族。在人生的路上，只能依靠你自己。因此，章劲松完全凭借自己的努力，在 1989 年高中毕业后顺利地考取了台湾大学国际商务法律专业。

作为章孝慈的长子，章劲松是最早知道父亲章孝慈前半生悲惨境遇的，更令他吃惊的是，自己竟然是蒋家第四代子孙，而自己的爷爷竟是蒋经国。早在章劲松上初中一年级的时候，父亲章孝慈在他放寒假的时候突然带着他来到新竹故乡探访故居。从父亲口中，章劲松才得知父亲的真实出生背景。尽管当时父亲对章劲松讲的话含含糊糊，然而聪明的章劲松隐约从父亲的闪烁其词中嗅出一点味道。可是，纵然章劲松已明了自己的祖父就是蒋经国，章孝慈依然要求儿子不要将自己的身世向外人透露，毕竟这个话题在当时是极为敏感的。所以，年幼的章劲松谨记父亲的教诲，但他也渐渐对台湾显赫的家族蒋家有了一点初步的印象。

1988 年 1 月 13 日，蒋经国在台北"荣民总医院"逝世。章劲松得知这个消息后，内心很希望亲自去拜祭这个素未谋面的祖父，他知道父亲章孝慈同样有这种想法，但是当时蒋家大家长宋美龄决不会同意他们父子俩的这种举动，因此章劲松只能将对祖父的哀思深埋心中。由于祖父蒋经国去世，父亲章孝慈和大伯章孝严的身世亦公之于众，特别是祖父临终前提出要章孝慈和章孝严两兄弟归宗，一时之间，默默无闻几十年的父亲忽然成为新闻媒体争相采访的对象，台湾各界人士谈论的焦点人物。更令章劲松惊讶的是，钻研法学 20 多年，平日对政治丝毫没有兴趣的父亲在章劲松高中毕业的前一年宣布，他要在当年 7 月召开的国民党"十三"全会上竞选"中央委员"，这对章劲松来说，实在难以理解。而更出乎他意料的是，父亲获得了台湾不少选民的支持，选举结果是章孝慈的选票数名列第 11 位，而他那早就涉身政界的伯父的选票数位于第 6 位。

作为章孝慈唯一的儿子，章劲松了解父亲的所作所为均是为了向外界证明：在台湾这种政治阴影下，我章孝慈同样也能在政界不依靠任何政治后台而获得民众的支持，有所作为。不久，父亲又去竞选新竹县县长。尽管最后落选了，可是在儿子心中，父亲始终是最成功的。

随着父亲章孝慈的身世在台湾各大报纸曝光，章劲松作为蒋家第四代的身份也广为人知，但这并没有给章劲松造成多大的困扰，因为他始终牢记父亲章孝慈的叮嘱：要靠自己的力量面对人生的一切！所以在台湾大学读书期间，章劲松依然秉承自己过去的优良学风，勤奋踏实，毫不理会别人的奇怪目光。

本来章劲松以为只要自己用一颗坦然的心去面对生活，一切就会很美好，可是命运却一再捉弄人。父亲章孝慈为了能够参加 1993 年 8 月在北京举行的由海峡两岸法学学者参加的"第二届海峡两岸法学学术研讨会"，毅然在 1992 年辞去了"国代"和"中央委员"的职务，而且他还有另一个最重要的目的，就是回祖国大陆为自己的生母章亚若重修坟墓。看着电视机屏幕上父亲与章家的亲属在雨后为外祖母章亚若举行家祭，章劲松被父亲对外祖母真挚的感情深深感动。

1994 年 11 月 12 日晚，章劲松与父亲章孝慈促膝畅谈了两个多小时，可是章劲松万万没有想到，这次长谈竟然是他和父亲的最后谈话。在那次和父亲恳切的交谈中，章劲松了解到更多有关父亲和大伯少年时期的艰苦奋斗历程，并非像外界传言的那样，得到来自蒋经国的资助，两兄弟才上了大学。实际情况是，父亲章孝慈和伯父章孝严凭着自己的辛勤劳动，外出打工，做家教才将学费攒齐完成了学业。

章劲松对于外界关于父亲章孝慈是否会认祖归宗颇有疑义，便询问父亲的看法，岂料，父亲的回答让他更加敬佩。章孝慈沉思良久方告诉儿子："历史就是历史，从前爸爸那么困难的日子都已经过来了，为什么现在又要搞什么认祖归宗呢？还是顺其自然的好。"那夜，章劲松觉得父亲和平常不太一样，因为他显得异常兴奋。他想可能是与第二天父亲要再次飞往大陆，参加北京大学光华管理学院成立大会，同时还要去北京西郊碧云寺参拜孙中山先生的衣冠冢等活动有关，所以章劲松并未太在意。谁知，那一夜却是与父亲的诀别。

父亲走后，章劲松在学校上课总觉得烦躁不安，似乎有什么不好的事情要发生，但又感觉不到会是什么事情。直到11月14日上午，章劲松接到妹妹章友菊从家中打来的电话，始知父亲章孝慈在北京猝发脑溢血，生命垂危，现正在北京中日友好医院由专家急救。当晚，章劲松便和母亲赵申德飞往北京探望病危的父亲，妹妹章友菊则留在台北等待尚在美国公干的伯父章孝严回来。

到了北京之后，望着平躺在特护病房的父亲，章劲松悲痛万分。想不到那一夜聊天时还生龙活虎的父亲如今却静静地躺在那儿，好像在等待死神的降临。在北京的那段日子，章劲松每天守候在病房外，期望父亲能够有所好转，心里一直默默地为父亲祈祷。也许是章劲松的孝心感动了上苍，在多位世界一流专家的联合诊治下，章孝慈终于脱离了危险期，并于11月24日由大陆派专机送回台湾"荣民总医院"继续治疗。

父亲的病情虽然暂得控制，但是由于脑干出血过多，已经永远无法恢复思维，这意味着父亲会成为一个植物人。而"荣民总医院"的医药费惊人的昂贵，对于大半辈子都教书的章孝慈来说，无疑是个天文数字。幸好台湾各界人士见章孝慈身染重病又无钱医治，纷纷解囊，给予资助。最令章劲松感慨的是，素来与蒋家乃死对头的作家李敖为了给章孝慈筹钱，竟然在台北举办了一次规模宏大的"为东吴大学校长章孝慈筹款拍卖会"。此举令不少人大为惊叹，一贯与蒋氏家族对立的李敖为何会为一个流着蒋家血脉的人集钱呢？章劲松与众人一样迷惑不解，直到李敖的一封亲笔信送到他手中，他才真正明白其中的原由。李敖在致东吴大学的信中写道：

"前承素昧平生之东吴大学高材生黄宏成建议，校长慧眼相邀。复蒙吾兄大驾光临，竟使李敖他人濒临退休之年，得进大学执教，对东吴言，足彰自由人文学风光之先例；对李敖言，难得有人识货之礼遇。'寒雨连江夜入吴'，每一念及，百味杂陈。近日校长一病如此，百味之外，益增苦涩。正思以略尽心意之际，顷得系上转知东吴大学秘书室专函，云：'各单位同仁之捐款，可委请专人统筹，齐一划入户，'特写此信，奉报三点！……"

原来父亲章孝慈对李敖有知遇之恩，一生性情豪放的李敖连连遭到台湾当局的封杀，可是章孝慈力排众难，聘请李敖来东吴大学教书，此种恩情对李敖来说如同再造，所以他会不惜一切帮助章孝慈。1995 年 3 月 5 日，李敖又在台北新光美术馆举办了"李敖为支援章校长治病书画拍卖会"，他将自己多年精心收藏的珍贵名画拍卖，然后将所得的钱大部分捐助给章孝慈治病，此情此景，令章劲松感动不已。

可是，章劲松还是眼睁睁地看着父亲撒手人寰，离他和母亲妹妹而去。1996 年 1 月一直到春节，父亲已离去日不远，最后在 2 月 24 日走了。章劲松和妹妹章友菊在父亲灵前守孝，回想父亲与自己度过的点点滴滴，章劲松痛不欲生。

如今父亲已过世多年，而伯父章孝严亦带着他和妹妹返回溪口老家认祖归宗，各界人士对于章家人的身份也都承认。可是每当望见遗像中父亲的脸，章劲松的耳畔总会想起父亲的嘱咐："孩子，你要记住，认祖归宗并不重要，改不改姓氏也无关紧要，要紧的是你们第四代人要有志气。要靠自己的努力成材，决非依仗祖上的余荫。"章劲松心中默念父亲的教诲，他相信自己一定会和父亲一样凭借真才实学闯出一番天地，在法学界拥有自己的一席之地。

十、章孝慈的女儿章友菊

●蒋介石曾以"松柏常青，梅兰竹菊"作为蒋家第四代的名字，所以章友菊的名字就已揭示了她身为蒋家人的意义。章友菊也学法学，她希望将来能够成为像父亲一样的法学教授或者是优秀的女律师。

比起哥哥章劲松，小许多的章友菊生得俊逸秀美。由于她出生时，父亲章孝慈已清楚自己的身世，因此在给爱女取名时，章孝慈按照蒋家第四代的习惯，以"友菊"冠名，表明自己的女儿也是蒋家的子孙。但是，父亲章孝慈很少向女儿谈起自己的身世，一方面是由于当时台湾的政治气候不允许他这样做；另一方面则是因为女儿年龄尚小，章孝慈不愿过早地让女儿背上沉重的家庭包袱。所以直到蒋经国去世，章友菊才开始一点点的知道，自己父亲背后原来藏着如此大的秘密。

1988年春夏之交，章友菊当时正在台北振兴中学读初二。她没有想到一直甘于学术研究、不问政治的父亲竟会公开宣称要竞选"中央委员"。为何父亲会来个180度的大转弯，直至一次章友菊在父亲回答记者的谈话中，才发现了原因。"没有任何人不准许我章孝慈竞选。大家对我参加竞选表示惊讶的本身，就说明从前台湾的处境对我太不公平了，不然，为什

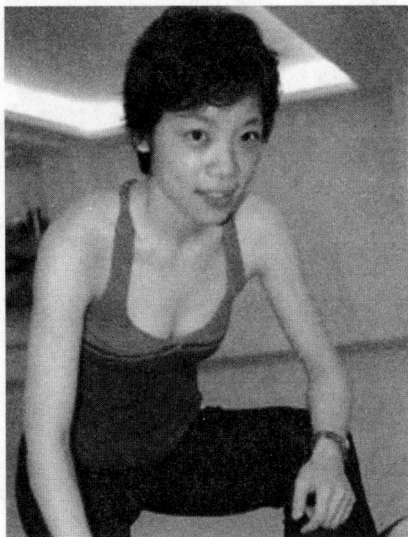

章友菊

么我这一正常的举动会引来人们如此的关注和兴趣呢!"章友菊由衷地佩服父亲的口才,她知道父亲多年生活在政治阴影下,如今一切开始改变,而父亲也终于可以走出阴暗,奔向光明,参加竞选正是他想向世人表明他的生活将彻底改变。他将不用在压抑中过活,可以抬起头来,"别人能做的事,我父亲为何不能?"章友菊更加敬佩父亲。

知道父亲的身世后,章友菊发现总会有些人用异样的眼光看着她,她也知道这与她的身份有关,虽然流着蒋家的血脉,但是一直不被蒋氏家族承认。尽管如此,章友菊还是谨记父亲的教导,不要太在意姓氏,不要太在意所谓的家庭背景,"在这个时代,还讲究什么家族?只需个人努力,姓氏并不重要!"章友菊对于父亲的言语一直放在心上,丝毫不敢怠慢。

但是,当父亲于1992年毅然辞去好不容易竞选得来的"中央委员"和"国大代表"一职时,章友菊又开始不理解父亲的行为了。有一次,她大胆地问父亲:

"不是有人说您想做官吗?"

"不,我永远都只能是一介书生。"

"可是,当年不是有人说您可做新竹县的县长吗?"

"那只是别人的希望,却不是我的希望。"

"既然您不希望做官,又为什么要那么费力地竞选'国代'和国民党的'中央委员'呢?"

"友菊,也许在别人眼里,竞选都是为自己进入官场在捞取政治资本,可我却不然。我只是一种本能的表现,我想看看我章孝慈靠自己的力量,会不会得到别人靠政治裙带关系才得到的东西。我绝不是要官要权,如此而已。"

"难怪有人说您是一个傻瓜书生呢。"

"书生有什么不好?我章孝慈就是一辈子都想生活在知识的海洋里。我厌恶官场,仇恨腐败的政治角逐。正因为我想清清白白做人,所以,有一天即便这两个徒有虚名的'国代'和'中委',我也是要抛弃的。"

章友梅发现,已经有了国民党"中委"和"国大代表"双重身份的父亲章孝慈，没像一些人说的那样，会从此成为国民党官场上的要人。而且，在国民党官方报刊已经正式承认章孝严和章孝慈，都是蒋氏家族第三代人以后，本来章孝慈可得用这一政治氛围，很快在国民党政界混个一官半职，尽快结束他那清苦的生活。但是，章友菊很快就感到父亲和那些趾高气扬的国民党官僚有所不同。

原来父亲一直有个愿望，就是在有生之年回大陆探亲，拜祭早死的母亲章若亚，以尽孝道。为了实现这个夙愿，父亲不惜弃官，成为"蒋介石家族重返祖国大陆的第一人"！章友菊知道父亲的身份尽管不为蒋家人接受，但是在其他人眼中，父亲俨然是蒋家子孙，这是难以改变的事实。

正当父亲忙于海峡两岸的学术交流活动时，灾难突然降临了。就在章孝慈第二次去大陆参加北京大学光华管理学院成立仪式时，突发脑溢血，经过多方抢救，章孝兹的性命保住了，可是却成为永久的植物人，再也不能像过去一样和女儿谈心聊天了，而巨额的医药费更是让家境一般的章家难以应对。

但是，很快章友菊就看见了希望。由于章孝慈在社会上的威望，他忽得重病后立刻引起了强烈反响，大批好心人慷慨解囊，为章孝慈筹集医药费。东吴大学首先掀起了"为章校长治病献一分钱"的大型募捐活动，望着那么多人为父亲到处寻找帮助的盛大场面，章友菊真心地感激这些善良人。最引人注目的，莫过于作家李敖为章孝慈筹钱而举办的规模巨大的拍卖会了，时间持续一个月，直到1995年4月5日才告结束。1996年春天，章孝慈的医药费难题得到了缓解。然而，众人的关心仍没有将章孝兹从死亡的边缘拉回来。

为了治好父亲的病，章友菊不得不休学一年。这一年来，她几乎每天守候在"荣民总医院"，为父亲默默祷告。医药费虽然解决了，然而父亲的病却毫无起色。遭受病痛折磨一年的父亲在1996年2月24日永远地离开了爱女。站在父亲灵前，章友菊没有掉眼泪，或许是眼泪早已流干，但更重要的是父亲的话时常萦绕耳边："友菊，你为什么老喜欢哭呢？哭是无能的表现，我希望我的女儿将来成为心地刚强，敢于面对严峻现实的人！"

"放心吧，父亲，我和哥哥一定会按您的话去做，决不会给您丢脸的，您就安心地去吧！"章孝慈死后，章友菊就与母亲和哥哥相依为命，纵然她的身份路人皆知，但是她依旧按照自己的方向前进，也很少在新闻媒体中出现。也许章友菊更偏爱宁静的生活，就像她的父亲。现在，她也和哥哥章劲松一样，致力于法学的研究，她的愿望是成为一名法学教师或律师。

2006年，在父亲过世10周年之际，章友菊首次接受媒体专访。对于外界看她是"蒋家第四代"，章友菊表示，这个包袱太沉重，她未曾与蒋家人互动，现实生活中像是毫不相关。"我不觉得自己是蒋家人，没有认祖归宗的问题。"她直言，一直无法认同为了政治，大伯父章孝严改姓蒋的做法。章友菊也透露，自从父亲过世后，蒋孝严与他家很少联系，"就连过年都见不到伯父的面"。

对于年龄接近的蒋友柏、蒋友常，章友菊说，没有见过两兄弟，偶尔会注意蒋友柏的新闻，很佩服他靠着自己的努力开创一片天。

"日月星辰各就其位，这辈子开心做个平凡人就好。"这是10年前，前东吴大学校长章孝慈在北京中风前对女儿章友菊说的话，这些话深深影响了章友菊。章孝慈生前曾再三叮咛她不要期待人生有非凡成就，只要做个平凡人就好。因此，继台湾大学选择读哲学毕业后，章友菊于2005年底放弃高薪工作，投身瑜伽教学。她很爱与人互动，在瑜伽教学过程中，觉得很开心。没有蒋家的光环，她甘于平凡。

第二编

宋氏家族的后代

序幕　宋子文与张乐怡

●宋子文，广东文昌（今属海南）人，民国时期的政治家、外交家、金融家。自南京国民政府成立以后，同蒋介石、孔祥熙和陈立夫、陈果夫合称四大家族，是中国官僚资产阶级的典型代表。

宋氏家族长久以来被视为中国 20 世纪上半叶最有影响力的家族之一。宋子文的父亲宋耀如担任传教士，且是孙中山革命事业的支持者，母亲倪桂珍是明代科学家徐光启的后代。宋子文大姐宋蔼龄为孔祥熙夫人，二姐宋庆龄为孙中山夫人，三妹宋美龄为蒋介石夫人。宋子文的大弟宋子良曾任国民政府外交部秘书和总务司长、广东省政府委员，长期担任宋子文发起的中国建设银公司的总经理，还担任过中央银行理事、交通银行常务理事，是宋子文在金融实业上的主要助手。小弟宋子安曾任过国货银行、广东银行董事，较少参政。

宋子文（1894—1971），是"宋氏家族"的长子，出生于上海，广东文昌（今属海南省）人。早年在上海圣约翰大学预科及本科就学期间，曾接受完整的中国古籍与新式的学问教育，毕业后赴美留学。1915 年毕业于哈佛大学经济系，获经济学硕士学位。后来，任职于纽约国际银行，并在哥伦比亚大学听课。1917 年回国，首次担任汉冶萍公司上海办事处秘书，该公司由汉阳钢厂、大冶铁矿和萍乡煤矿组成。不久，到上海银行任职，并在上海实业界积极活动。

1923 年，赶走陈炯明，孙中山在广州重建大元帅府。此前，宋子文的姐姐宋庆龄在1914年与孙中山结婚。孙中山请宋子文到广州就任广东政府英文秘书，兼任两广盐务稽核处处长。当时广东财务紊乱，度支竭蹶，而宋子文是经济专门人才，盐税又是广东政府的重要财源，所以孙中山委以重任，让他主理财政，着手调查并整顿广东紊乱的经济体系，此后，宋子文便由金融实业界转入政界。

1924年8月在广州成立中央银行，由宋子文主其事，廖仲恺、胡汉民、孙科等为董事。该银行在宋子文的经营下，很快使财经情况得以改善，以支应1926年北伐初期的经费。除了金融财政工作外，宋子文同时也是控制粮食委员会的成员之一。1924年11月，他随孙中山北上。1925年3月，孙中山病危时，宋子文因与孙中山是亲戚关系，在孙中山最后的遗嘱上签字。

1925年，宋子文调任广东省商务厅厅长。9月，廖仲恺被刺后，宋子文继任广东政府财政部长，并兼任广东省财政厅厅长，整理广东财务。1926年1月，在国民党第二次全国代表大会上，宋子文当选为中央执行委员会委员、政治委员会委员和国民党中央商业部部长。之后，又被任命为国民政府委员。1926年，宋子文第一次接受国际外交舞台的洗礼，开始经手国际外交事务，被派去香港与英国当局谈判解决造成香港瘫痪数月之久的反英罢工。7月，国民革命军出师北伐，军需颇大。宋子文负责筹措军费，担任北伐战争的财政领导工作，以广东一地筹措之经费，供应各路军饷，使前方军需充足，将士安心，对保证北伐战争的胜利提供了物质保证。

1926年11月，北伐军攻占武汉后不久，国民政府发生了迁都之争。国民党中央政府指派一个5人代表团去武汉了解，将政府迁往那里的可能性，代表团包括宋子文、陈友仁、徐谦、孙科及鲍罗廷。在宋庆龄的陪同下，他们先抵达南昌与蒋介石晤谈后再抵武汉。12月间，在武汉集会的国民党中央执行委员与国民政府委员决议在政府未迁都武汉之前，组成"临时联席会议"以暂时行使职权。5人代表团致电广州，主张迁都。

1927年2月27日，国民政府迁都武汉。3月10日，在汉口召开的国民党第二届中央执行委员会第三次全体会议，在决议中对迁都武汉的声明加以确认。宋子文在武汉政权中拥有多项职位，他是财政部长、28人的国民政府常务委员会委员，15人的军事委员会委员，而且是国民党政治委员会委员，后又被任命为湖北省政府委员兼财政厅厅长。

1927年4月，蒋介石和他的支持者在南京成立了一个敌对的政府。就在这一形势演变之前，武汉政府先已派遣宋子文、陈友仁、孙科等前赴上海观察时局，并试图要求当地的领导者同赴武汉。而陈、孙二人在任务中途先行折返，宋则单独抵达上海，但他调停宁汉蒋汪之间冲突的工作告失败。由于长江流域皆在南京政府的控制下，宋子文无法返回武汉，因此决定留居上海。宋子文在上海，和吴稚晖、李济深、白崇禧等召开会议，策划反共清党，参与蒋介石发动的"四一二"反革命政变。

1927年8月，蒋介石为了谋求党内的统一，辞去了所有的职位下野，于12月1日与宋子文的妹妹宋美龄结婚。对这桩婚事，宋子文曾表示反对，几至兄妹决裂，后经国民政府主席谭延闿调解和好。此后，他拉拢上海的大银行家和商界人士及江浙财团，支持蒋介石的反动统治。同时，他也利用蒋介石的政权力量，扩充宋氏家族在财政金融界的实力，发展成为中国的"四大家族"之一。

1928年1月，蒋介石再度复出。这时，宋子文被任命为南京国民政府财政部长。与宋子文之间的家族关系对蒋介石的掌权是一大助力，因为唯有通过宋子文，南京国民政府才能获得上海金融家与商人们的支持。而且，另一方面，宋子文也是建立现代化金融体系的关键人物之一。

宋子文在南京任职以后，发现国民政府每月收入不足100万元，而开支则在1100万元以上。江浙两省是中国最富庶的地区，提供了政府收入的大部分，3个月内，宋子文就在此地区为政府每月增加收入至1000万元。同时，中央银行在上海成立，宋子文兼任中央银行总裁。

1928年6月，宋子文邀请全国主要的银行家、资本家以及实业家们，在上海召开全国经济会议。一个月后，他又在南京召开全国财政会议，以制定特别政府来执行上一次会议所通过的决议。7月25日，宋子文与美国驻华公使马慕瑞签署原则性的协议，开始恢复中国的关税自主。1928年11月至1930年5月间，与其他西方国家签订了类似协定。

宋子文在财经方面最重大的改革，是废除厘金制度。1930年12月21日，宋子文宣布自1931年起，全面革除厘金，并且强力推行这一政策。宋子文的财政措施及他为国民政府争取到的支持者，是蒋介石得以在1929年~1930年间一连串的内战中节节胜利的重要因素。

1929年3月，在国民党第三次全国代表大会上，宋子文当选为中央执行委员会委员，此后，在国民党第四、第五次全国代表大会上均继续连任该职。在此期间，他还担任国民党中央政治会议委员和国民政府委员等职。1931年6月，蒋介石任国民政府主席兼行政院院长，宋子文被任命为行政院副院长兼财政部长，成为国民政府的主要负责人。这时，因胡汉民被扣，汪精卫、李宗仁、孙科等在广州另立国民政府公开反蒋，由孙科任行政院院长，孙邀请宋子文担任财政部长而为宋所拒绝。宋子文竭力维护蒋介石，因此为南方所忌，派人到南京行刺，宋子文险为所杀，其同车秘书中弹殒命。南方国民政府由于失去了宋氏及上海金融界的支持，孙内阁随即下台。"九一八事变"发生后，宋子文多次在广播电台发表演说，揭露日本帝国主义的侵略罪行。1931年12月，蒋介石被迫下野，辞去本兼各职，宋子文也被解除了行政院副院长兼财政部长的职务。

1932年1月28日，汪精卫继孙科任行政院院长，宋子文被任命为行政院副院长兼财政部长。就在这一天夜里，上海地区的日军与中国的19路军爆发了激烈的战斗。在这一会战中，宋子文也扮演了一个间接的角色，先是他在财政部长任内，曾组织一支装备精良的海关缉私队拦截走私者的活动。当上海的战火继续弥漫之际，这支缉私

1933年，宋子文出席世界经济会议后回国抵沪

147

部队投入战斗，与 19 路军并肩作战。19 路军军长蔡廷锴后来回忆道，宋子文在这次战役中也曾以金钱支持国军。1932 年 2 月，宋子文再任中央银行总裁。4 月，任行政院副院长、财政部长。他积极参与政府活动，对暂时建立起国民党内的政治平衡和蒋汪联盟起了重要作用。虽然这一均衡只是暂时性的，但他们之间的协议由蒋介石掌管军事，汪精卫掌理政府行政。1932 年 ~ 1933 年间，宋子文完成了财政系统另一重要改革：废除银两制，改以银元为标准法币。

1932 年 10 月到 1933 年 3 月，汪精卫去欧洲访问，由宋子文代理行政院院长。1933 年 3 月，宋子文赴伦敦参加世界经济会议，会后，他访问了日内瓦，并且设置了一联络官，以取得技术援华。宋子文随后再转赴美国，于 8 月 27 日争取到了美国对棉花及面粉 5000 万美元的贷款。他在英、美、瑞士等国曾作反对日本帝国主义侵略中国的游说，并要求国际联盟对中国作经济援助。

●宋子文曾因蒋介石起用政学系和亲日派，而一时失宠。1936 年 12 月，西安事变爆发后，宋子文力争和平解决，并亲赴西安，与张学良、杨虎城谈判。抗战中，宋子文任外交部长，积极进行外交活动，对抗战是有贡献的。

1933 年 10 月，因蒋介石起用政学系和汪精卫等亲日派（宋子文为亲美派），更重要的是因为宋子文在军费开支巨大以及国民政府发行公债上与蒋介石意见不一致，宋子文便辞去了行政院副院长、财政部长、中央银行总裁各职，专任国民党中央经济委员会常务委员。此后，他便主要从事国内经济建设，并争取国际联盟对华技术援助，团结财政金融界，指导各种经济建设运动，成为蒋介石手下最大的经济实力派。1934 年 6 月，宋子文成立中国财经开发公司，目的是鼓励外国投资，活跃国内金融市场，发展中国工商业。

中日战争之前及战争期间，兴建铁路形成铁路交通网是中国财经开发公司的主要打算，并为此替国民党政府向英、法及其他外国银行谈判借款。但由于中日战争造成的严重破坏，一条铁路都没有修成。20 世纪 30 年代中期，该公司还与美国企业谈判，准备在中国开设人造丝、造纸、化肥、卡车、橡胶等工厂。尽管辞去了国民政府的职务，宋子文仍然接近中国的权力中心。1935 年 4 月 1 日，全国最大最重要的私人银行——中国银行改组，宋子文继张嘉璈任董事长，以便国民政府直接控制，直到 1943 年止。

1936 年西安事变发生之际，宋子文一方面是蒋介石的连襟，一方面是张学良的朋友，在他的积极奔走下，各方势力得以顺利达成协议，使蒋介石获得释放。其后，传闻宋子文曾相当愤怒于张学良遭受判刑，因为这违反了原先的承诺。然而，西安事变毕竟揭开了宋子文重入政界的序幕。

1937 年元月，宋子文赴广州与梧州，以重新整顿两广的财政体系，改革两广经济结构。7 月，即在对日战争爆发前夕，宋子文飞往庐山向蒋介石提出报告。以后，宋子文随同国民政府迁到重庆。1938 年 3 月担任由蒋介石为主席的全国航空委员会代主席。1940 年，宋子文任蒋介石的私人代表去美国活动。1941 年 2 月，以金属矿产的输出做担保，顺利地获得美国政府 5000 万美元的贷款。1941 年 4 月，又代表政府获得借款 5000 万美元。

太平洋战争于 1941 年 12 月揭开序幕，中国成了美、英战时的盟友。宋子文因曾以蒋介石私人代表的身份在华盛顿取得成功，于是被任命为国民政府外交部长，其时他仍在美国。1943 年 1 月，宋子文以中国代表身份在华盛顿签订 26 国协定，禁止任何盟国单独与交战国媾和。这个协定使中国成为国际四强之一，其他三国为美、英、苏。同年 2 月，宋子文完成了与美国政府间一笔金额达美金 5 亿元的信用贷款的谈判。同年 6 月，他签署了中美土地租借条约。

1943 年 1 月，美、英和中国签订条约废除在中国的治外法权及其他特权，其他西方各国亦随之效法。虽然此事发生在日军占领中国大部分地区的时候，但这些新条约的签订被重庆方面广泛地认为是国民党的一个重要目的已经达到，治外法权的废除恰好发生在宋子文任外交部长期间，所以他格外受人称赞。

1943年2月，宋子文飞抵华盛顿与罗斯福总统及英外相艾登会谈。4月，访问加拿大。7月，飞抵伦敦与英政府商讨战后计划，并且晋见英王乔治六世。8月，他参加魁北克会议，会商缅甸会战。

1943年10月宋子文回国后，经常接待和会见美国来华的官方人士，其中有1944年6月访华的副总统华莱士，9月份赫尔利和美国战时生产局长纳尔逊御特殊使命来华，赫尔利希望调解正起端倪的国共冲突，宋子文是国民党首领中强烈反对建立有共产党参加的联合政府的一人。

1944年12月，宋子文代理行政院院长的职位。1945年3月，宣布宋子文将率中国代表团去旧金山出席联合国国际组织会议，该会议于4月25日举行时，宋子文被选为四名主席之一。旧金山会议的中国代表团中有一名中国共产党员董必武，他是宋子文于1927年在武汉认识的。宋子文在美国时会见了杜鲁门总统，商谈远东及战后中美合作的问题。

1945年1月20日，宋子文返抵重庆。25日，正式任行政院院长，仍兼任外交部长。当时，他的主要工作是商谈中苏友好条约的订立。宋子文于元月30日抵达莫斯科，到7月12日为止，他多次会见了斯大林。由于主要立场的分歧，谈判中止，宋子文返回重庆，并向国民参政会报告谈判的经过。他坚持强硬的立场，绝不在有些问题上对俄国让步。7月30日，宋子文将外交部长之职转交王世杰。8月5日，宋子文由王世杰陪同去莫斯科，新的一轮谈判开始。这一回的谈判终于在8月14日有了结果，双方签署了《中苏友好同盟条约》及其他相关的协议。由于条约包含有损中国利益的条款，当条约全文送抵重庆时，行政院在重庆反对声浪中仍加以批准。

1945年底，马歇尔抵华，着手在国共之间进行调解，宋子文常与马歇尔、蒋介石磋商。1946年夏，全面内战爆发。当时，国民党统治区域的经济迅速恶化。宋子文身为全国最高经济委员会主席，为支撑摇摇欲坠的经济而被迫采取的紧急措施和限制办法很不得人心，未获成功，于是对宋子文个人的批评四起。1947年3月，宋子文辞去行政院院长之职。9月，蒋介石任命他为广东省主席兼国府主席广州行辕主任。而当蒋介石于1949年元月辞去总统之职后，宋子文在广东的职位也随即失去。

●在"功勋卓著"的辉煌事业背后，这位乱世豪臣还有着一段美妙的婚恋故事。故事的女主角便是昔日上海中西女中的"女皇"、江西庐山建筑业老大的掌上明珠——张乐怡。

1927年，新任南京政府的财政部长宋子文上庐山避暑。一上庐山他便体会到庐山真是一个清凉世界，也正是在庐山的旖旎风光中，他遇到了自己的意中人——张乐怡，并在这里上演了一场"庐山恋"，留下了一场风花雪月的故事，耐人寻味。

张乐怡，1907年出生于避暑胜地、云中山城——庐山牯岭。自幼聪明伶俐，中学就读于上海中西女中，在校期间被评为中西女中的"女皇"（即校花），后毕业于南京金陵大学。毕业后回到庐山，参与张氏家庭企业的管理。

1927年夏，刚刚出任南京政府财政部长的宋子文，上庐山避暑后，准备给母亲倪佳珍在庐山建造一幢别墅。但是，他不知道如何办理申请和选址手续，就请当地官员找一个懂建筑的老板来参谋一下。经庐山管理局官员介绍，有一个

被宋子文称为"小丁丁"的
张乐怡

善于设计，很讲诚信，曾多次为洋人和高官承包建造别墅工程，在庐山有较高信誉的人，就是张谋之。张谋之何许人也？他就是张乐怡的父亲。木工出身的张谋之先是在九江英国亚细亚煤油公司金鸡坡洋油站任工地管事及总把头，发家后又在九江新坝上（今庐山路）开办平民汽车行。不久，

张谋之瞄准外国人大批涌入庐山办洋行、建别墅的势头，将全家迁至牯岭，创办牯岭张兴记营造厂（地址在电厂路），自己和家人则住进了新建在日照峰3号的别墅中。作为商界知名人士，张谋之在九江、庐山交游甚广，无论是在洋人、政界、商界，还是在地方名流中，他都有一定的声望，在地方颇有势力。

随即，宋子文就带着秘书访问了日照峰3号张家，与张谋之面谈了整个设想，张谋之也提供了许多好的建议。宋子文对张谋之十分钦佩，并决定委托他设计和施工。双方就建造别墅事宜洽谈完毕后，宋子文准备离去，张谋之一再挽留，设家宴款待宋子文。此时，张谋之的妻子、女儿都出来参与接待。席间，张乐怡表现得热情大方、彬彬有礼，让宋子文如沐春风。当时，张乐怡不过十八九岁，风姿绰约，亭亭玉立，一头乌黑亮丽的秀发更让她显得美丽动人。她还会一口流利的英语，是张家对外社交活动的得力助手。由于平日参与一些社交活动，张乐怡增长了不少见识。因此，是一位有教养、有内涵的千金小姐。饭后上茶，张乐怡又陪同在侧，让宋子文品尝庐山地道的好茶。初次相逢，张乐怡良好的举止表现，给宋子文留下了深刻的印象。

其实，宋子文一见钟情的张乐怡并非他的初恋情人，他的第一个恋人是清末官僚资本家盛宣怀的掌上明珠、人称盛七小姐的盛谨如。

当年刚从美国留学回来的宋子文，任汉冶萍公司总经理盛恩颐的英文秘书，经常出入盛府（即盛宣怀家），很快赢得了盛家七小姐的芳心。后来，他又担任七小姐的英语教师，双方恋情不断加深。但出人意料的是，盛七小姐的母亲庄夫人从中阻挠，七小姐不敢违母命，于是两人的恋情告吹。此后，宋子文孑然一身。

然而遇到张乐怡后，饱受失恋之苦的宋子文心中再次复燃了爱情之火。从此他便开始寻找与张乐怡接触、交谈的机会，并经常找借口请求张谋之要张乐怡陪同他游览庐山风景。一来二去，两人感情日益加深。1928年秋，宋子文和张乐怡播种的爱情喜获丰收，结下百年之好。从此，宋子文正式成为庐山建筑业老板的乘龙快婿。

婚后，宋子文每年都偕同张乐怡回庐山张谋之家探亲，拜会岳父岳母。夫唱妇随，二人感情甚好，并育有三个乖巧可爱的女儿。

●1949 年，宋子文携妻子逃往香港，随后不久转赴法国，最后定居美国。定居美国后的宋子文深居简出，交际圈大大缩小。

由于宋子文曾竭力劝说美国杜鲁门政府出钱出枪，支持蒋介石集团发动内战，加上其豪门经济与政治，他成为内战的战犯。1949 年 1 月 21 日，与蒋介石同进退的宋子文辞去广东省政府主席等公职，24 日携妻子张乐怡离开中国逃往香港。有书中如此记载二人逃到香港时的情景：

他在启德机场走下飞机，穿上了一套双排扣西装，戴了一顶翘边帽，手里拿着他心爱的手杖。在他的翻领上有两排国民政府和国民党的奖章。张乐怡在他旁边走着，她披着一件貂皮大衣，戴了一副墨镜，以免人家看到她那双哭肿了的眼睛。宋子文的脸从来没有板得这么厉害。

3 月，宋子文又专赴广州，监督验收到货的美国军械，并为反共武装的招募、培训、部署出谋划策。4 月，又受蒋介石委托视察台湾。5 月 16 日，与妻子飞赴法国。从此，宋子文开始了他的流亡生活，随后不久又从法国飞到美国定居。

宋子文夫妇初抵美国时，先在曼哈顿买了一套住宅，据《于凤至旅美五十年》一书中描述："这是一幢高层巨厦的 9 楼。可是却显得异常舒适豪华，富丽堂皇的陈设和那些中国古董字画，会让于凤至油然记起在南京时曾经造访过的鸡鸣寺宋宅。可是，在于凤至的眼里终究今非昔比，宋子文和张乐怡尽管在美国仍旧过着锦衣玉食的生活，排场毕竟不如当年那般显赫了。"

后来，宋子文在长岛买了一套豪华住宅。据《宋家王朝》一书中说："在美国的华人社区内大家都说，宋子文在长岛的家里存有'令人难以置信的'财富，不管此段话的可信度如何，宋子文拥有巨额财产，却是不争的事实。"《不列颠百科全书》也称，据说宋子文"是世界上最富的人"。

为安全起见，宋子文在其宅邸周围安装了复杂的警报系统，戒备相当森严。

蒋介石抵达台湾后，曾立即致电宋子文，请其赴台继续效力。国民党"中央党部"后来几次电请宋子文赴台，宋子文均置若罔闻。1952 年 10 月，国民党在台湾召开"七大"，会议通过了第六届中央委员会"整肃案"，该案规定：在此次会议以后，"中央委员"应举办党员总登记，"详订办法，严加考核，分别去取"。蒋介石和宋美龄也几次致电、致信宋子文、孔祥熙，请他们务必在限定的时间内返回台湾供职。宋、孔二人均不理睬。次年，由蒋介石圈定批准开除国民党党籍名单，孔祥熙位居第一，宋子文位居第二。

不久，宋子文一家由曼哈顿公园大街 1133 号迁到了长岛的一幢豪华别墅。长岛是美国纽约一个著名的风景区，当时宋子文尽量把屋内装饰得和风景区协调起来，以避开人群的喧嚣而走向平静。在他的会客厅里，有这样一张条幅，内容为《佛学警世语人生 20 最》：一、人生最大的敌人是自己；二、人生最大的失败是自大；三、人生最大的罪过是杀生；四、人生最大的愚蠢是欺骗；五、人生最可恶的是淫乱；六、人生最可怜的是嫉妒；七、人生最痛苦的是痴迷；八、人生最羞辱的是献媚；九、人生最危险的境地是贪婪；十、人生最烦恼的是争名利；十一、人生最善良的行为是奉献；十二、人生最大的幸福是放得下；十三、人生最大的债务是受恩；十四、人生最大的欣慰是布施；十五、人生最大的破产是绝望；十六、人生最大的财富是健康；十七、人生最可佩服的是精进；十八、人生最缺欠的是智慧；十九、人生最高的享受是学佛；二十、人生最快乐的是念佛。

有记载称，当时胡适听说宋子文乔迁新居，特来拜访。进门后他一眼望见了墙上的《佛学警世语人生 20 最》，遂惊叹不已道："老兄又对佛学产生了兴趣？"宋子文当即答说："当年你我是'对头'，如今一笑泯恩仇。我虽是基督教徒，也兼收百家之精华啊。"

胡适一听也笑了："人生如梦，当年我们之间所以冲突，就因为没学好这老祖宗留下的好东西。人类最大的悲惨也就在这里。"

"现在学好了，恐怕一切又都迟了。"宋子文叹道。

"不迟不迟。关键在坚持。应该再加一条，即是人生最大的毅力是贵在坚持。"胡适建议道。

这回轮到宋子文笑了："胡夫子怕我坚持不了？绝对能！"宋子文下了保证似的。实际上，他的确只是三分热血。就在那条幅上的墨汁尚未干之时，经他人鼓动，他便又做起了石油股票、农矿产品期货和新技术交易等生意。

据《宋家王朝》中说，他在余生"疯狂地从事石油股票、商品期货和新技术的交易"。当时宋子文非常关注股票和债券的价格，他会仔细抄下股票行情，用笔记下股票原始价、涨跌幅度，这是散户的个人理财心态。而他的股票投资买卖并不走运，损失惨重。据说，为弥补炒股的亏空，宋子文曾将他位于纽约第五大道的豪宅以 28 万美元的价格向银行抵押。

他的大女儿宋琼颐曾回忆道："父亲 1949 年退出政坛到美国后，就和孩子们一起过着新生活。他喜欢和外孙一起做游戏、捉迷藏，有时候闲暇之际就出去骑自行车、钓鱼。"又据宋子文的外孙冯英祥说："我的外祖父宋子文在纽约的生活很简单，他吃的东西、用的车子都非常一般。外祖父的生活很有规律，喜欢早起，吃完早饭后他就直接去办公室。他很喜欢散步，通常午餐以后散步一小时，外祖父不多的娱乐方式是与他的朋友一起打扑克牌。"

1958 年 12 月 11 日，居住美国长达 9 年的宋子文夫妇突然回到香港，引起香港新闻媒体的高度关注，发表了关于宋子文将重返政治舞台的种种报道。为了澄清视听，宋子文在其私邸举行了一个有 20 来位记者参加的西餐招待会。面对记者们的提问，宋称：他来香港就是为了看朋友，度圣诞节，别无其他使命，"我已是望土之人了，和政治生活已隔得太久，不准备再搞了。"至于记者们所提的敏感性问题，宋子文一概不作正面答复。据参加招待会的记者报道说："宋显得苍老而瘦削，发已半白，但精神仍健旺，他这副模样和神态，如果不事先知道他是宋子文，至少得定睛端详，仔细忖量，方能认出。"这时的宋子文与当年的神采飞扬已是判若两人。

1963 年，宋子文应蒋介石、宋美龄夫妇的邀请，对台湾做了唯一一次访问，受到了蒋氏夫妇的热情接待。当时，美国政府受国内外局势的压力，正考虑调整对大陆及台湾的政策。为拉拢与美国的关系，蒋介石希望宋子文能够出力，对华盛顿重施故伎，为他的"反攻复国"争取援助。宋子文此次在台湾仅住了几天即很快返美，以后再没去过台湾，与蒋介石的关系一直十分冷淡。

1969 年 2 月 25 日，其弟宋子安因脑溢血在香港病逝。3 月 5 日夜，宋子文由美国飞抵香港，次日在一基督教堂参加其弟的安息礼拜仪式。这是宋子文生前最后一次踏上国土。

●宋子文的死是非常具有传奇色彩的，他死于一场宴会。据说，在出席宴会前，他的妻子已觉到了死亡的气息，力劝宋子文不要出席，但宋执意要去。在宴会中，宋子文被食物堵住食管而逝。可怜一代英杰，竟死得如此冤屈。

1971 年 4 月 27 日，台湾《中央日报》在第一版报道了宋子文去世的消息，并附有宋子文的遗像，另在第三版刊载了《宋子文事略》，内称："宋故院长一生热爱祖国，于北伐、抗战与戡乱诸役，或主持政府度支……或主持中央与地方政府，皆有重大贡献。……大陆局势逆转后，他出国赴美。在旅美期间，仍时以祖国情况为念。"对宋子文的一生做了较高的评价。

关于宋子文的离奇死亡，曾有文章如此生动记载：

24 日晚上，广东银行的老朋友爱德华·尤在他的住宅设宴欢迎他们。事前，张乐怡不想去，但说不清为什么，只觉得有点怪怪的，似乎闻到一股气味，这气味令她恶心。宋子文见妻子不舒服就劝她不要去了，但张乐怡放心不下，又没有理由阻止宋子文前行，只好强忍着恶心的感觉陪丈夫去。

在车上，宋子文显得兴致勃勃，话比往日多得多，而张乐怡却莫名其妙地想起杜月笙的那次暗杀。虽然，连她自己也难以找出两者有什么相似之处，可她的脑海就是排除不了那团阴影。记得那次她抽过一签，证明自己的直觉是对的。不过，她终于没能阻止丈夫去旧金山。

这一次，眼皮又是不停地跳，张乐怡感觉不妙。她想劝丈夫不去，但又怕他生气，何况他难得有今天这样的兴致。车子越往前开，那股恶心的气味越浓，张乐怡依稀感到这股气味竟是从宋子文身上发出来的，这使她大吃一惊！可是，司机和他本人为什么没有感觉到呢？"不行！停车！"张乐怡突然大声说。

司机以为发生了什么事，"嘎"地来了个紧急刹车。宋子文惊讶地望着满脸通红的妻子，忙问："你怎么啦？"张乐怡也惊呆了：刚才那话真是我说的吗？她几乎有些不信，既然车子停了，她只好找个理由，说："哦，我忘了拿个东西！""你忘了什么东西嘛？"宋子文看看表，急了，他是一个守时的人。

"不行！没有这个东西我不能去！"张乐怡语气很坚决。

"可是，再回去就要迟到啦！"宋子文大声说，"你忘了什么东西就不能在这里买吗？""不行！我用不惯这里的东西！"张乐怡受一种奇怪的力量支持，说话干脆而洪亮。

"你今晚怎么啦？"宋子文真的生气了，"你是想让我在朋友面前丢脸？"张乐怡脸孔发白，泪水涌出了眼眶。

然而，这一回宋子文特别固执，说："你是纯粹与我过不去！你不想去就直说，我早就劝你不去的嘛。好了，现在不去也行，我替你叫车子送回家，好不好？"张乐怡伤心得直哭，但又觉得这泪水白流了，因为她实在找不出理由阻止丈夫去啊！宋子文见张乐怡不吱声，就吩咐司机赶快开车。

张乐怡痛苦地合上眼睛。

爱德华·尤和一班朋友早就在等待宋子文的到来。当宋子文夫妇出现时，尤顿时跑上前，跟宋子文亲切地拥抱，并且问："路上还好吧？""还好。"宋子文笑着说，"不过车子出了点小故障，所以迟到了几分钟。""没关系，没关系。"尤和一班老朋友边说边请宋子文夫妇入席。

很奇怪，张乐怡到了尤家后，那股恶心的气味顿时没有了，眼皮也没有乱跳，一切都正常。尤的夫人特别热情，拉住张乐怡的手说个没完。张乐怡朝宋子文看了一眼，为刚才车上那荒唐的一幕感到可笑。

宴会开始了，大家都十分客气，吃得很优雅。宋子文胃口特别好，他以惯常的方式很快地吃了许多道菜。就在尤再次为他倒酒的时候，宋子文突然停了下来，显得很慌张。

"你怎么啦！"尤大声问，"是不是噎住了？"宋子文说不出话，他站起来，脸孔发白，肌肉在剧烈地抽搐，口张得老大。张乐怡一看不妙，脑子"轰"地像炸开了。她抱住宋子文直哭，那股恶心的气味再次出现。张乐怡眼前一黑，倒在地上。

宋子文也跟着倒在地上。

当张乐怡苏醒过来时，发现自己躺在医院。她问宋子文怎么样了，医生护士们避而不谈，但张乐怡从他们躲躲闪闪的目光中知道不妙。她发疯般冲出病房，要去看宋子文。"让我去看他！"她大声叫着。

这时，医生抓住她冰凉颤抖的手，说："很遗憾，夫人。宋子文先生已经去世。遗体解剖表明，一小块食物堵在他的气管里。"张乐怡再次昏迷过去，她不知道医生后面说些什么，她不敢相信这是事实。

就这样，宋子文因食物进入气管导致心力衰竭而猝然去世，享年77岁。

事后，尼克松总统给蒋介石夫妇发去了一份唁电："他报效祖国的光辉一生，特别是他在第二次世界大战期间为我们共同的伟大事业所做的贡献，将永为美国朋友们铭记不忘。和你们一样，我们感到他的逝世是一个损失。"除此之外，既无高规格的表示，没有像先前对待孔祥熙那样，为其在台湾举行一个追悼大会，也没有派政界要人或至亲赴美国参加宋子文的葬礼，只是由蒋介石"颁挽"一块题有"勋猷永念"四字的匾额。而当年孔祥熙去世后，蒋介石除了颁发"总统褒奖令"予以表扬、赠匾、发表祭文外，还用"蒋中正"的名字，亲自为孔祥熙撰写了"事略"。两者相较，待遇甚是悬殊。据台湾官方发言人的解释，其妹宋美龄原打算赴美参加葬礼，在"获悉"中共方面可能派宋庆龄赴美时，"立即决定取消此行"。

接着，宋子文家属又收到孔家的电话，宋蔼龄临时决定不参加弟弟的葬礼了。得知这意外的消息后，尼克松立即通知有关部门电告蒋介石，说明宋子文的葬礼纯属宋氏家族的私事，和中共无关，但宋美龄仍留居夏威夷观望。4月28日，宋子文的灵柩从旧金山运抵纽约。葬礼的前一天，中共方面电告说，由于包租不到专机，宋庆龄无法赴美参加弟弟的葬礼。尼克松深感遗憾，并把这一消息通知了蒋孔两家。结果，宋美龄飞回了台湾，在美国的宋蔼龄则犹豫不决。5月1日，在纽约市中心的一个教堂里举行了宋子文的追思礼拜。参加者有宋子文的遗孀张乐怡和三个女儿、宋子文的弟弟宋子良，以及顾维钧、台湾驻美"大使"刘锴等数百人。宋氏三姐妹均未出席，不能不说这是为政治而牺牲亲情的悲剧。

宋子文去世后，其夫人张乐怡孤守独处，又在美国生活了17年，于1988年在纽约病逝，享年79岁。张乐怡生前曾多次表示，心系大陆，心系庐山，作为炎黄子孙，希望有生之年能回祖国看看。

第一章　宋子文的子女们

●宋子文与其妻张乐怡共生有3女，按年龄长幼依序为大女儿宋琼颐、二女儿宋曼颐、三女儿宋瑞颐。因宋曼颐、宋瑞颐成年后分别远嫁新加坡和菲律宾，其详细情况世人所知甚少。

宋琼颐出生于1928年上海市贾尔业爱路（今东平路）11号宋宅。东平路是法租界里的一条漂亮小路，名人宅邸聚集，布满了典雅的欧式老房子。宋子文当年在上海有多处住宅，其中两幢法国式建筑为宋子文的最爱，一处就是东平路11号即宋琼颐出生的地方，另一处在岳阳路145号即宋琼颐童年生活的地方。这两栋建筑均建造于1928年，都是孟莎式的坡屋顶，在陡峭的坡度上开设装有檐口的窗户，即"老虎窗"。法国式的建筑注重装饰，具有对称庄重的特点。

宋宅的特点是有大露天阳台，宅前有大花园，花园里有各色植物。黎明、王菲主演的电影《大城小事》，就是在东平路11号取景拍摄。这所具有浓郁贵族

宋子文三位女儿，左起分别为长女宋琼颐、次女宋曼颐、幼女宋瑞颐

160

化气质的豪宅，经过精心装饰后已改造成一家时尚餐厅——Sasha's Restaurant & Bar。而宋琼颐8岁前一直生活的岳阳路145号宋宅，现已是上海市老干部局办公地。

当年宋琼颐出生地（东平路11号）现已为时尚餐厅

宋琼颐的英文名叫Laurette，从中就可以看出宋子文对这个长女的疼爱之情，因为宋子文爱妻张乐怡的英文名是Laure，而Laurette就是little Laure的意思。

宋家的孩子们小时候都是在家里学习，请老师在家里教，早上学英文，下午学中文。因为当时发生小孩被绑架事件，宋子文夫妇觉得太危险，就让她们在家里读书、写字。有时孩子们就在家里的园子里玩，出去时总有卫队陪着，所以做父母的也放心。据宋琼颐回忆，她小时候最远到苏州，南京也去过，"母亲、妹妹一起，有秘书跟着，父亲坐飞机，我们也坐飞机"。

2008年3月24日，宋琼颐在故居前留影

"宋家是非常西化的家族，父亲跟女儿很亲密。我相信，在这个家族，这是很自然的情感表达。在西化的家庭，他们大概一天跟孩子讲几百遍'I love you'。而中国的家庭比较含蓄"，宋子文小弟宋子安的儿媳宋曹琍璇曾告诉《新民周刊》记者。有照片为证，童年时的宋琼颐，扎两个羊角辫、穿碎花连衣裙，亲昵地依偎在

161

父亲宋子文怀中，幸福浅笑。

多年后，宋琼颐重返大陆面对媒体时回忆道："小时候，我背过《长恨歌》，但现在都忘记了。我不记得中文老师的样子了，只记得她是一个中年女老师；我也不记得家里有多少佣人了，只记得有卫队、有烧饭的人。"

9 岁那年即 1937 年，宋琼颐离开上海，先到香港，之后去美国上学。因为那时抗日战争即将打响，宋子文夫妇安排孩子们去美国，一来可以躲避战乱，二来还可以接受美国良好的教育。起初宋琼颐住在美国加州，一年后去了华盛顿，后来进了华盛顿的教会学校，和亲戚住在一起。在美国时，宋琼颐的业余爱好是跟许多小朋友一起逛街、购物、看电影，她跟家庭的联系大部分通过写信，她告诉父母自己在美国的生活与学习情况。宋琼颐曾透露："在抗战期间，我们不常看到父亲和母亲，因为我在美国念书，他会面美国总统罗斯福和英国首相丘吉尔，也从未告诉我们，或许我们太年轻，或是他太累了。"

童年时代的宋琼颐与父亲宋子文

1944 年 12 月 18 日，宋子文成为美国《时代》周刊封面人物

1944 年 12 月 18 日，宋子文成为美国《时代》周刊的封面人物，他照片下的文字评论为："中国的宋子文：通往胜利的道路是艰难的。"而 Laurette 这个名字也一起出现在了美国《时代》周刊上，

报道称："1945 年 8 月 27 日，中国行政院院长宋子文（T. V. Song）从莫斯科飞到了美国，在见过宝贝女儿 Laurette 后，他接着就去华盛顿为中国的国事而忙碌起来。这一次，宋子文带着他和斯大林口头约定的秘密协议而来，他竭力说服杜鲁门总统。二战后千疮百孔的中国有必要和苏联结盟，而对美国而言，中国显然也是它在亚洲的天然盟友。"

在 1948 年、1949 年前后，宋琼颐曾回过一次中国大陆，她仍记得，在南京的路上 driving jeep（开吉普车）是一件很有趣的事，"那时南京的路上车不多，而且路很宽"。那时她不到开车的年龄，也没有驾照，她显然胆子不小。

●宋琼颐的丈夫冯彦达是上海永安公司创办人郭彪的外孙，永安公司是中国近代最大的百货公司，郭彪曾任永安公司经理。

1924 年，24 岁的宋琼颐与冯彦达结为连理。关于这桩婚事，宋子文没有反对，只是当时觉得两个人的年龄还是太小了，应该再等几年结婚。据宋琼颐回忆："我结婚后，我的妹妹很快也结婚了，他就没怎么反对。我生了两个小孩后，他很开心。"

冯彦达是上海永安公司创办人郭彪的外孙。上海永安公司大部分都是澳洲华侨股本，是中国近代最大的百货公司，商业老字号之一，由澳洲华侨郭乐等人创办，初设于澳大利亚悉尼，称永安果栏。1907 年在香港设永安公司，1918 年上海永安公司开业，确立以经营环球百货为主的经营方针，并附设旅馆、酒楼、茶室、游乐场及银业部。后陆续在英、美、日等国设办庄采办百货，组织土特产出口。

冯彦达的外祖父郭彪曾任永安公司经理，在任期间时常拜访孙中山。父亲冯执正，字丁正，广东广川市人，菲律宾商业学校毕业，哥伦比亚大学肄业。冯执正是宋子文青年时代的朋友，曾任驻德国汉堡领事、驻荷兰阿姆斯特丹领事；抗战时期先后出任中国驻印度加尔各答总领事、驻美国旧金山总领事，1945 年 8 月底起任驻墨西哥大使。当年蒋纬国与邱爱伦结

163

婚，证婚人便是冯执正。

冯彦达同宋琼颐一样毕业于美国史丹福大学，婚后二人育有两个儿子。2004 年，冯彦达病逝于美国。

1971 年 4 月宋子文在旧金山去世后，当时杜鲁门图书馆和史丹福大学胡佛研究所均联系到宋子文档案的保管人宋琼颐，表示希望获赠宋子文档案。宋琼颐与其两个儿子商议后，一致认为宋子文档案应当捐献给公共学术机构，向公众开放；经比较，他们认为杜鲁门图书馆位于密苏里州的独立城，华人较少；而史丹福大学位于华人华裔较集中的加州，又靠近湾区特别是毗邻旧金山市，交通便捷，宋子文档案由胡佛研究所保存开放，更便利华人读者。所以最后决定，向胡佛研究所捐赠宋子文档案共 58 盒。

宋琼颐在家里是位全职太太，主要任务是照顾两个儿子，她的拿手菜是红烧肉和蹄膀。作为华美协进社人文学会的创办人之一与志愿者，宋琼颐还常去那儿帮忙。华美协进社主要教授中文、烹饪等，像一个相对小型的中文学校，中国人、美国人都参与。

宋琼颐还身任美国帕金森症医学研究基金会理事，她自己也是该基金会的志愿者，"我帮朋友打打字，还志愿照顾帕金森病人，因为他们晓得我母亲后来得了帕金森症，他们打电话给我，我就说 OK、能帮就帮，后来我就参加了这个协会。"她曾这样解释自己参加这个协会的初衷。

宋琼颐从小受母亲的影响比较多些。在她的影响下，1993 年 1 月，时任纽约"华美协进社"主席的宋琼颐主办了"末代皇帝生平文物展"活动，曾向北京博物馆商借一批溥仪使用过的文物展出，借此宣传祖国——中华人民共和国的空前发展，受到纽约广大华人的热烈欢迎。

晚年的宋琼颐一直希望能通过努力，使大陆更全面地了解其父宋子文。由吴景平、郭岱君编著，复旦大学出版社 2008 年 3 月出版的，关于记录宋子文家庭、留学和从政经历、国务活动、社交游历、晚年生活的《宋子文与他的时代》一书的前言部分中，宋琼颐这样写道："和其他移住国外的人一样，先父晚年也开始过着新的生活。他每天在纽约中央公园散步，午后小憩，与朋友共品美味小吃，观看美式足球，打牌，和外孙们一起捉迷藏。先父既对医学津津乐道，也会为证交所的新上市公司兴奋不已。如同他的父亲宋嘉树先生，先父总是心系中国与圣经。"

2008 年 3 月，宋琼颐再次回到上海。为了能得到充分休息，宋琼颐先从美国飞到泰国调时差，歇了两天，才回到上海。3 月底，她如愿在农历清明节前夕，携家眷一同祭扫了祖父母宋耀如、倪桂珍之墓，走访了宋家老宅，还在复旦大学首度公开了其父宋子文生前的大量信件、家族照片以及宋与蒋介石来往电报等历史档案。

1985 年，美国作家斯特林·西格雷夫出版了《Soong Dynasty》（《宋家王朝》）一书，风行一时。《宋家王朝》中文译本首页中这样写道，"宋家王朝聚集了这个时代最大财富的一部分，《不列颠百科全书》称，'据说他是地球上最富有的人'"。宋子文到底是不是"地球上最富有的人"，他"贪污"过吗？面对这样的问题，宋琼颐曾如此回答："这就是为何我要将父亲的档案全部捐出来的原因，让人们自己去看，就会得到应该有的答案。我无需为父亲辩解什么。"80 岁的冯宋琼颐说此话时，头扬着，神情淡然。宋琼颐不喜欢别人叫她老太太，"我的英文名字是 Laurette。"

20 世纪 50 年代初，宋子文夫妇与女儿、大女婿合照。前排左起：宋子文、张乐怡；后排左起：小女儿瑞颐、大女婿冯彦达、大女儿琼颐、二女儿曼颐

宋琼颐虽然已 80 多岁高龄，2008 年重返大陆的行程中还特意安排到南京的中央饭店吃了一顿饭。中央饭店即 Central Hotel 建于 1929 年，

165

位于今长江路（原国府路）总统府的正南方，是 20 世纪三四十年代南京少有的高档服务休闲场所，也是国民党政治活动的重要载体。历经半个多世纪风雨洗礼的南京中央饭店，仍保留着当年的独特风貌，已成为港台同胞和海外侨胞怀旧寻根的重要场所。在这里就餐后，宋琼颐感觉很好，算是了却了她的一桩心愿。

宋子文的次女宋曼颐，英文名 Mary Jane Soong，丈夫是新加坡华裔余经鹏，二人育有一子二女。三女儿宋瑞颐，英文名 Katherine Soong，丈夫是菲律宾华侨商人杨成竹，二人婚后育有二子二女。由于这两个女儿婚后分别久居新加坡和菲律宾，所以外界对她们的情况知之甚少。

第二章

宋子文的外孙辈——冯英翰、冯英祥

●宋子文三个女儿成家后，都育有子女。宋琼颐生有二子（即冯英翰、冯英祥），宋曼颐生一子二女，宋瑞颐则生有二子二女。三个女儿共生育了9个外孙（女）。

宋子文的9个外孙中，只有大女儿的两个孩子冯英翰、冯英祥兄弟出生在美国，住在纽约，其他的表兄弟分别住在香港和菲律宾。因此对于宋子文的外孙辈，外界了解相对比较多的只有宋琼颐的两个儿子冯英翰、冯英祥。

宋琼颐与冯彦达的长子冯英翰，英文名 Clifford Feng，出生在美国。他曾看过外祖父宋子文与罗斯福、丘吉尔等一些政要的合影，猜想"外祖父也许是位重要人物"，但他并未向外祖父提出这个疑惑，"在我15岁时，我看历史书，才知道外祖父是一位重要人物。但对我而言，他只是我的外祖父，"在接受《新民周刊》记者采访时，冯英翰这样说。

"据说他是地球上最富有的人"（他即指宋子文），在面对其外祖父是否"贪污"这一倍受争议的问题时冯英翰曾反驳道，"如果我们有这样的财富，我们现在就不会这样努力工作了。"他清楚地记得，在1971年外祖父宋子文去世时，纽约州政府曾组织过一个对宋子文经济状况的调查，"因为纽约州政府要收取房产税、遗产税，他们应该很希望发现外祖父有很多财富，但让他们很失望，跟外界传言与《宋家王朝》里所说的相比，外祖父的财富要少得多，纽约州政府的这个调查结果也已公开。"

在冯英翰看来，外祖父宋子文到美国以后是重新开始，"他之前在中国的财产都充公了，他在纽约住的是 apartment（公寓），比在上海的房子要小很多，所以到美国后，外祖父对股市很有兴趣。"

冯英翰强调，在美国早些年，股价有可能一天上升60倍，当时媒体尚未设专门的财经栏目，"外祖父常仔细研究报纸刊登的股市材料，他喜欢看美国的电视新闻，尤其是 NBC 新闻，我记得，NBC 新闻从7点播到7点半，等外祖父看完新闻后，我们全家才一起吃晚饭"，这温馨一幕，冯英翰记忆犹新。

冯英翰也曾是一位记者，目前的身份是《华盛顿邮报》媒体集团经理。

在孙辈中，宋琼颐与冯彦达的次子冯英祥从小跟外祖父宋子文生活，直至14岁，自然倍受外祖父宋子文的疼爱。每逢放暑假，冯英祥有很多时间可以陪伴外祖父，因此多年后冯英祥依然能够清楚地记得外祖父宋子文的生活点滴。

像普天下所有的外祖父疼爱外孙那样，宋子文也非常疼爱冯英祥。给冯英祥留下深刻印象的是，10岁那年，有次他放学回家，感觉到有几个外国男孩一路尾随并盯着他的钱包，被吓坏了的冯英祥奔到公共电话亭打电话，刚好是外祖父宋子文接听。"外祖父叫我不要动。5分钟之内，他就带着秘书开车匆匆赶来，他居然还带了一把枪，而且已经上了膛，准备来救我！为了保护我，他愿意做任何事情。"多年后冯英祥向媒体讲述这段经历时，西装革履的他做了个手枪瞄准的手势，笑声爽朗，神态如同调皮小男孩。

后来冯英祥回到父母身边，宋子文时常牵挂。有时夫妇二人离开纽约外出度假时，宋子文总是会写信给冯英祥。据吴景平与郭岱君于2008年第9期《百年潮》上发表的《宋子文的晚年生活》一文，1960年1月4日宋子文在旧金山给冯英祥的英文信件中写道："亲爱的麦克：我现在旧金山，天天都在牵挂着你，不过我很快就会带着许多夏威夷的礼物回来。你喜欢寄给你的照片吗？上面有公公、阿婆、丽莎和其他人那张。吻你。"宋子文的落款为"Go Go"，即"公公"，这是因为孩提时的冯英祥在叫宋子文时，总是把"公公"念成"Go Go"，以后宋子文在与冯英祥的通信中，常常落款"Go Go"。

在 1962 年 3 月 13 日发出给冯英祥的明信片中，宋子文写道："麦克—Go Go：你为什么不给我写信呢？我可是每天都给你写信的。爱你的 Go Go。"就在此信发出 3 天后的 3 月 16 日，宋子文又寄给麦克一张明信片，信中告诉麦克，明信片上的动物叫做驯鹿，落款是"Go Go 与阿婆"。上面两张明信片显示，冯英祥当时就住在纽约 28 区第五街 1133 号的宋子文寓邸。

20 世纪 60 年代，宋子文与外孙冯英祥在纽约寓所

1964 年 8 月 6 日，宋子文在写给冯英祥的一份较长的英文信函中说："最亲爱的麦克：我非常遗憾，我睡着了没有接到你从机场打来的电话。我从你妈妈发来的电报中得知，你们大家都很好，品尝着芒果。但你不要吃得太多，不然要得病的。我们非常想念你们大家。希望你早点回来，回来时发份电报到第五大街 1133 号。"这封信的落款是"Go Go 宋子文"。

169

受外公的影响，冯英祥就读美国宾夕法尼亚大学时选择了政治学专业，并且在大三时完成了一篇有关宋子文和史迪威关系的论文。导师在给该文打了 A－的高分后，吃惊地问他为什么找到如此详细的史料，冯不无骄傲地回答说，那些档案都放在自己家里呢！

从小生活在宋子文身边，并得到宠爱的冯英祥与其他的孙辈们相比，要更了解他这位外祖父。"我的外祖父宋子文和蒋介石的关系非常复杂：一方面，我的外祖父是一个非常独立的人；另一方面，他的妹妹宋美龄嫁给蒋介石。这是很不寻常的情况，外祖父在中国国事方面的见解总和蒋介石相左"，冯英祥曾如此解读。

1975 年，冯英祥就读宾州大学时，外祖父宋子文业已辞世，冯英祥开始对外祖父的历史感兴趣。目前，冯英祥在瑞士信贷银行从事管理，任瑞士信贷集团美国私人银行部执行长。与父亲冯彦达一样，他选择的事业是与银行相关的理财投资规划，他从未看重自己来自一个像宋家这样的家庭。"我继承的是父亲的事业，其实跟母亲所在的宋家并没有什么关联。美国的企业界，很少有人注意到我来自宋家，更重要的是要靠个人后天的努力。"

左起：宋子文外孙冯英祥、冯英祥之子冯永健、宋子文侄子宋仲琥

2004 年，冯英祥向美国斯坦福大学胡佛研究中心捐赠了 2000 多件关于宋子文生平的秘密文件，不过，大部分文件目前尚未公开。

2006 年 6 月，冯英祥带着两个儿子以及宋子文的弟弟宋子安的儿媳曹琍璇（Shirley Soong）从纽约飞抵上海。6 月 18 日，冯英祥带着儿子回到上海宋家故居，"我不能想象宋家居然曾有那么大的花园，我不能想象我的外祖父以前住那么大的房子，他后来在纽约住的房子大概是上海房子的五分之一都不到。"冯英祥感叹。

"我常常鼓励我的两个儿子，让他们了解祖先过去所做过的事情，我希望培养他们的荣誉心，也希望对宋家历史多了解。"作为父亲的冯英祥在美国的生活跟一般家庭并无二致，"我也遇到与一般家庭同样的问题和压力。譬如，我希望我的子女都受到很好的教育。"不仅如此，冯英祥还在积极维持孔、宋家族之间的关系，一年至少要聚会一两次，他清楚地知道如果第二代和第三代的感情不去经营，终将被时间冲淡。

冯英祥（中）与他的两个儿子在祖居前留影

2006年6月19日，身材高大的冯英祥用英语为"宋子文与战时中国"学术研讨会致开场白。"我感到非常荣幸今天能够来到这座城市——上海，这座城市曾是我的家族生活的地方。尽管我的外祖父宋子文先生是海南人，但在上海，在这座他出生的大都市，他成为中国20世纪很有能力的金融家和政治家之一。我很感动，今天能有这么多全世界知名学者，在上海济济一堂，讨论宋子文先生。"

2009年4月，冯英祥再次回到大陆。4月5日下午，冯英祥携两个儿子冯永康、冯永健抵达文昌，回到祖居地寻根问祖，并出席了"宋耀如及其时代"国际学术研讨会。冯英祥赠送给此次研讨会6封宋耀如英文函原文影印件，其中有 4 封来自美国杜克大学的馆藏，另两封来自美国斯坦福大学胡佛研究所。其中两封是宋耀如 1915 年写给在哈佛大学求学的长子宋子文的，已刊登在 2008 年出版的《宋子文与他的时代》一书中。

　　冯英祥的长子冯永康（Andrew Feng），1986 年出生于美国，在孔祥熙的母校欧柏林大学就读。次子冯永健（Elliot S. Feng），1989 年出生于美国，在宾州大学就读。次子冯永健在高中毕业时，还曾写过一篇关于宋子文中美外交史的论文。

第三编

孔氏家族的后代

序幕　孔祥熙与宋蔼龄

●孔祥熙祖籍山东曲阜，其先祖孔宏用于明代万历年间在山西太谷做官。孔祥熙的祖父孔庆鲜，因接掌堂叔孔宪仁所经营的票号，才渐臻富有。孔祥熙的父亲孔繁慈是个贡生，曾在票号担任过文案。

孔祥熙，字庸之，1880 年生于山西省太谷县程家庄。孔祥熙 5 岁时由母亲庞氏启蒙教读，7 岁时母亲去世，其父孔繁慈到太谷城西张村设私塾授课，他随父读书，从而打下国学基础。

1890 年春，教会所办太谷福音小学招生，孔祥熙要求入该校读书，获得父亲的同意。但是族人多反对，认为违背了孔氏子弟读"圣贤书"的传统，经过多次争辩，最后承诺只在校读书不信奉洋教，才被允入学。1894年底，孔小学毕业，成绩优良，但对八股试帖之类的制艺却未学习。

为将来打算，孔繁慈支持儿子继续念新式学堂，走求新知的道路。次年，经教师魏禄义推荐，到直隶通州（今北京市通州区）美国公理会所设的潞河书院读书。孔在校学习勤奋，由于国学根底较好，在随同教士到校外讲道时，能把儒家思想和基督教义结合起来以增强宣讲效果，因而受到书院的重视。潞河的女传教士麦美德对孔尤为关注，引导他受洗礼成为基督教徒。孔受教会宣传的"自由、平等"观念的影响，对清政府的专制腐败不满。在听到孙中山的革命活动和兴中会的革命宗旨后，深受启发和鼓舞。孔祥熙和同学李进方于 1899 年在校秘密组织文友会，联络同学探讨新思想。

1900 年义和团反帝运动爆发，各地教会首当其冲，潞河书院也被迫停课，孔祥熙暂时回到家乡。当时山西巡抚毓贤，正唆使清兵和拳民在各地焚烧教堂杀戮教徒，孔祥熙和妹妹孔祥贞也躲进福音教堂避难。由于形势日恶，孔家兄妹依靠族人和乡亲的掩护才先后逃离险境。而被困在太谷教堂内的美国传教士和中国教民共 14 人，在半月后均被杀害。义和团被镇压后，孔祥熙找太谷知县料理了被害教徒的后事，并与同学张振福赴京向华北公理会汇报了太谷教案的情形，然后作为华北教会派赴山西教案善后谈判代表叶守贞和文阿德的助手，赴晋谈判。在办理太谷教案事毕之后，华北公理会对孔"忠心事主"的品质和处事干练的才能十分赏识，决定推荐他到美国欧伯林大学学习。不久，经潞河书院教务会议通过，由该校资送赴美。

1901 年秋，孔祥熙在麦美德教士护送下赴美，入俄亥俄州欧伯林大学，起初主修理化，后来改修社会科学。1905 年考入耶鲁大学研究院，研习矿物学。1907 年耶鲁毕业时，获得经济学硕士学位（孔氏在耶鲁大学究竟获得何种硕士学位，说法不一，有说是"矿学硕士学位"的，有说是"理化硕士学位"的，有说是"经济学硕士学位"的。而孔氏本人则在档案材料中称自己获得的是"耶鲁大学政治经济硕士）"，孔自称对未来的抱负是："提倡教育，振兴实业。"

孔祥熙留学归国后，致力创办铭贤学堂，在提倡新式教育培养人才方面取得一定的成绩，但他并未忘记对"振兴实业"发财致富的追求。自称是孔子的第七十五代裔孙的孔祥熙，青年时期经营有术，在家乡山西太谷拥有一定资财。1912 年，孔从生活中观察到煤油已成为居民夜间燃灯照明的必需品，经营煤油定有大利可图，于是伙同五叔孔繁杏设立祥记公司，向英商亚细亚火油公司交付一笔为数可观的保证金，从而取得了在山西全省经销亚细亚壳牌火油的总代理权。这一独家经营，每年给孔家带来可观的利润，使孔祥熙成为买办商人。

辛亥革命后，孔祥熙曾任山西都督阎锡山的顾问。二次革命失败后，国内政治形势恶化，孔祥熙由于刚刚丧偶心情不佳，于是答应耶鲁校友、当时担任中华基督教青年全国协会总干事王正廷的邀约，东渡日本担任东京中华留日基督教青年会总干事。孔祥熙在东京除了负责青年会的活动外，还为中华革命党人筹募经费，并帮助孙中山处理文书函电。

●宋蔼龄是宋家长女，有"宋家教母"之称。先在国内上大学，14岁时入美国威斯理安女子学院，学习成绩出众，具有音乐和表演方面的才能。据说，在姨父带领下曾见过美国总统罗斯福。

1890年2月10日，是林肯诞辰纪念日，这一天也是宋耀如的长女宋蔼龄的出生日。蔼龄出生时，哭声震天，中气十足，宋耀如欣喜若狂，断言她将来必然大有成就，还为爱女取了个洋名——南希。

宋蔼龄5岁以前，父亲就多次带她参加教堂的礼拜仪式，让她初步了解教会与教堂，而后了解和喜欢教会的学校。宋蔼龄5岁的时候坚决要求上学，其母认为她太小，恐怕不能独立生活，但其父却领着蔼龄去马克谛耶女子学校报名。该校是专门为外国小姐和上海的上流社会子女开设的学校。通过交谈，马克谛耶女子学校的校长海伦发现蔼龄非常早熟，于是破例让她入学试读，以"特殊学生"的身份对待。这是马克谛耶女子学校历史上所未有过的。

1903年，年仅14岁的宋蔼龄在父亲的安排下，赴美国乔治亚州梅肯市的威斯里安女子学院留学。赴美旅途甚是波折，曾因被怀疑护照作假而被扣留达19天。这段受尽折磨的遭遇，给宋蔼龄留下了深刻的印象，并一直耿耿于怀，没齿不忘。

1905年冬天，宋蔼龄的姨父温秉忠受清政府学部派遣赴美考察教育，他带宋蔼龄一起出席了白宫的宴会，还介绍她与美国总统西奥多·罗斯福认识。席间，罗斯福总统与这位中国少女亲切地交谈起来。当总统问她对美国印象如何时，蔼龄叙述了自己去年来美时的遭遇，并对美国的那种做法表示失望，据说，西奥多·罗斯福总统听罢当场向她表示歉意。

宋蔼龄在音乐和表演方面颇有才能，她主演的《学院生活的变迁》，取材卫理公会所属的学院。这个剧本是学院里的 3 名高年级学生根据贝蒂·韦尔斯的著作改编的，改编人之一就有宋蔼龄。

5 年的时间眨眼间就过去了，1909 年宋蔼龄以优异的成绩毕业了。毕业典礼上，宋蔼龄朗诵了一段根据普契尼的歌剧《蝴蝶夫人》原歌词改写的台词，然后出演了被涉世不深的美国海军中尉平克尔顿遗弃的忠贞的日本妇女巧巧桑，她还专门让父亲寄来了绸缎制作和服。

1910 年夏天，在美国威斯理安女子学院整整 5 年的宋蔼龄学成回国，宋耀如让她担任同盟会司库的秘书，公开身份是教会学校的主日教师。宋蔼龄精明强干，出色地完成各项工作，宋耀如十分满意。

1911 年 12 月 25 日，孙中山结束了海外流亡生活，回到上海，随后便住进了虹口宋耀如的家中。他此次回国，即是准备赶赴南京就任中华民国临时大总统。因为时间异常紧迫，工作繁忙，他向宋耀如提出，帮他尽快物色一位精明能干且又懂英文的秘书，以便协助他处理一些日常事务，包括陪同他去和一些外交使团接触等。宋耀如向孙中山推荐了宋蔼龄，孙中山当即就同意了。

就这样，宋蔼龄又成了孙中山的秘书，也就是说，成了中华民国临时大总统的秘书。宋蔼龄的出色工作赢得了孙中山的表扬和赞许，孙中山对宋耀如说："你推荐的秘书我非常满意。可以说是美国式的高效率！"

1912 年 1 月 1 日，宋蔼龄陪同孙中山来到南京。孙中山于南京就任临时大总统后，忙得不可开交，作为总统秘书，宋蔼龄的工作量随之繁重起来。她每天要处理大量的公文，但仍然能安排得井井有条，成为孙中山的得力助手。

就在革命党人积极准备创立共和之时，以袁世凯为首的封建努力开始反对和破坏，要求孙中山退位。由于对袁世凯存有幻想，加上他本身在北洋军界的势力，1912 年 2 月 12 日清宣统帝溥仪签署退位诏书的第二天，孙中山即向参议院正式提出辞职咨文，并推荐袁世凯继任总统。卸下总统重任后，孙中山出任全国铁路督办，当时宋蔼龄受到种种不易说清的情绪困扰，打算辞去秘书的职务，但后来在父亲宋耀如的鼓励下，再次坚定了决心，一直追随孙中山至日本。

●人称"山西首富"的孔祥熙，娶了个善敛财的夫人宋蔼龄。自此，与孙中山、蒋介石成为连襟，政治资本骤然提升。凭借着姻亲关系，孔氏家族飞黄腾达，孔祥熙成为蒋介石的"聚敛之臣"。

1906 年的暑假，在耶鲁大学学习的孔祥熙和在乔治亚州梅肯的卫斯里安女子学院学习的宋蔼龄同到华盛顿参加那里的华侨为中国同学安排的一个聚会。就是在这个聚会上，孔祥熙和宋蔼龄有了初次见面。

当年孔祥熙丧偶后东渡日本，除了担任东京中华留日基督教青年会总干事，还协助孙中山整理党务，于是经常出入孙中山寓所。而宋蔼龄当时是孙中山的秘书，这样一来，孔宋二人能够接触的机会自然多了起来。两人的再次相会，便是后来在日本孙中山寓所的家宴上。

据说，那夜的晚餐桌上坐有宋父及宋母、宋庆龄、宋子安和宋子良。孔祥熙和宋蔼龄坐在宋耀如的左右两边，两人都毫不拘束，在金钱利益方面皆能达成共识。孔祥熙正是宋蔼龄希望得到的人，他矮胖结实，带着年轻人的稚气，举止谦恭，极不引人注目。在一群亡命日本脱离现实的政治流亡者中，孔祥熙是一个讲求实际的人，别人沉浸在令人陶醉的乌托邦之中，他却认识到货币的重要。对宋蔼龄来说，理想主义是糕饼上的糖霜，糕饼只有靠动力才能烘烤，而动力只有靠钱才能买到。她长期看到钱的作用，因而对这个道理了解很深，是钱才使宋耀如从一个巡回传教士变为上海商界一支有生气的力量。宋称赞孔为人谦和，"赚钱赚得很得法"，"似乎天生有一种理财的本领"；而孔对宋则"实在佩服"。

在此之前，孔祥熙有过一次婚姻。当年抱着"教育救国"思想的孔祥熙回乡创办了铭贤学校，事业有成之际也成了孔祥熙谈婚论嫁之时。留洋归来的孔祥熙需要找一位志趣相投的新时代女性，韩玉梅成为首选。据相关书籍记载，韩玉梅是山西省阳曲县人，聪颖而秀气，大方又文静，具有典型的大家闺秀之风。韩玉梅自幼是个孤儿，少年时代起就在太原教会女校上学，随后进入潞河书院。1909 年，即孔祥熙留美回乡后的第三年，二人结为连理。由于孔、韩二人同受过教会学校的熏陶，有着共同语言，志趣相投，感情甚笃，婚后生活幸福。然而，好景不长，1913 年 8 月，袁世凯在北京独揽大权的时候，孔祥熙的年轻妻子死于肺病，他沮丧万分，加入了东渡扶桑的"自由主义者"的潮流，从而结识了宋家。

孔宋结婚的那天上午，横滨下着大雨，粉红色的樱花被雨水冲到街道上，流进阴沟里，在东京湾的海面上汇成一座座花的岛屿，空气散发着潮湿的泥土气息。在结婚仪式举行之前，天空突然放晴，呈现出一派风和日丽的春光景象。就像樱花一样，宋蔼龄穿一身粉红色的衣服，淡色的缎子上衣配一条绣着梅花的裙子，乌亮的头发上插着一枝红梅。

婚礼是在山坡上的一座小教堂里举行的，宋耀如一家人、孔祥熙的堂兄弟和少数朋友出席。礼毕，宋蔼龄换上一件绣着金色小鸟的苹果绿缎子衣服，与新郎乘坐一辆马车前往镰仓胜地。看着一簇簇粉红色的樱花和雨后乍晴的天空撒下的阳光，孔祥熙情不自禁地说道："这是大吉大利的兆头。"

孔宋 1914 年在日本结婚时，都是逃脱袁世凯之手的政治难民。结婚后，他们回到中国，宋蔼龄到西摩路 139 号同她的父母住在一起，直到孔祥熙为她安全去山西做好准备。他们乘火车去孔祥熙的家乡太谷，宋蔼龄不得不在铁路的终点榆次下车，改乘轿子，孔祥熙骑着一匹蒙古马与她同行。

宋蔼龄可能因为路途上的种种不便而恼火，但是到了新家后，却没有失望之感。这个家虽然难看，但是很大，房屋像一座宫殿，坐落在豪华的庭院中间，家里雇佣了 500 多人。

孔宋的联姻，为孔祥熙日后的飞黄腾达铺平了道路，也成为孔祥熙由商而官的转折点。回到太谷的孔祥熙继续主持铭贤学校和经营商业。他利用欧战期间国外需要军工原料，把阳泉所产铁砂运往天津出口获利；又创办裕华银行作为融通资金的枢纽。后来他把"祥记"和"裕华"总号从太谷迁到天津，以利发展。宋蔼龄除主管家政、相夫聚财，还在铭贤兼教英文。

1922年春，孔祥熙应老同学、鲁案善后督办王正廷的邀约，前往济南担任督办公署的外交协办和实业处长，参加鲁案善后的谈判和交接事宜，年底改任胶澳商埠电话局长。次年秋王正廷筹办中俄交涉事宜时，孔又应邀担任驻奉天的代表。在孙中山广州大元帅府搞联奉反直的斗争中，孔奉命和张作霖、张学良父子交往，以便加强粤奉合作关系。

1924年初，孔应孙中山之邀赴粤商量联络北方将领的工作，后即带着孙中山所著《建国大纲》手稿返回北京，联络陆军检阅使冯玉祥。其后，冯联合胡景翼、孙岳发动"北京政变"，反对曹锟、吴佩孚的统治，欢迎孙中山北上共商国是，与冯等接受《建国大纲》的影响有关。

1925年初，为解决国是，北上的孙中山卧病京中，孔祥熙"左右护持、无间晨夕"，是《总理遗嘱》的签字人之一。3月12日孙中山逝世，孔担任孙中山治丧处事务股长，尽心尽力料理丧事。为了便于留京负责护灵事宜，孔应邀担任中俄会议督办公署坐办。其后，北方政局更趋混乱，中俄会议时开时停，孔于1926年春去美国，接受欧伯林大学颁赠的法学博士名誉学位，并为铭贤学校募集开办大学部的基金。他很快就募得基金100余万元，解决了"铭贤"的发展和常年经费的来源。

孔祥熙在美国期间，正是国内政局发生剧烈变动之际。1926年3月20日，蒋介石在广州制造"中山舰事件"，打击了汪精卫，向共产党进攻，掌握了政治、军事实权；5月举行的国民党二届二中全会上，蒋介石等又提出"整理党务案"，进一步限制、打击共产党，从而夺得国民党中央的实权；7月广州国民政府誓师北伐，作战顺利，北洋军节节败退。孔祥熙于同年冬离美回国，到达广州后被任命为国民党中央政治会议广东分会委员和广东省财政厅长兼理后方财政事务，正式跻身于国民党政界，从此开始投靠蒋介石集团。

1927年8月，南京政府内部矛盾加剧，蒋介石被迫辞职下野。为了策划蒋重新上台，孔祥熙奔走于宁、汉、沪、粤、晋、豫各地，拉拢各方，"苦心疏解，历时数月，极尽调护斡旋之力"，最后孔和冯玉祥联合发出通电，呼吁宁汉"双方团结"迎蒋复职。

1927年底，孔祥熙与宋蔼龄促成了蒋介石与宋美龄的联姻。1928年1月，蒋介石恢复了国民革命军总司令职务。为了酬答襟兄孔祥熙在公私两方面所作的诸多贡献，特派孔祥熙为南京政府工商部长，继又选其为国府委员。

从此，孔的官运、财运十分亨通，其历任工商、实业、财政等部部长和行政院副院长、院长等要职。孔祥熙主管财政达11年之久，对币制改革、支持西安事变和平解决以及支撑抗战财政，有过一定的贡献。

孔祥熙与宋蔼龄的早年合影

虽然孔祥熙曾自我赞许说，当"做大官"的"时会机遇"翩然来临，自己才是"最能把握时机"的。然而，众所周知，孔祥熙后来在蒋介石政府中官运亨通、权势显赫，很大程度上是由于他与蒋介石的姻亲关系，所以才有人称孔祥熙是"因妻得官，因官发财"。宋蔼龄在他的人生中扮演了极其重要的角色，正如曾经帮孔宋家族成员做过事的徐家涵说："孔妻宋蔼龄，在幕后操纵国内政治经济以及国际金融投资市场。蒋介石、宋子文、孔祥熙三个家族发生内部摩擦，闹得不可开交时，只有她这个大姊姊可以出面仲裁解决。她平日深居简出，不像宋美龄那样喜欢出头露面。可是她的势力，直接可以影响国家大事，连蒋介石遇事也让她三分。"蒋介石的侄孙蒋孝镇曾对军统头子戴笠说："委座之病，唯宋可医；夫人之病，唯孔可医；孔之病则无人可治。"

抗战后期，孔祥熙因鲸吞巨额美金公债的丑闻不胫而走，一再受到舆论的指责。抗战期间，国民党政府口头上也号召"举国抗战"，"有钱出钱，有力出力"，而孔祥熙及其家属则利用所掌握的权力，谋取私利，大发国难财。至抗战 7 周年纪念日，各地学生曾纷纷集会，揭露国民党的腐败统治，要求改良政治。国民党内与孔家争权争利争宠的各派系也趁机而动，予以抨击。只是由于蒋介石的庇护和压制，孔家贪污蠹国的丑行一直未曾得到彻查和应有的惩处。

1944 年 6 月，孔祥熙趁出席国际货币基金世界银行会议赴美，以转移公众不满的视线。孔抵美国后除参加会议外，并以中国政府主席蒋中正的私人全权代表身份，向美国政府要求援助和交涉解决美军在华费用的垫款问题。会谈中，因在所垫付法币折合美元比价问题上和美方意见分歧很大，遭到美方的反对。孔去美国之际，国民党军队在豫湘桂战役中大溃败，大片国土沦入敌手，人民的生命财产受到巨大损失，使中外震惊、舆论哗然。美国政府曾向蒋介石提出，由担任中国战区参谋长的史迪威来全权指挥中国战区的作战部队，以改善军事局势的强硬要求，后经蒋介石、孔祥熙等软拖硬扛而顶了回去；其后美国总统罗斯福又通过宋子文转达提议，要求中国政府更换已成众矢之的的军政部长和财政部长。11 月，蒋介石只好发表以陈诚、俞鸿钧接替何应钦和孔祥熙的命令。

孔祥熙自担任财政部长到去职，长达 11 年之久，可见受蒋宠信之专。孔辞财长一职后，滞留美国半年有余，于 1945 年辞去行政院副院长，7 月离美返国，同月辞中央银行总裁和四联总处副主席职务，10 月辞中国农民银行董事长职，至此仅保留了中国银行董事长的职务和国民党中央执行委员的头衔。

为了谋求东山再起，孔祥熙也曾进行过一些活动。1946 年曾当选为"国大"代表，但遭到政学、CC 等派系的抵制。孔祥熙见复出无望，便着手处理在国内的财产。1946 年，孔祥熙在上海对其财产作认真清理，把能带走的东西尽量转移到香港和国外。1947 年，他到了北平，与昔日的亲朋好友一一作别。然后，在这一年夏天，回到了他的老家山西太谷。

在太谷，孔祥熙隆重宴请了各亲戚本家，与他们畅述别情，回顾往昔，忙了几天后与他们挥手告别。待一切准备充分后，他先让夫人宋蔼龄赴美，自己则于这一年秋天来到上海。几天后，孔祥熙向蒋介石及国民党中央发出一电,以"忽接家人自美来电,谓夫人染患恶病,情况严重"为由,请假赴美。不等蒋介石批准,他即匆匆买了飞机票,离开上海,飞往美国。

●孔祥熙到美国后,住进了离纽约不远的里弗代尔一幢豪华别墅。这是他早先花巨资买下的,此外,他们还在纽约郊区花 160 多万美金买下了一幢高级住宅。

来到国外的孔祥熙,除了陪夫人宋蔼龄看病外,每周有两三天开车到华尔街照料他的中国银行。1950 年,蒋介石聘他为"资政",但孔祥熙已决心隐退政坛,他要在这所谓的"自由乐土"上无忧无虑地度过晚年。

然而,随着蒋介石政权在大陆的失败,美国与台湾国民党政权之间的关系发生了很大变化。美国总统杜鲁门一直对国民党贪官污吏将他们庞大的美援中饱私囊而愤愤不平。在杜鲁门的直接命令下,美国联邦调查局开始调查孔家、宋家在美国的财产,并对孔祥熙实施秘密监视。孔祥熙进行了多方面的幕后活动,打通关节,由美国参议院外委会及美国财政部公布了一个"证明"材料,证明在美国的全部华侨连同中国银行在内,所有存款不超过 5000 万美元,这就从侧面否认了杜鲁门关于 10 亿美金的猜测。

虽然人们都知道孔祥熙财产数量巨大,但美国参议院外委会与财政部的证明材料,却使事情变得扑朔迷离,真伪难辨,也使联邦调查局的监视、调查不了了之,孔祥熙的危机也随之而解。渡过这一难关后,孔祥熙似乎对自己重新崛起树立了信心,他不甘寂寞,还想奋争,以求回到台湾政界,东山再起。

1954 年,蒋介石在台湾召开第二届所谓国民大会。孔祥熙得知消息后,认为重温旧梦的时机已经到来。为了谨慎起见,他便派曾任过台湾省主席的魏道明先到台北去探察行情。

此时的蒋介石对孔祥熙已不感兴趣,早把这位亡命美国的连襟忘到九霄云外。为了在台湾重建蒋家王朝,蒋介石把希望放在了蒋经国的身上,为了培植蒋经国的势力，他采取一系列措施，对国民党进行改造，重新进行人事安排，重用陈诚等人，让他们辅佐"太子"。

魏道明一到台湾，蒋介石就深知其意，连忙授意陈诚、蒋经国将孔祥熙的代表挡回去。于是，陈诚、蒋经国命一家报纸发表文章，大骂豪门，矛头直指孔祥熙，连魏道明也被当作豪门走狗一并痛骂。魏道明自知不妙，灰溜溜返回美国向孔祥熙复命。孔祥熙的复出希望彻底破灭了。

人到暮年，思乡心切。1962 年 10 月，孔祥熙从美国飞回台湾，准备在台湾度过人生的最后时光。蒋介石对孔祥熙的到来不冷不热，令孔祥熙大失所望。因此，在台湾勉强过了 3 年 4 个月后，便以赴美治病为借口，于 1966 年 2 月 28 日再度离开台湾，从此再也没有回来。

到美国后，孔祥熙没有再去里弗代尔，而是与宋蔼龄一道搬进了长岛洛卡斯特谷菲克斯巷的一幢新别墅。他绝了一切幻想，死心塌地地住在那儿，边看病，边休养，生活过得悠闲而平静。

1967 年 7 月 22 日，天气晴好，阳光艳丽，孔祥熙起床后，躺在软靠背椅上，漫不经心地看报。突然，他感到身体极不舒服，随即脸色苍白，头上直冒冷汗，家人急忙把他送往纽约的医院诊治。医生们采取了许多现代化的先进治疗手段，一度稳住了病情。但 8 月 10 日又开始恶化，医生再度抢救，无效，于 8 月 16 日死于纽约医院，时年 88 岁。

孔祥熙死后，蒋介石写了一篇《孔庸之先生事略》的祭文，将孔祥熙表彰一番，宋美龄与蒋纬国匆匆从台湾赶来，参加了在纽约第五街马布尔联合教堂举行的葬礼。

隆重的葬礼后，孔祥熙的灵柩被安葬在美国纽约上州西切斯特县哈茨代尔郊外的芬克里夫墓园。这位旧中国政治、金融界风云一时的人物，生前曾八面威风、不可一世，死后却只能葬身异域。

孔祥熙病逝 6 年后，即 1973 年 10 月，一路辅佐他的妻子宋蔼龄病逝于美国纽约。中国民间用最简练的语言概括宋家三姐妹是：宋蔼龄爱钱，宋庆龄爱国，宋美龄爱权。

《纽约时报》形容这位大名鼎鼎的宋氏三姐妹中"爱钱"的大姐：

"这个世界上一个令人感兴趣的、掠夺成性的居民昨天在一片缄默的气氛中辞世了。这是一位在金融上取得巨大成就的妇女，是世界上少有的靠自己的精明手段敛财的最有钱的妇女，是介绍宋美龄和蒋介石结婚的媒人，是宋家神话的创造者，是使宋家王朝掌权的设计者。"

孔祥熙与其夫人宋蔼龄共育有 4 个孩子，按年龄长幼依次为长女孔令仪、长子孔令侃、次女孔令伟（又说孔令俊）、次子孔令杰。俗语说，"龙生九子，各有不同"，孔祥熙的 4 个子女性格迥异，后人对他们的是非评判也莫衷一是。

第一章　孔祥熙的子女们

一、孔祥熙的长女孔令仪和女婿陈纪恩、黄雄盛

●人称"孔大小姐"的孔令仪自幼亲切随和，无权力欲，与其他弟、妹大不同，可说是孔家第二代中最"清淡"的一人；除了孔宅上上下下的关爱，她还深得蒋介石与宋美龄的宠爱，可谓集万千宠爱于一身。

1914 年 4 月，适逢日本樱花漫天飞舞的季节，孔祥熙在其岳父宋耀如的新居所在地横滨与宋蔼龄举行了婚礼。1915 年，孔祥熙偕新婚妻子宋蔼龄回故里山西太谷探亲，同年 9 月 19 日，宋蔼龄于太谷生下一女，即孔令仪。

孔令仪，中文乳名佩佩，英文乳名 Baby，英文名字 Rosamond，与她的姨妈宋庆龄的英文名相同。更有意思的是，孔令仪成长的过程恰逢其父孔祥熙政治生命成长的过程。孔令仪出生那年，父亲孔祥熙被山西督军兼省主席阎锡山聘为参议。1927 年 12 月，蒋介石与宋美龄结婚，孔宋家族再添一支生力军，孔宋蒋三家雄视天下。这年，孔令仪 12 岁，已经慢慢通晓人情世故。

孔令仪自幼性格温顺，远不像其他弟、妹一样飞扬跋扈。有记载称：孔祥熙家每顿饭后都要吃水果，孔令仪的几个弟妹经常为争好点的水果吵

得面红耳赤，为了防止孩子们挑肥拣瘦，向来管教孩子严格的宋蔼龄想出一法，把苹果、梨、橘子等水果放在一个盘子里，让果盘依次在4个孩子面前转，转到谁那里，谁就吃最上面的那个。有一次，当盘子转到孔令侃面前时，他发现盘子最上面的那个梨有个地方坏了，便做了个无可奈何的样子说："今天没什么胃口，不想吃水果了。"随后盘子转到了孔令仪面前，她二话没说，伸手拿起孔令侃不愿吃的那个梨就吃了起来。盘子转了一圈后，又转到了孔令侃面前，孔令侃看到这次盘子最上面的那个水果是好的，就说："今天我还是想吃点水果。"

孔祥熙、宋蔼龄夫妇与长女孔令仪（左）的合影

说完就拿起那个水果吃了起来。此时孔令伟在一旁看不下去了，叫道："这不公平，孔令侃骗人！"孔令侃笑了笑，说："这不叫骗人，这叫水果策略。"孔令仪在一旁什么也没说，其温顺的性格可见一斑。

与弟、妹的另一个不同就是，孔令仪从小接受的一直是中国式传统教育，在姐弟4个人中，她是唯一一个没进洋大学读书的。高中毕业后，曾就读上海沪江大学，后毕业于南京金陵女子文理学院（俗称金陵女大），但亦有毕业于上海之江大学的说法。其他弟、妹等虽说是在圣约翰大学读书，却不学无术，完全靠特权混学历，而孔令仪在大学期间认真读书，且爱好文学艺术，善于独立思考，最后完全靠自己以优异的成绩毕业。

与其他孔家第二代不同的还有，孔令仪从小就对政治不感兴趣，很少表现出权力欲望。她曾经说："妈妈（指宋蔼龄）没有当部长、当经理，生活得不也挺好吗，干吗非要去做官？"

孔令仪虽不喜好权与利，但出身豪门，生活奢华也就不可避免，贵族大小姐的派头被演绎到极致。有记载：她跟父亲孔祥熙一样，每天早上起

12 岁的孔令仪（左一）作为小女童参加了蒋介石与宋美龄的婚礼

来要喝燕窝汤，并备有各式高级点心，其中有很多是专门用飞机从香港运来的洋货。中午饭至少要六菜两汤。化妆用的香水、粉脂、唇油一律是法国货，衣服一天一换，连洗澡粉都用英国的。

1927 年 12 月，12 岁的孔令仪作为小女童参加了蒋介石与宋美龄的西式婚礼。自此，蒋介石、宋美龄便成了孔令仪的教父、教母。

第二年夏天，孔令仪离开上海去南京金陵附中读书，此后 5 年间一直住在蒋、宋二人的官邸。至于为什么离开上海去南京读书，2005 年凤凰卫视采访孔令仪本人时，她这样回忆道：当时家里有《孟子见梁惠王》，她将它一连看了 3 天，这事被宋美龄知道后，就说"这不行！"于是，向来疼爱这个外甥女的小阿姨出于对孔令仪教育问题的关心，坚持让她去南京和他们一起住。后来也就有了进金陵附中读书一事。所读专业是"教书的"，类似于今天的师范。孔令仪每天下午 4 点放学，放学后都由蒋介石官邸的侍从开车来接。待孔令仪回到家后，蒋介石一有时间就会开车带她去南京市区兜风。如他们经常去的地方就是当时的南京汤山。宋美龄为此嗔怪蒋介石："你叫 Baby 老是陪你，她来不及用功啊。"蒋介石却说："包在我身上，包在我身上。"

蒋、宋二人对这个外甥女的疼爱，毫不逊色于对自己孩子的疼爱。孔令仪说："早年在南京时，我念金陵女大附中，曾住在老总统（蒋介石）、夫人官邸约 5 年，那时经国、纬国还不在他们身边。'老总统'他们不叫我名字，而叫我宝宝、宝宝，常带我出去逛街，把我当自己子女一样管教。"孔令仪生前曾对记者透露，她在南京念中学时，与宋美龄很亲，进蒋介石卧房不敲门就闯进去，还在床上乱跳，远比当时的蒋经国更受宠。

孔令仪深得蒋介石的关心、爱护，从早年蒋、宋二人往来的家书中也可见一斑。有一名叫王丰的记者早年曾在台北大溪档案馆，见到了十余封20世纪20年代晚期到30年代，蒋介石致妻子宋美龄的家书电报，字里行间可见少女时期的孔令仪，深得蒋介石夫妇的宠爱。如：

"民十七年九月蒋夫人亲鉴：转佩佩诸甥：黄君带来函件水果，均接到，甚为欣喜，望你们勤读孝友，余在阵中甚好，勿念。中正"（信纸：陆海空军总司令行营用笺）。民国十七年即1928年，蒋介石这封给孔令仪的信，原系夹附在蒋介石致宋美龄家书中，由宋美龄转交孔令仪姐妹。信中之"佩佩"，是孔令仪的中文乳名，"佩佩"由英文乳名"Baby"音译而来，寓意"宝贝"。孔令仪请后来担任励志社总干事的黄仁霖（此人即蒋介石信上之"黄君"），带水果到前线孝敬姨父蒋介石，蒋特回函感谢。

再来看另外一封，"民十七年九月十九日上海：蒋夫人亲鉴：兄已安抵南昌，佩佩生日请代贺，兄，中正"（陆海空军总司令行营用笺）。北伐戎马，炮火连天，但外甥女的生日蒋介石仍谨记于心，不忘于家书中注记一笔。（注：蒋介石、宋美龄在私人信函中，均以兄、妹自称。例如1975年4月5日，蒋介石去世，宋美龄在丈夫丧礼敬挽花圈上，也是以"介兄夫君"称之，并自称"妹"。）

"民十九年五月十日上海，蒋夫人亲鉴：兄今午回徐，暂驻徐州，前方情形甚好。岳母及大姐均请问候，佩佩想已愈矣。兄中正"（陆海空军总司令部用笺）。1930年5月爆发了著名的中原大战，国内军阀冯玉祥、阎锡山、李宗仁等人，发起了挑战中央军蒋介石的大战，一直打到1930年11月才暂告停歇。在简短的电报中，蒋介石除了跟宋美龄的母亲（宋倪桂珍）、姐姐（宋蔼龄）致上问安，亦不忘关心微有小恙的孔令仪，证明令仪在蒋氏夫妇心目中之地位。

蒋介石此类提到孔令仪的家书，共有11封之多，说明孔令仪幼年时和蒋介石夫妇相当亲密。

这还不算，更有一例可以证明蒋介石对这位孔大小姐的宠爱。北伐时蒋介石写了《告全国同胞书》，就在孔令仪15岁生日时，蒋介石将《告全国同胞书》的原本送给孔令仪，并题了孔令仪的名字，现在这份礼物还挂在孔令仪的书房里。

●孔令仪有过两次婚姻，毫不夸张地说，这两次婚姻都是她自己争取来的自由婚姻。虽说孔祥熙夫妇都曾接受过系统的西方教育，思想相对比较开明，但孔令仪在婚姻大事上自己做主在当时来看实属不易。这两次婚姻的男主角分别为：陈纪恩、黄雄盛。

孔令仪出身豪门，又出落得娴静大方，她的婚事自然就受到众人的关注。但孔祥熙、宋蔼龄夫妇对孔令仪的婚事甚是慎重，对她未来男友的期望也较高。

关于孔令仪的婚事，在孔家曾经掀起过一些风波。姨妈宋美龄比较喜欢孔令仪，对她的婚事也比较关心。宋美龄在国民党军官中挑了又挑，最后认为深受蒋介石宠爱的胡宗南既年轻又是单身，与孔令仪比较般配。于是她便去找宋蔼龄，把准备介绍胡宗南给孔令仪的事情跟大姐说了（后来，亦有人撮合胡宗南与孔令仪的妹妹孔令伟在一起）。宋蔼龄也认为胡宗南是个比较合适的人选，便同意了。宋氏姐妹原以为孔令仪也会同意这门婚事，但在征求孔令仪意见的时候，却遭到了拒绝。理由很简单，孔令仪说她见过胡宗南，对他的印象并不好，认为他只是一介武夫，缺少浪漫情调，她不想只为了一个虚名而把自己的青春牺牲了。

1941年，国民党高级将领卫立煌到重庆公干，当时卫立煌的妻子得病去世，虽然年纪大了点，但是陆军上将，也是蒋介石的宠将。这时有人就想把卫立煌介绍给孔令仪，也遭到了她的拒绝。她认为他们两人之间的年龄差距有一二十岁，嫁给他就像做个小老婆，如果勉强结合了，在一起也没什么共同语言。亦有书中说，卫立煌本人也不愿意，因为他对与豪门联姻不感兴趣，但又不敢断然拒绝。于是找了一个让人无法求证的借口，说是有人为他在美国物色了一个姑娘，二人即将举行婚礼。这样一来也好，双方都下得了台阶，此事也就作罢了。

两次对苦心安排的婚姻的拒绝使孔祥熙和宋蔼龄明白了女儿的心，猜想女儿原来是不想找年龄大的人做丈夫，而是想找一个年轻英俊的小伙子。正在他们夫妇为女儿的婚事一筹莫展的时候，国民党新建的空军里出了个"英雄"，一下子又勾引起了孔祥熙夫妇的女婿梦，认为又一段美好的姻缘摆在了他们的面前。

当时大军阀韩复榘手下有一个师长叫孙桐萱，孙桐萱有个弟弟孙桐岗在德国学习飞机驾驶。孙桐岗对学习非常认真，学完后突然萌生了一个想法，就是想独自驾驶飞机跨越大洋从德国飞回中国，创造一个飞行记录。获得上级的批准后，孙桐岗一人驾驶一架德国教练机从柏林起飞，飞越地中海、印度洋，最后安全在南京降落，成为轰动一时的新闻。一时间，慰问电和求爱信雪片般地飞向孙桐岗的驻地。孙桐岗当时年仅三十几岁，对未来充满着信心与希望。为了今后的荣华富贵，很希望能与当朝权贵孔祥熙攀上关系。而孔祥熙当时正从德国访问归来，又想当航空部长，因此对孙桐岗极为赏识，在家里吃饭时对孙桐岗大为赞扬。

当时财政部参事李毓万在孔祥熙手下做事，碰巧跟孙桐岗的哥哥孙桐萱是结拜兄弟。他看出了孔祥熙的心意，便从中极力撮合，最后得到了孔祥熙夫妇的认可。不曾想这件事却引起了一场不大不小的风波。孔令仪的小妹孔令伟听说这件事后，对李毓万非常憎恨，认为李毓万做事太缺德，明知道大姐为人比较谦和，他却为了讨好自己的父亲向上爬，把大姐介绍给孙桐岗，真是令人厌恶。因此她把这件事悄悄地告诉了孔令仪。孔令仪听后当然不高兴，认为父母也太多管事了，自己明明不想找个军人，父母却一次次地干涉。因此当孔祥熙夫妇征求她意见时，她一口回绝了。孔令伟却不肯就此善罢甘休，很快就想出了一条计策来惩治多事的李毓万。

一个月后，身在上海、南京两地的国民党财经官员和一些金融家、企业家，突然收到一份请柬，那上面写着："兹订于月日四弟孙桐岗、长女友琴举行结婚典礼，敬请阖第光临。"落款是"桐萱李毓万拜。"李毓万是财政部参事，又是孔祥熙的红人，写了请柬谁敢不去，去了又不能空着

191

手。于是，各路大员纷纷准备礼金礼品，于那天来到李毓万住所，恭贺新禧。那天正好是星期六，李毓万正换好衣服准备出去听戏，忽见门口熙熙攘攘、车水马龙。不一会儿，财政部的同事像商量好了似地蜂拥而进，连声拱手恭喜，弄得李毓万莫名其妙。等前来贺喜的人拿出了请柬后，李毓万才弄明白是有人搞恶作剧，拿自己和女儿的声誉开玩笑。他非常生气，想发火却不知向谁发，因为前来贺喜的人也是受害者，而且，他们也感到委屈，为了一份假请柬花了钱又费了工夫。事后，他查清了事实，原来都是孔令伟搞的鬼，他不敢得罪孔祥熙，只能打掉牙往自己肚子里咽。他因此也领教了孔氏姐妹的厉害，再也不敢在孔家亲事上多嘴了。

之后的日子，孔令仪对男友千挑万选，从陆军上将到名牌大学的博士生，从大户人家的公子到腰缠万贯的实业家，她一个也没看中。

有意栽花花不发，无心插柳柳成荫。就在孔令仪对自己的婚事渐渐失去信心的时候，她在一个酒吧的舞会上认识了一个大学生，并坚决相信他就是自己一生中期待的那个人，她勇敢地抓住了这份上天的恩赐。这件事说起来有点偶然。一次孔令仪去跳舞，一个身穿黑西服、扎着黑领花的小伙子邀请她跳舞。小伙子舞技翩翩，孔令仪只是跟随着在华丽的地板上旋转着。无意中，孔令仪一个飘忽的眼神，小伙子过电般的目光，四目相对的刹那，两人都心不在焉了。一曲之后，小伙子邀请她去喝咖啡，要在平时，孔令仪肯定会拒绝，然而这次她却欣然前往了。她与小伙子交谈了许久，当得知他是圣约翰大学的学生时，孔令仪顿时投去了钦佩的目光，好感亦增添了许多。不久，二人便坠入了情网，而且有一日不见如隔三秋之感。

孔祥熙发觉此事后，立即派人打探这个小伙子的底细。很快，这个小伙子的情况就被查得一清二楚。小伙子名叫陈纪恩，毕业于上海圣约翰大学，父亲是一个舞场乐队的指挥，也曾留过洋，但家里特别穷。孔祥熙、宋蔼龄坚决不同意这门亲事，他们有足够的理由说服女儿不能和陈纪恩这种人交往，更不能和他结婚。不料，一向顺从的孔令仪一反常态，坚持跟陈纪恩来往，因此她和父母发生了一场大战。

但不管孔祥熙夫妇说什么，孔令仪铁定了心要与陈纪恩交往，并和他们夫妇大吵了一场。善用权术的孔祥熙夫妇到了此时却对心爱的女儿无计可施，意识到他们已经无力阻拦孔令仪与陈纪恩的恋情。事已如此，他们只能顺其自然，任由女儿与陈纪恩的往来。但孔祥熙为了顾及自己及家族的面子，不久便任命陈纪恩为国民党中央银行业务局的副局长。当时的陈纪恩可谓飞黄腾达，令他的同学羡慕不已。上班没几天，他又被公派到美国，成为中央银行在美国办事处的业务代理。孔祥熙夫妇这样的安排可谓煞费苦心，不知道的以为孔令仪找了个门当户对的对象，熟知陈纪恩底细的却不以为然。

后来，孔令仪以留学为名到了美国，随后便宣布在美国与陈纪恩结婚。得到消息后，为了给女儿准备嫁妆，宋蔼龄让财政部直接税署署长高秉坊的妻子主持财政部妇女工作队，连夜为其赶制嫁妆，并包了一架专机。一周后将8箱嫁妆送往美国，谁知飞机起飞不久便失事坠毁，连同嫁妆一同化为灰烬。于是孔祥熙和宋蔼龄又叫人赶制了6箱嫁妆送到美国，这才了却了做父母的一桩心愿。

当时正是1943年，中国抗战最困难的时期，长沙《大公报》为此专门发表了《谈孔小姐飞美结婚》的评论，"孔令仪乘飞机赴美的花费（暂以损失一架飞机计算），可以使2000名灾民一年有吃有穿，还可以使他们维护简单再生产。如果把孔令仪的全部花费加起来，可以救济万人以上的难民。第二是财政部连夜为其加工制作嫁妆也实在令人惊叹。如果把财政部两次为孔令仪制作嫁妆的人力用来赶制前线将士的服装，大约供应两个师的被服不成问题。如果用这笔款子建一所大学，那么在决定了校长之后，只需聘任教授，出示招生广告就够了。"

《大公报》对孔祥熙嫁女事件的抨击，引起了社会各阶层人士的强烈不满。社会人士纷纷对孔祥熙进行指责，这成为孔家一件很不光彩的事情。孔令仪、陈纪恩在美国待了两年，抗战胜利后回到了中国。回国后，陈纪恩夫妇独立门户，自营商业，也没有卷入政治漩涡。内战打响后不久，国民党内部腐败日益严重，在战场上也开始节节败退。见大势已去，孔令仪与陈纪恩又飞越重洋到了美国，此后孔令仪就长期定居于美国。

有情人虽终成眷属，却难已相偕到白头。这段自己做主争取来的看似现代的婚姻，不久却以分手而告终。个中情景，孔令仪极少对外提起。

孔令仪的第二任丈夫叫黄雄盛。黄雄盛祖籍崇明岛，曾在清华大学读书，抗战爆发后，投笔从戎，上了空军军官学校，成为第一批赴英国学习驾驶喷气式战斗机的教官。据说黄雄盛思维敏捷，善解人意。在蒋介石官邸当侍卫时，曾负责为蒋介石每天读报，由于口齿清楚，又每每能够圆满地解答蒋介石提出的有关当日新闻的一些问题，因此深得蒋介石的喜爱，是担任读报工作时间最长的一个侍卫。

1958 年，黄雄盛被派驻美国首都华盛顿担任国民党政府驻美"空军武官"。也就是在这一期间，他与住在纽约的孔令仪相识并相爱了，谈婚论嫁之事也随之而来，然而当时黄雄盛在大陆已有家室，后来，孔令仪以平和的方式解决了这个通往婚姻道路上的小小障碍（有说是孔令仪花钱摆平此事的）。1962 年，二人在美国华盛顿举行婚礼，重组了新的家庭。黄雄盛后来返台出任空军官校教育长，以少将之阶退伍，但孔令仪和亲友皆一直以 Colonel（上校）称呼黄雄盛。

孔宋家族很重视阶级观念，纵使名义上黄雄盛是孔令仪的丈夫，但是初期他在孔家似乎未受到应有的待遇。譬如说，当孔令仪家人聚会时，所有的家庭成员都在一起凑热闹，唯独黄雄盛却是和孔家的工作人员在一块儿。

孔令仪虽有两次婚姻，但始终没有孩子。孔令仪曾对媒体透露，她称自己与宋美龄都曾怀孕，但都流产了，此后再没有生孩子。

●客居美国的孔令仪依然保有中国传统的礼仪以及穿着打扮。孔令仪的晚年主要是在陪伴和照顾宋美龄中度过的。孔令仪很受称道的是，她对姨妈宋美龄夫人的孝顺，如同对待亲生母亲。

1975 年，孔令仪的小姨丈蒋介石病逝后不久，宋美龄便离开台湾，常住美国长岛蝗虫谷，与孔令仪的父母住在一起。据孔令仪回忆，父母及宋美龄居所腹地占地 30 多亩，房子很大，一进府邸先是一个 hall，一个大客厅，两个梯，还有书房、饭厅，下面 4 个房间，上面 6 个房间。其实这座房子原为曾任美国驻苏联大使哈里曼夫妇的女儿所有，早在 1943 年中国内战还没有决出鹿死谁手的当口，就为敛财有术、富可敌国孔祥熙、宋蔼龄夫妇将其购下，从此人称"长岛孔府"。

说起蝗虫谷孔宅这个房子，后来还引发了不少故事。20 世纪 90 年代中后期，为了出售长岛蝗虫谷孔宅，加上纽约地产商利用蒋夫人名义拍卖孔宅物品和家具，使当时 80 余岁的孔令仪受到任意遗弃历史文物（包括孔家族谱、前"国府主席"林森画像及蒋夫人国画等）的严厉指责。

纽约长岛蝗虫谷"长岛孔府"门前等待入内参观的人群

1998 年 12 月 13 日，一向幽静的长岛蝗虫谷小镇突然拥来了成千上万名华人，他们想要看看蒋夫人住过的孔宅和拍卖品，川流不息的车队和人潮把蝗虫谷的白人居民吓呆了，华人不守规矩、任意停车的举动更使他们气急败坏，纷纷向镇长和警长告状。警方请华人写了一幅中文警告牌："同胞们，路已封，请回吧！"

当好奇的华人拥入蝗虫谷之际，孔令仪不屑地向中文媒体表示："我们对那个地方没有什么感情，你们为什么对它有感情呢？"又说，"我们的东西已全部拿走，剩下的都是毫无价值准备丢弃的物品。"

老报人陆铿批评说："所谓的'孔宋豪门'要处理家产无可厚非，但是对具有历史意义的东西应有起码的尊重……即使当败家子也要有谱，这种做法没有谱。"1947 年，陆铿曾以南京《中央日报》副总编辑兼采访主任身份，揭发孔宋家族利用孚中及扬子公司贪污震撼了全中国。

不过，孔令仪较早时亦曾对中文媒体透露："我母亲当年先来美时买下（蝗虫谷房子），随后父母在这里住了二三十年，弟弟令侃、令杰及妹妹令伟都常住；蒋夫人过去20多年来纽约时，也大多以此为家。这里有着我们许多的回忆。"

孔令仪父母相继去世后，小姨宋美龄一个人住在长岛倍感孤寂，也不太喜欢居所附近那种乡下的环境。孔令侃去世后，宋美龄搬进了孔令侃生前在纽约瑰喜广场的公寓大楼，这里距离孔令仪的住所不到10分钟的车程。据孔令仪夫妇的友人李龙镶（香港商人，1956年毕业于台湾陆军军官学校预备军官第四期，其潜心研究孔祥熙家族十余年，并与孔祥熙的大女儿91岁的孔令仪交往颇多）介绍说：孔令仪在美国的住宅坐落于纽约曼哈顿区最贵地段第五大道，与美国前总统肯尼迪夫人杰奎琳住在同一条街。孔令仪家的窗帘一拉开，即是中央公园繁茂树木掩映下的宁静湖泊，再远是林立的摩天大楼和人群熙攘的大都会博物馆。自从小姨宋美龄搬到她的附近后，孔令仪几乎每天下午都去探望，帮助接待一些来访的客人，并陪她聊天，这个最亲密的晚辈从此也成了宋美龄最佳的倾诉对象。

对于美国媒体数十年前曾指称孔祥熙在美资产达30亿美元，孔令仪曾笑谈："若你能找出这几十亿元，我马上分你一半。"她说父亲生前留给他们4个子女每人100万美元，"如此而已"。据李龙镶记载，她现在住的房子属于 apartment（公寓式），大概有3500到4000平方尺，其估价差不多为800万到1000万美元。她家属于中西合璧的风格，沙发是西式的，也有古董家具，她从山西运了一个3米多高的屏风过来，红木镶嵌着红宝石，很漂亮，蒋夫人与她都喜欢在屏风前照相。家中有颗翡翠白菜，跟真白菜差不多大，价值不菲；有一个花瓶，花瓶上有1000个"寿"字；还有一块四方的玉，陈列在黄金架上，宛如一块小屏风。

孔令仪最经常的穿着是高跟鞋配旗袍，旗袍一律为法国丝绸质地。60岁左右时，她会穿带红色花纹的旗袍；现在，她会穿白底深蓝花纹旗袍，看来素雅。在家请客时，孔令仪往往会在旗袍上别上白金钻石胸针，抹上口红，乌黑短发有条不紊。

孔令仪是基督徒，不热衷社交，为人低调且遵守中国人固有的礼节。蒋经国夫人蒋方良过世时，孔令仪和黄盛雄夫妇亲自飞抵台北送葬，在东京呆一两天再回纽约。她常常散步，不多的娱乐方式是跟贝祖怡的太太蒋士云和顾维钧的太太打麻将，一礼拜一次；她养了条狗，李龙镳有次去她家时正在打雷，狗吓坏了，她就将狗抱在怀里。

2000 年在纽约第五大道孔家，孔令仪女士（左三）及丈夫黄雄盛（左四）

她很喜欢怀旧。有一次，孔令仪跟李龙镳讲到孙中山在北京铁狮子胡同过世时的情形。孙中山去世的晚上，孔令仪的母亲宋霭龄知道宋庆龄特别难过，就叫孔令仪陪二姨庆龄一起睡。宋庆龄问孔令仪，你现在睡的地方是你姨丈曾睡过的，你怕不怕？孔令仪说不怕。但她跟李说，其实她当时心里很害怕。据李回忆，她讲这番话的时候神态仿佛十几岁的女孩，很生动。

又据 2005 年 3 月香港凤凰卫视节目对孔令仪的采访实录中报道："孔令仪从房里走出来。和她的小姨一样，她也是个'夜猫子'，每天 11 时左右才起床。但是不能不让人惊讶老天爷的偏心：在孔令仪的脸上，几乎找不到斑点，皮肤光滑而细致，完全看不出她已经 90 岁了。""尽管人丁凋落，孔家依然保持当年锦衣玉食的生活方式。我们进门时，厨房里传出声响，飘出糕饼香。3 位伙计正在准备下午茶，有特制的上海

2003 年 3 月 15 日宋美龄生日，孔令仪在寓所帮忙接待客人

枣泥糕。除保持有每天喝下午茶的习惯，孔令仪连平常穿的旗袍也很'上海'。那天她穿的衣服是香港的上海师傅做的。每年，孔令仪总会挑选好布料，托人带到香港，请上海师傅做新衣。这个习惯已经坚持了一辈子。"

晚年的孔令仪成为孔家的代言人。2005年2月，孔令仪将其父孔祥熙生前近100箱档案资料让现在孔祥熙唯一的孙子孔德基交给了斯坦福大学胡佛研究所。当时孔令仪年龄比较大，本身又不太关心外面的事情，更由于从小出生在美国的孔德基不懂中文，于是对孔祥熙档案的保存与整理，Shirley Soong（宋曹琍璇，宋子文弟弟宋子安的儿媳）做过不少工作。曹琍璇说："现在孔家给了我 authorize（授权），一定让我先做档案筛选工作，我签名了以后才可以开封，这大概是我未来5年到10年的一项工作。"众所周知，在民国期间，孔祥熙曾担任过财政部长和行政院长等职务，孙中山先生去世时，孔祥熙也随侍在侧，可以说他是这一历史时期的重要人物，他的有关资料档案对研究中国近代史有极高的文献价值。在捐出这批宝贵资料时，孔令仪表示："是非功过，由历史判断。"态度相当开明。这批文件涵盖了辛亥革命、北洋政府、民国政府时期等半个世纪的中国历史，对中国近代史的研究无疑是一个重大贡献。

2003年10月28日，孔令仪与丈夫黄雄盛到殡仪馆祭拜宋美龄

1967年，孔令仪88岁的父亲孔祥熙病逝于纽约；1973年，85岁的母亲宋蔼龄病逝于纽约；1975年，小姨丈蒋介石去世；1992年，孔令侃去世；1994年，孔令伟去世；1996年，孔令杰去世；2003年10月24日，从小疼爱自己的小姨宋美龄在见到孔令仪最后一面后便永远地闭上了眼睛。在曼哈顿教堂宋美龄的丧礼上，孔令仪静默不语；2006年孔令仪的丈夫黄雄盛去世，就这样长期围绕着她的生活重心——远离了她。亲人们的相继

去世无疑给孔令仪造成很大打击，跟宋美龄一样，有时太紧张、压力太大孔令仪就会皮肤过敏。在操办蒋夫人的丧事时，她也有皮肤过敏。据 2005 年凤凰卫视视频采访孔令仪的报道，因孔令仪当时脱发很严重，记者问及何故时，孔令仪回答说：" pressure（压力），自从夫人（宋美龄）生病期间开始，总会想这个做好没有，那个做好没有，总是自己给自己压力。其实我们想到的都做了，但总觉得有疏忽的地方。"

看着亲人一个个远去，她也终究逃不过岁月的魔爪。美国时间 2008 年 8 月 22 日，孔祥熙、宋蔼龄夫妇的长女、孔宋家族"令"字辈最后一位成员孔令仪，在纽约曼哈顿第五大道寓所病逝，享寿 93 岁，葬于美国纽约上州西切斯特县哈茨代尔郊外的芬克里夫墓园的孔氏家族墓地。芬克里夫地处西切斯特县（克林顿夫妇离开白宫后的住所就在此地，希拉里也就是从这走向了国会山），这里距纽约仅一小时的车程，故芬克里夫墓园也成为众多纽约名人的最后安息之地。

从山西太谷、上海孔府到南京官邸，再到重庆孔府、纽约第五大道，最后到这个名人安息地芬克里夫墓园，孔令仪可谓"一生和中国四大家族紧紧相依，她享尽了人生的荣华，她看透了官场的百态，她看尽了大人物的起落。"

二、孔祥熙的长子孔令侃和儿媳白玉兰

●孔令侃 17 岁那年入读上海圣约翰大学，在校期间飞扬跋扈，从不把学校的规章制度放在眼里；孔令侃虽是一个纨绔子弟，却梦想将来能走向政治舞台。在大学里，他把那些成天围在他身边招之即来挥之即去的同学"团结"起来，组织了一个学生团体取名"南尖社"。

孔令侃生于 1916 年 12 月 10 日，是孔祥熙的长子，在家排行老二。1933 年即 17 岁那年开始入读上海圣约翰大学。

圣约翰大学是当时上海乃至全中国最优秀的大学之一，入读者多是政商名流的后代或富家子弟。中国现代史上的许多名人如外交家颜惠庆、施肇基、顾维钧、王正廷，名医颜福庆、牛惠霖、牛惠生，民族资本家荣毅仁、刘鸿生，作家林语堂，建筑师贝聿铭，会计师潘序伦，出版家邹韬奋，宋氏家族的宋子文、宋子良等，均毕业于圣约翰大学。身为财政部长孔祥熙长子的孔令侃也是其中一个。

上海圣约翰大学门景

刚入学的时候，孔令侃跟大多数学生一样，穿着普通的灰布大褂、圆口布鞋，随身使用的一些日常生活用品以及搬来的一些家具都很一般，再加上他相貌平平，所以很难让人想到他就是赫赫有名的孔祥熙的大公子。不过因为孔令侃单独住一个房间，引起了很多人的猜疑，因为当时别说是新生，就是4年级的学生也都是两三人一个宿舍，只有老师才能一人住一间宿舍。不久，人们了解到他的身世后就开始对他另眼相待了。

孔令侃的特殊身份使得他比其他任何学生享有更多特权。可以说，他想干什么就干什么，想说什么就说什么，学校的规章制度、校纪校规对他都如一纸空文，连美国校长都敬畏他三分。曾有书中记载道：

学校规定学生在校读书期间必须住校，不得在校外留宿。孔令侃当时刚学会跳交谊舞，舞瘾极大。每天晚上都出去跳舞，还常拉着一些漂亮的女同学一块去，一跳就跳到深夜。学校每晚11点关门，孔令侃就从墙上跳进去，有时干脆就在外面过夜。他有的是钱，想到什么旅馆住就在什么旅馆住。开始还有同学反映，看到校方对此装聋作哑，也就没人管了。

一到星期天早上8点，必定有两辆轿车开到校门口接孔令侃回家。一辆孔令侃自己开，一辆上坐着几个"保镖"。学校的学生和一般教职员工都在大灶吃饭，校方官员和一些教授吃小灶。为了照顾孔令侃，校方特别允许他吃小灶。可只几天，孔令侃就受不了了。从小锦衣玉食的孔令侃觉得小灶的饭菜实在难以下咽，就与宋蔼龄讲学校伙食不好，叫家里到宾馆订饭送到学校里。于是，只要孔令侃一个电话，就有人用车专为他送饭送菜，风雨无阻。

虽说孔令侃从小就受娇宠，但孔祥熙、宋蔼龄对孩子管束得还比较严格。可到了大学，可以天天不回家看老子的脸色，周围又全是阿谀奉承溜须拍马之辈，孔令侃越发唯我独尊，飞扬跋扈，谁都不放在眼里。到了大学二年级，他把宿舍里原来的旧家具换了个遍，重新布置购买了转椅、沙发、弹簧床，地上铺上了地毯，墙上挂上了壁画，并配备了电唱机、收音机等，俨然就是一个高级酒店的客房。

孔令侃虽是个纨绔子弟，但也颇有点野心，这可能是从爸妈那里继承而来。在圣约翰读书时，他组织了一个学生团体起名"南尖社"，把那些成天困在他四周招之即来挥之即去的同学"团结"起来，以便形成自己的势力和网络。从这一点上讲，孔令侃比之孔祥熙可谓青出于蓝而胜于蓝。据说为这个团体取名时，孔令侃还颇费了一番脑筋，他不学无术，自然想不出什么好名字来。而他的左右提出的名字，也没一个让他满意。就在这时，孔祥熙第一次出访欧美归来，给他带回了有关希特勒和德国纳粹的消息。孔令侃对希特勒组织的纳粹党很感兴趣，于是，就别出心裁地用德语Nazis（纳粹在上海话中与"南尖"极相似）的译音作为这个团体的名字，"南尖"之名由此而来。

南尖社成立初期，并没有多少成员，除了那些想抱住孔府大腿的小人外，就是孔府里的一些闲杂人员。但自从孔令侃大学毕业，在政府里任职后，南尖社就迅速扩大了。究其原因也很简单，很多人不论经商做官，都要走孔府的关系，而孔令侃就是孔府的"继承人"，谁愿意为加入一个不疼不痒的"南尖社"，而得罪孔大少爷呢?!

● "南尖社"只是孔令侃自己鼓捣的玩意儿，使孔令侃真正走进政界和商界的是孔祥熙，正是他使得刚毕业不久的孔令侃初露锋芒。

宋家三姐妹，只有宋蔼龄有两男两女，而孔令侃就是宋家三姐妹最早的子嗣。宋美龄、宋庆龄包括蒋介石都时不时地恭维几句，所以孔令侃大学一毕业，就当了南京政府的"特务秘书"。这个职位原本没有，是专为他而设，也不好评什么级，实际权力却大得很。孔祥熙为了"锻炼"孔令侃，常拿一些公文让他审阅，并教他批改公文。后来孔祥熙觉得这样还不行，就又和宋蔼龄商量，出了一个主意——在上海孔府成立了一个办事处，就叫孔府办事处，由孔令侃负责。

孔令侃即刻把自己在大学一些要好的和"南尖社"的一些好友邀到办事处，组成了一套办事机构，孔令侃当主任。孔祥熙又派了一个自己多年的亲信王梁甫当副主任，下设机要、秘书、财务、总务4个组。

就这么折腾了一阵子，孔祥熙觉得孔令侃积累了一些政治经验，就想让其进入商界。孔令侃也对成天看公文、写文件、上传下达极为厌倦。碰巧，这时国民党政府决定成立中央信托局，由财政部领导，办理一切由国家指定或和国家有密切关系的信托业务。财政部还准备一次投给其启动资金100万元。中央信托局成立时，孔祥熙任理事长，时任中央银行副总裁的张嘉璈兼任局长。

1935年3月25日，中国银行总经理张嘉璈被迫辞去职务，并彻底和中国银行脱离关系。而后不久，这位曾经有勇有谋的金融才子再次败在特权的淫威下，被挤出了金融局，此举的目的很明显——孔祥熙有意让自己的儿子孔令侃来顶这个肥缺。

那时，孔令侃刚刚20岁，一下子当局长显然还不行。于是孔祥熙就想找个岁数大、老实听话的人当个傀儡局长，而让孔令侃掌握实权，他在幕后操纵。财政部的人和金融圈子里的人都知道孔祥熙的这种意图，结果有点本事的不愿意来，想来的孔祥熙又看不上。

找来找去没有合适的人，孔祥熙又不敢让孔令侃干，最后就把皮球踢给了蒋介石。还是蒋介石老谋深算，他没用孔家势力范围里的人，而是任命了一个蒋介石的同乡，叫叶琢堂的人当了局长。这个叶琢堂是个明白人，知道县官不如现管，到了中央信托局后，第一件事就是去孔府拜见孔祥熙和宋蔼龄。不久，抗战爆发，中央信托局由上海撤到武汉，又由武汉撤到香港。到香港后，叶琢堂任命孔令侃为常务理事，主管中央信托局的业务和人事大权。那时孔令侃不过二十四五岁，却成了中央信托局的"太上皇"，大事小事都要管，叶琢堂倒真成了名副其实的傀儡局长。

轻易到手的巨大权力使孔令侃更加狂妄自大。除了少数人，如蒋介石、宋子文、杜月笙、叶琢堂外，他谁都不放在眼里，对一些曾支持蒋介石上台的江浙一带的财阀，直呼其名一点不留情面。当时的交通银行董事长胡笔江，曾发牢骚说，"这位孔大少爷给我打电话，就像训孙子一样，一点礼貌都不讲。要知道，我和孔祥熙是同辈份的人呐。"

孔令侃倚仗自己的特殊身份，到处横行霸道。抗战爆发前，他有两部车子，尾号都很怪，是一连3个7。他经常驾车在上海和南京的大街上横冲直撞，警察后来都知道这个号码，任其违犯交通规则，无人敢问敢管。据说还有一次财政部正在办公，忽然从秘书办公室里传出枪声，大家惊恐万分，以为发生了意外事件或来了土匪刺客。后来才知道，孔令侃的抽屉里常年放着两把左轮手枪，那天他突然心血来潮，说要和人比枪法，便从抽屉里掏出手枪，打办公室天花板上的灯泡。

孔宋两家有矛盾，孔令侃对宋子文也一点不客气。小时候，宋子文常来看他，给他买些玩具、糖果，他还能叫声舅。长大了，他反而不叫了。他称宋子文为"TV"，即宋子文英文名的缩写。有一次，孔令侃听说美国市场猪鬃紧俏，就赶快叫人去收购猪鬃，准备运到美国发一笔横财。不料几天后手下的人报告，说猪鬃收购困难。孔令侃一了解，原来宋子文也得到了这个消息，正派人四处收购。他马上打电话给宋子文，让其让出一块地盘，让让他这个外甥，还说好处大家占、有钱你我分之类的话。

宋子文一直就看不惯孔令侃那股横不讲理的劲，自从孔令侃踏入政界商界后，除了必要的应酬，从不和他说话。这次收购猪鬃一事，自然不会相让，就回电话搪塞说，猪鬃收购一事他并不清楚，如查明和孔家有冲突之处，自会妥善处理。

孔令侃见宋子文不买账，就直接驱车来到宋子文的办公室，和宋大吵了一顿，并布置手下的人到贵州云南等地收购，如遇到宋子文公司的人作对，就砸车绑人，然后一切由他负责。

后来，宋子文找到孔祥熙，二人商讨后最后划定了势力范围。四川、广西由宋子文收购，云南、贵州由孔令侃收购，才算避免了一场争斗。

● **"大儿媳"生得标致，皮肤极白，所以人称"白兰花"。孔令侃对"白兰花"可谓一见钟情，尽管年龄相差十几岁。孔令侃喜欢"白兰花"，不只因为她的身材容貌，更因为"白兰花"社会经验丰富，精明过人。孔令侃不费吹灰之力就拿到了哈佛大学经济学硕士学位，也源于她当初献上的一计"偷梁换柱"。**

孔家有个习惯，每天晚上要搓麻将。孔祥熙不爱玩麻将将，主要是宋蔼龄，还有几个是孔家的好友，如清末官僚资本家盛宣怀的儿子盛升颐夫妇、中央银行副总裁陈行夫妇和税务局长樊光夫妇等，其中属盛升颐夫妇来得最勤。盛升颐的妻子已年近40，但保养得极好，看上去就像30岁左右，而且性格外向，极善辞令。只要她一来，满屋子就听她一个人在说话，而且她生得标致，皮肤极白，人称"白兰花"。

孔令侃和"白兰花"可谓"一见钟情"，尽管他们年龄相差十几岁。盛升颐常来打牌搓麻，孔令侃就和"白兰花"借口散步出去约会。开始还只是搂搂抱抱，不久便上了床。孔令侃是个色鬼。以前，只要是漂亮的女孩，他总要想办法弄到手。到后来玩腻了，就觉得女孩子没劲，还是结过婚的女人更有魅力，就专门和有夫之妇约会。在"白兰花"之前，他曾经看上宋子文妻子张乐怡的妹妹，鬼混了几次之后便提出要结婚。孔祥熙、宋蔼龄和宋子文、张乐怡听后都大吃一惊，觉得太过荒唐。

孔祥熙、宋蔼龄夫妇专门找孔令侃，就这件事和他谈，并列举了种种不妥的理由，说明这件婚事的不合理性。孔令侃听后说："娘舅怕什么，讨了他的小姨子，我和他（宋子文）不就平起平坐了。"当时，弄得孔祥熙和宋蔼龄哭笑不得。但在他们的强烈反对下，孔令侃的计划终于未成。另一方面，张乐怡的妹妹当初就不情愿，后见孔宋两家都真的反对，也就大着胆子拒绝了，实际变成了孔令侃剃头挑子一头热。好在孔令侃也多变，很快对那位"小姨子"失去了兴趣，又开始向别的女孩发动进攻。

可以说，"白兰花"是孔令侃遇到的所有女人中，最令他动心的一个。她特别能理解孔令侃，知道怎样逢迎。她比孔令侃大十几岁，有着多年的生活阅历和交际经验，经常能为孔令侃出谋划策，并在孔令侃最需要帮助时，出现在他面前。

"白兰花"属于那种交际型的女人，她也清楚地知道和孔令侃的相遇，可能是她一生中的最后一次机会。否则，就可能永远待在盛升颐那死气沉沉的家中。孔令侃年轻英俊，充满了活力，而且前途无量。和孔令侃相比，盛升颐像是一具披着一层华丽外衣的僵尸。因此，她使出浑身解数，百般妖媚，赢得了孔令侃对她的好感和信任。

二人的亲密关系愈演愈烈，很快发展到了谈婚论嫁的地步。但一想到孔祥熙冷冰冰的面孔和宋蔼龄的心计，孔令侃还是有些担心。毕竟，他翅膀未硬、羽翼未满，离开老爹老娘还不能闯天下。通过张乐怡妹妹的事，他也明白了孔祥熙、宋蔼龄的意图，是想让他找一个门当户对的名门闺秀。当时也确有不少热心人给他介绍，他出入交际场所也认识了不少漂亮女孩。可说实在的，他觉得那些女孩子大都有一股子令他讨厌的做作，而那些不大做作且能大胆向他表示"爱情"的又都浮浅粗俗。他已隐约感到孔祥熙和宋蔼龄不可能同意这桩婚事，况且，"白兰花"还没有离婚。而要想让"白兰花"离婚，自己首先就要做出承诺。

孔令侃和"白兰花"秘密约会同居的事终于暴露了。那是一天晚上，"白兰花"对盛升颐谎称去戏院看戏，盛升颐派人暗自跟踪，发现她被一辆黑色轿车接进了一幢洋楼里。不久，在国民党上层的家庭里，孔令侃和"白兰花"的事就成了热门话题，盛升颐也和"白兰花"摊了牌。"白兰花"哭着去找孔令侃，不料孔令侃正在家中受孔祥熙的训斥。

孔令侃也有个怪脾气，想要的东西一定要弄到，想办的事一定要办成。那时，武汉已被日军占领，孔祥熙随国民党政府一起去了重庆。孔令侃则被派到香港，作为中央信托局（该局当时设在香港）的代行理事长，替孔祥熙行使职权。孔令侃到了香港以后，办了一个刊物《财政评论》，办了一份报纸《星报》，利用这一报一刊为孔家歌功颂德。为了能及时和重庆联系，孔令侃违反港英当局的规定，在《财政评论》办公楼里秘密地设立了一部电台。不料这部电台被港英当局查获，而孔令侃却利用这一事件和他心上的美人"白兰花"成婚，因祸得福。

当时港英当局允许重庆政府在港设立的电台有两个：一个是中央银行的电台，设在罗湖深圳边界；一个是戴笠军统在西环海岛上军火库内设的。其他一些驻港机构要想开展无线通讯业务，都要到交通银行公开设立的中国电报局办理。孔令侃觉得那样做不方便，特别是他想独立地搜集整理一些有价值的军事、经济情报及花边新闻，直接发给孔祥熙和宋蔼龄，就必须设自己的电台。

孔令侃设立秘密电台，用密码向重庆发报的情况被日本在香港的特务发现了，这些特务多次截获了孔令侃的电报，在拿到了确凿的证据后，开始向港英当局施加压力，要求他们查办。

一天上午，港英当局出动警察突然包围了《财政评论》办公大楼。不到一小时，就将孔令侃私设的电台、密码及有关资料起获，并带走了几名工作人员。孔令侃当时就在楼上，也束手无策，眼睁睁地看着自己手下的人被英国人带走。

更糟的是，第二天香港的几家报纸几乎同时报道了这一消息，说是破获了一个间谍情报电台，这一下孔令侃真有点跳进黄河洗也洗不清了。他想说自己不是间谍情报电台，人家反问他，不是间谍情报，为什么偷偷摸摸？为什么不到公开营业的中国电报局去发电报？

孔令侃自知理亏，在香港这个地方，又没人买他的账，他真有了落魄之感。于是，他舍出血本，向经办这件案子的港方人员大量行贿，又委托律师办理罚款交保手续。

港英当局查来查去，也觉得难以处理。一是《财政评论》是国民党政府的中央信托局办的，案子涉及到中国政府；二是该刊物的主要负责人孔令侃是孔祥熙的儿子。于是，港英当局就把该案的全部案卷和证词都移交给了中国驻香港的外交代表，并表示可以不追究法律责任。最后是《星报》的经理罗吟圃当了替罪羊，得以了事。罗也是一位文化人，曾经做过国民党十九路军翁照垣将军的秘书，他是位德国留学生，抗战时做了国民党财阀大官僚孔祥熙儿子孔令侃的秘书。罗吟圃除了当《星报》经理之外，还每天为《星报》写社论，文笔犀利，颇受读者欢迎。罗与当时在《时事晚报》写关于国际问题社论的乔冠华有瑜亮之称。孔令侃的"间谍案"东窗事犯后，罗吟圃代孔受过被递解出境。但港英当局认为孔令侃明知故犯，不能原谅，希望中国政府将其调回。

消息传到了重庆，蒋介石指示要孔令侃回重庆，当面说清在香港发生的一切。宋蔼龄怕孔令侃一回来会成为众矢之的，一旦威信扫地就很难再爬起来，就说通了宋美龄，让孔令侃去美国留学。关于这段趣闻，也有书中记载：

这时孔令侃突然想起了"白兰花"，就给"白兰花"发电报，让她速来香港。

"白兰花"自然心领神会，立即从重庆坐车到昆明，又从昆明转道去了香港。

1939 年秋的一个早晨，一艘美国公司的客轮在香港起锚了。在头等舱的房间里，孔令侃和"白兰花"相对而坐。茶几的花瓶上插着一束鲜艳的郁金香，空气中飘浮着温馨与甜蜜。

几天后，船行至马尼拉，孔令侃突然对同行的几个随从说，他要在马尼拉与"白兰花"结婚。孔令侃的这一举动令他的随从大吃一惊，他们都知道孔祥熙和宋蔼龄是坚决反对这一婚事的，他们原以为孔令侃叫"白兰花"来，只是为旅途枯燥解闷。

在马尼拉港，孔令侃打电报给宋蔼龄，通报了他的婚事。他早想好

207

了，来个先斩后奏，生米煮成熟饭，同意得同意，不同意也得同意，反正他们名正言顺地在一起了。

为了把婚礼办得像点样，他还事先托在马尼拉的朋友帮他在一个旅馆租了个房间（船在马尼拉停了两天），并请了一个牧师做他们的证婚人。孔祥熙夫妇知此事暴跳如雷，宋蔼龄冷静下来后，立刻通过关系弄清了孔令侃在马尼拉的地址，然后发了一封措辞恳切的电报，大意是让孔令侃冷静下来，认真对待婚姻大事，并再次明确表示不同意这门婚事。

无奈这封电报发出后犹如石沉大海，没有一点回音。就在孔祥熙、宋蔼龄焦急地等着马尼拉电报的时候，孔令侃和"白兰花"已在旅馆如期举行了婚礼。

孔令侃去美国是被迫的。这是他一生中极少遇到的情况，因为有"白兰花"，他才答应了这个要求。否则他是一定要回重庆的，看看那些"正人君子"能把他怎么样。

孔令侃和"白兰花"漂洋过海，一路上花红柳绿，到了美国也根本没心思读书。无奈宋蔼龄发了脾气，拿不到哈佛大学的硕士文凭就别回来见我。孔令侃只好硬着头皮去读书，在"白兰花"问题上已经弄得老爹老娘很没面子，这学习的事说什么也得顺从。

可此时的孔令侃哪有心思坐下来读书呢。晚上他逛夜总会，早上就起不来，迷迷糊糊地赶到教室，老师的话一句也听不见，满脑子里还是红男绿女。这时"白兰花"给孔令侃出了个主意，说你真不想读也没关系，以孔家的势力和影响，找个替身应该是毫无问题的。孔令侃一拍大腿说，是啊，这一层我怎么没想到呢。于是，他想起了吴方智。

吴方智原是中央信托局在香港的一个职员，广东汕头人，大学毕业，英语讲得极为流利，脑子也很灵光。因和孔令侃年龄相仿，平时还能和孔令侃说上话。

孔令侃立即发电报到香港，叫他速来美国。吴方智见到孔令侃的电报，自然不敢怠慢，立即乘船来到美国。到了以后才知道，孔令侃要他来是为了当替身。

孔令侃按事前和"白兰花"商量好的办法，让吴方智用孔令侃的名字在哈佛大学缴费注册，攻读硕士学位，并对吴许愿说，这次拿到学位，帮了孔令侃的忙，将来一定重用。

吴方智出身贫寒，能为孔令侃这样的大少爷效力也心甘情愿。于是他寒窗苦读，发奋忘忧；加上聪颖的天赋，只用了两年时间，就拿到了哈佛大学经济学硕士的学位文凭。但文凭上的名字却写着孔令侃，当孔令侃把文凭捎回重庆时，孔祥熙和宋蔼龄还着实高兴了一阵子，以为这个捣蛋的儿子改邪归正了。

"拿到"文凭后，孔令侃怕吴方智久居美国会带来麻烦，就让他回到香港，并给了他一笔酬劳。抗战胜利后。孔令侃将吴方智提升为中央信托局购料处副经理。当时，一些知情人给他起了个外号：地下硕士。

●孔令侃在美国期间，为宋美龄当私人秘书，随她一起在美国四处活动。孔令侃利用这个机会，同美国各大资本家交往。孔令侃回国后，利用孔家的钱财和影响，再加上他在美国建立的各种关系，迅速建立了扬子公司，并很快成为上海滩的大公司。

孔令侃在美国期间，正值第二次世界大战的转折时期。在太平洋战场，美军由战略防御转为战略进攻，并在中途岛、瓜岛等战役中重创日军，从海上完成了对日本本土的包围。苏联则进行了斯大林格勒保卫战，首次取得了一次歼灭德军精锐30万人的重大胜利，从此扭转了苏德战场的局面。在北非，蒙哥马利领导的英美联军重创隆美尔的德国坦克部队，并一举攻占了意大利的门户西西里岛。这一切都表明，世界反法西斯战争的胜利指日可待。

正是在这种大背景下，孔令侃利用孔宋两家的努力，在美四处活动八方串联，争抢美国各大公司在中国产品的经销权，为在抗战胜利后取代日本在华地位的美国商人铺平道路。

1945年，宋美龄访美，孔令侃担任宋美龄访美代表团的秘书长。孔令侃利用这个机会，同美国著名大公司进行洽谈，并取得了很多大公司在华经销其产品的合同，为其回国建立扬子公司创造了条件。一年前，执掌国民政府金融大权的孔祥熙因群起而攻之，被蒋介石解除了职务，孔令侃从政的阶梯失去了支撑。他本来还雄心勃勃想杀进政府，为孔祥熙挽回面子，但宋蔼龄劝他，官场污浊，仕途险恶，伴君如伴虎，不如趁现在年轻干一点实业。于是孔令侃回国后，利用孔家的财产和影响，利用自己在美国多年建立的关系，在抗战胜利不久开办了一家扬子公司。

扬子公司由孔令侃独资经营，实际上有孔宋两大家族的背景。这事说起来难以理解，孔宋两家的矛盾由来已久，怎么会在扬子公司上又利益一致呢？其实，孔祥熙被撤职后，宋子文接替了孔的位置，就像10年前孔祥熙接替宋子文一样，几年后又掉了个个儿，二人自然是水火不相容。关键是宋美龄，她一生不能生育，蒋经国、蒋纬国已渐渐长大成人，她急需在下一代中找几个侄辈的来与之抗衡。宋氏一门几个兄弟，都是晚婚而且儿女稀少，只有孔家人丁兴旺，其中孔令侃又是她最喜欢的一个。因此宋美龄对孔令侃"情有独钟"，并极力培养他与蒋经国、蒋纬国抗衡。

而且，当时宋蔼龄对宋美龄的影响也起了一定作用。到美国定居前，她曾专程拜访宋美龄，姐妹俩相对垂泪，心潮难平。临了宋蔼龄拜托宋美龄，多多关照自己留在大陆的儿子，宋美龄自然应允。

正是由于有了这种种背景，孔令侃的扬子公司才能在短短的时间里崛起，大赚其钱，成为上海滩上一股不可忽视的势力。

孔令侃做生意，既有从老爹孔祥熙那里继承过来的手腕，又有自己的"发明创造"：如炒外币美金当年是孔祥熙的拿手好戏，可轮到孔令侃手里，玩起来也一点不比他老爹差。

抗战后，外汇由中央银行统一管理经营，外汇价格由官方规定。当时1美元合法币1.2万元，但不久黑市涨到1美元换法币4万元。孔令侃一看这里头有油水可赚，就想尽办法套购官价外汇美元。他通过宋美龄，一次就搞到几百万美元。他还将两辆进口高级轿车送给中国银行外汇部主任，外汇部主任就源源不断地将平价美元卖给孔令侃。靠着这近千万美元的外汇，孔令侃在美元市场上进行炒作，并大发了一笔。

不过，孔令侃赚钱最多的，还是走私和汽车生意。二战期间，美英等国全力以赴进行战争，民用轿车生产都停业了一个时期，于是二战结束后便出现了供不应求的情况。为了保障供应，美英等国组织了汽车联合会的垄断组织，规定了汽车销售的两种价格，即组织成员可买到平价车，而非组织成员则要到市场上去买高价车。孔令侃发现了这一差价，立即在汽车生意上动开了脑筋。他翻开了所有关系单位中曾经和扬子公司、中央信托局有过业务往来的通讯名录，终于找到了利威汽车公司。

利威汽车公司是在香港注册的一家英国企业，是美英汽车垄断组织的成员，在上海经营汽车已有 100 多年历史。为了能达到打入汽车垄断组织，搞到平价轿车的目的，孔令侃用 130 万美金将利威汽车公司 95% 的股权买下。孔令侃买通了利威的老板后，却没有到香港去变更股权登记。所以从表面上看，利威还是英国的一家公司。

孔令侃这样做是有目的的，既不暴露他的真实身份，使一些竞争对手弄不清他的真实意图，又可以在表面上保持利威英国企业的性质，必要时又可以得到英国法律的保护。于是，利威公司成为孔令侃在商战中的一件"秘密武器"。

孔令侃在操纵控制了利威公司后，很快通过其和美国通用汽车公司的关系，购进了一批美英生产的新型轿车。要使这批汽车在黑市上卖出好价钱，孔令侃也颇动了一番脑筋。

美国法律明文规定：凡是新车，其销售都不能超过一定的最

1987 年，孔令伟、宋美龄、孔令侃（右）于士林官邸合影

211

高限价，旧车可不受限制。美国法律又规定，只要车里放有猫或狗，就说明这辆车已不是新车而是旧车了，价格也不再限制。

孔令侃发现了这个破绽后，就去买了些猫和狗，放进购买的新车里，然后以高出新车最高限价几千美金出售。当时美国的汽车市场供不应求，尽管孔令侃的价格较高，购车者仍十分踊跃。由于车里有了猫或狗，官方又不能说这是新车，孔令侃就靠这种手段大赚了一笔。

另外，英美汽车厂还有一种规定，凡是从中国去英美的人，不分国籍，只要与利威公司签有合同，事先由利威公司以电报形式向汽车生产厂家预约，这个人到达纽约或伦敦后，可以凭合同按优惠价格购得汽车一辆。这种办法被英美商人称为"本土供应"法。孔令侃在这上面也大做手脚。他派人了解即将到欧美定居的人员情况，然后选择对象，许诺说谁能与利威公司签订假的"本土供应"合同，就可以得到一笔好处费。很多出国人员到美英并不想立即买车或买新车，但一笔可观的好处费使他们成为孔令侃的驯服工具。于是，他们行前先签合约，到美国后由扬子公司驻纽约分公司的负责人"伴同"一起凭假合同取车。当时去美国的人很多，孔令侃就通过这种手段，源源不断地得到了价格优惠的汽车，然后再转手倒卖。

孔令侃的精明狡诈，可以说有时令孔祥熙也望尘莫及。这一点从他的用人也可略见一斑。

当时，扬子公司恐怕是设官职最多的公司。这一点不仅令孔祥熙、宋蔼龄不解，连孔令侃的朋友和公司里的一些同事也颇为奇怪。公司除孔令侃当总经理外，共设有副总经理30余人，其中多为洋人。如英、美军官各1人，英国勋爵1人，美国华尔街代理1人，买办若干人。此外财政部、军政部官员若干人，最令人不解的是还有3名德国纳粹战俘在公司任职。

当时有人不理解问他，你弄来那些德国佬干什么？他们是战败国，有功夫多和美国人联系联系才好。

孔令侃不听，不仅要来了3个德国战俘，还委以重任，使那些德国人十分感激孔令侃。孔令侃看的没错，德国虽然战败，但德国的技术、文化

212

和巨大的工业潜力是不可忽视的。果然没过多久，德国的工业开始复苏，中国对德国的贸易也开始复苏。孔令侃利用这3个德国人，很快和德国搞颜料的垄断资本家挂上了钩，而当时中国的颜料市场几乎是空白。不久大批的德国颜料进入中国市场，扬子公司又趁机发了一笔。

1948年8月，蒋家王朝行将崩溃前夕，国民党政府又进行了所谓的"币制改革"，即废除法币起用金圆券。金圆券刚发行的两个月里，国民党统治区的物价出现了暂时的稳定，但很快便出现了和法币同样的命运。由于国民党政权的腐败，由于在军事上的失利，金圆券的发行量越来越大，国民党统治区的物价便像钱塘江的潮水，不可抑制地飞涨起来，于是想靠"币制改革"挽救国民党经济危机的计划破产了，作为金融中心的上海反应最为激烈。资本家一看金圆券贬值如同脱缰的野马，纷纷囤积物资。

孔令侃的扬子公司看出这又是一次发财暴富的良机，便利用资金雄厚的优势，用外汇在美国购进大批日用品。运到上海后，以黑市美钞价抛售，再以官价购运美货在上海囤积，转手之间便获利数十倍甚至上百倍。他们还自备了一艘6000吨的轮船，来往上海武汉之间，大量收购粮食和土特产，囤积起来准备高价出售。于是在上海就出现了中国经济史上前所未有的怪现象。一队队市民揣着一叠叠崭新的金圆券，就是买不着需要的东西。粮店大都关门，百货店和副食店的货架上空空荡荡，人们瞪着发绿的眼睛四处张望。而那些官吏豪门，却依旧花天酒地，等着物价进一步上涨就可坐收厚利。

消息传到南京，蒋介石急了。近几个月来，国民党军队在军事上节节失利，不仅毫无进攻能力，反而被分割包围在几个大中城市不敢轻易出击。蒋介石的脾气也随着南京夏季的气温不断升高，火气越来越大。听说上海又有人利用币制改革囤积居奇，闹得物价飞涨，人心惶惶，他怎能不火顶脑门儿。

蒋介石把电话打到淞沪警备司令兼上海市警察局局长宣铁吾家里，告诉他要立即进行干预，动员全部警力查办投机商，坚决平抑物价。

宣铁吾不敢怠慢，立即亲自布置调查，结果却令他大吃一惊。凡是在上海能囤积居奇的，个个都是大腕，人人都有后台。而闹得最欢的，就是青帮头子杜月笙的儿子杜维屏和扬子公司总经理——孔祥熙的儿子孔令侃。

宣铁吾左思右想，几天吃不香睡不着。如果不执行蒋介石的命令，乌纱难保。如果执行了又势必得罪杜月笙和孔令侃。干脆，三十六计走为上计。于是他以身体欠佳为由，向蒋介石写了个辞职报告，请求免去警备司令兼警察局局长之职。

蒋介石一看报告就知道宣铁吾在耍滑头。可现在，谁能搬动那些大官呢？于是他想到了蒋经国。蒋介石要他马上到上海去一趟，说那里已经乱了套。

蒋经国知道了上海的情况后，觉得责任重大，心里也没底，于是他在去上海前给国防部保密局长毛人凤打了个电话。毛人凤便命令上海警备司令部的稽查大队改为经济检查大队，受蒋经国直接指挥。

此时，蒋介石也电告宣铁吾辞职不准，已派蒋经国去上海，共同执行查处任务。

蒋经国手中有了尚方宝剑，来到上海，在外滩的中央银行三楼安营扎寨。旋即蒋经国向上海金融和商界明确宣布，他这次来，是奉蒋介石之命来整顿经济秩序，平抑物价并查办投机商的。他不打苍蝇，专打老虎。

最初，杜维屏和孔令侃并没把蒋经国放在眼里，像这样的阵式他们见得多了，不过喊几句口号、开几个会，最好抓几个小萝卜头应付应付舆论。所以他们拒绝检查，并继续在黑市上投机。

可蒋经国不是软柿子，他回国多年，一直没主管过什么正经事，这次受命于危难之中，他必以"国家"利益为重，不徇私情。况且，他也清楚地知道，这次如果不抓几个大头，哄抬物价和投机倒把之风是断然不能刹住的。于是蒋经国抡圆了板斧，向"老虎"的头上砍去。

当下查有财政部秘书陶启明因泄露经济机密，大搞股票投机，人赃俱在；上海警备区经济科长张业区利用职权，敲诈勒索；行政院长孙科的经纪人、大富商王春哲囤积居奇，明知故犯。这3个案子报到蒋经国那里，蒋经国大笔一挥："杀！"

开了杀戒后，蒋经国发现杜维屏等还没有主动交代的表示，便在一天傍晚突然查封了他最大的一个仓库。经查发现，里面堆满了政府明令禁止囤积的物品。

杜月笙的儿子杜维屏被捕了。消息像长了翅膀飞遍了上海滩，连孔令侃听了都头皮直发麻，莫非这个俄罗斯儿子（孔令侃称蒋经国为俄罗斯儿子是因为蒋经国的妻子是俄罗斯人，即蒋方良）真敢太岁头上动土？

孔令侃的确想错了，他自称太岁爷是过分了。国民党的江山是姓蒋而不姓孔，蒋经国是蒋介石的大公子，若按过去皇帝的规矩，蒋经国就是皇太子，而孔令侃不过是皇亲国戚，见了皇太子也得请安。

果然，蒋经国在逮捕了杜维屏后，立即在浦东大楼召集所有巨商开会。那些平日里横行霸市、趾高气扬的大亨们都乖乖地来到会场，连青帮头子杜月笙都亲自到会，当然杜月笙也是来者不善。

蒋经国开这个会的目的很清楚，杀鸡儆猴，杀了3个，抓了一个大头。谁敢不听我的命令，他们就是榜样。到场的巨商们无不脸色铁青，额头冒汗，纷纷表态拥护南京的禁令，要为币制改革出力，做遵纪守法的良民。蒋经国不禁暗自得意，以为大功告成。不料半路上杀出了程咬金，就在蒋经国要宣布散会的时候，杜月笙站了起来，轻轻地咳嗽了两声。

蒋经国预感不妙，抓了杜维屏，就是给杜月笙看的，但他杜月笙又怎么样，犯了法我一样抓。谁知杜月笙将扬子公司供了出来，令蒋经国倍感压力。蒋经国心里直冒凉气，他早就听说孔令侃的扬子公司，但也不愿意一下子得罪孔令侃。查了杜维屏，就是给孔令侃提个警告，叫他主动交代。不料杜月笙当众将了他一军，看来孔令侃是不能不查了。

当天晚上，蒋经国率领经济检查大队直扑扬子公司的几个仓库，当场查获扬子公司囤积的违法物资两万多吨。蒋经国一咬牙说了句："封！"就把这两万多吨的物资全部封存，仓库负责人也给扣了起来。

再说孔令侃，听说仓库被封的消息后，知道蒋经国是铁了心跟他干，再找他说也没用，当即就乘飞机到南京去找宋美龄。宋美龄历来对蒋经国没有好感，听说他在上海乱抓乱杀，气就不打一处来。孔令侃又以要公布宋美龄在美国的财产相威胁，宋美龄终于答应让蒋经国住手。

此时蒋介石正在北平督战，宋美龄急邀蒋介石回来，说上海现在乱了套，到处乱抓乱杀，都搞到她宋美龄的头上。蒋介石一听，也顾不上北平和东北的战事，急急地乘飞机回到南京。

蒋介石回来之前，宋美龄已到了上海。她找到蒋经国，劝他不要对扬子公司下手，说那样会从根本上影响国民党政权的声誉，给反对的人找到借口。

蒋经国不服，说蒋介石派他来上海整顿上海秩序，现在是小官看大官，百姓看上头，如果欺软怕硬，怎么能服人呢？

就在蒋经国和宋美龄争执不下时，蒋介石回到了南京，不久就宣布：扬子公司一案撤销，上海的经济管制结束。

据说当时蒋经国在见蒋介石后，垂头丧气地走出来，自言自语地说："我只有先在家里尽孝，而后对国尽忠了。"

一场轰轰烈烈的"打虎"运动，就这样草草收场了。本想以铁腕手段在上海"打虎"的蒋经国，结果还是倒在了扬子公司这只"真老虎"的爪下。

1966 年，正值台湾大选，宋美龄将远在美国的孔令侃叫回台湾，想推荐他做"行政院长"一职。但此事遭到蒋介石的拒绝，宋美龄反驳道："David 长期奔走联系美国国会议员，与美国国务院官员周旋，为台湾做了那么多事，难道当个部长过分吗？如果不给令侃一个职位，教他在美国如何为台湾效力？"蒋介石权衡再三，决定特聘孔令侃为"总统府国策顾问"。虽然这个职位没有多大实权，但在 20 世纪 60 年代末 70 年代初，孔令侃在台湾当局与美国政府之间扮演了举足轻重的角色。台湾当局数次赠给尼克松参加竞选时的政治献金，都是由孔令侃亲自交给尼克松本人的。美国政府也把孔令侃看做蒋介石与宋美龄的私人代表，对其另眼相看。

据台湾《新新闻》周报刊登的一篇题为《家臣眼中的宋美龄》文章说，1972 年蒋介石就任第五任"总统"，蒋经国即将接任"行政院长"一职时，宋美龄因受孔令侃之托要推举孔令侃在新内阁中担任"财政部长"。而此前蒋氏父子已商量好"财政部长"的人选，为此蒋、宋夫妇之间出现了不小的争执。最后二人各退一步，各自的人马都出局，改由第三人接任"财政部长"。蒋介石为此事与宋美龄怄气，独自搬到阳明山竹子湖住了一段时日。

晚年的孔令侃依然经商，在美国曾有一处公寓，即纽约里弗代尔独立大道 4904 号别墅。后来宋美龄离开蝗虫谷后一直住在这所房子里，直至病逝。

1992 年，孔令侃因肺癌病逝，享年 75 岁，葬于美国纽约上州西切斯特县哈茨代尔郊外的芬克里夫墓园的孔氏家族墓地。

三、孔祥熙的次女孔令伟

●在南京曾经流行这样一句话："你不要神气，小心出门碰见孔二小姐！"自幼酷爱男装的孔二小姐孔令伟性格乖戾、跋扈，与她的哥哥孔令侃相比，有过之而无不及。

孔令伟（又说孔令俊）是孔令侃的妹妹，出生于 1919 年 9 月 5 日，在家排行老三，比孔令侃小 3 岁，人称孔二小姐。一生下来就敦敦实实，活泼好动。从小时候起，宋美龄就对孔令伟宠爱有加，官邸人人皆知。而宠爱之深，更使外界有很多传言，指孔令伟根本就是宋美龄所生，甚至连男主角的名字都有，即刘纪文，是宋的初恋情人。

有媒体记者也求证过此事，当时刘纪文只承认他的太太是宋美龄所介绍的，宋美龄和蒋介石结婚时，刘纪文则是男傧相。他只说："我们是很好的朋友。"另外，也有人计算时间，指刘纪文赴美留学是 1920 年，而孔令伟出生于 1919 年，所以这一传说并不成立。

上小学时，孔令伟喜欢和男孩子玩，打架、斗嘴。13 岁时她就学会了

孔令伟（左二）

驾车、打枪。有一次，孔家的保姆对孔令伟说，女孩应该文静一些，孔令伟听了则大笑一声："那我就偏不文静，看你能把我怎么办！"

孔令伟长得眉清目秀，十四五岁时就已出落得像个大姑娘。可她偏要女扮男装，把头发剪得短短的，有时穿黄呢子军装像个年轻的军官；有时西装革履像个年轻的学者；有时又一身长褂像个绅士，一般不认识她的人第一次见面很难分清她是男是女。至于孔令伟喜好男装的原因，2005年孔令仪接受凤凰卫视专访时说出了原委："令伟啊，真是可怜！她小时候是穿女孩子的衣服。因为天气热嘛，她头上生了一粒一粒疖。蒋夫人说我母亲，'怎么搞的，给她穿那么那么长的衣服？'她身上生疖，就把她头发剃了，给她穿短裤子。结果，秘书啦，侍卫啦看见就笑她，说，'哎呀！孔二小姐你怎么穿这个？'她就觉得不自然啦，后来就故意穿男孩子的衣服，因为小孩太敏感呐。其实怎么穿管你们什么事，等病好了，再换过来就行了。她换不过来了，所以蒋夫人对这点觉得很遗憾。"

孔祥熙和宋蔼龄对其娇惯宠爱，她不仅饭来张口、衣来伸手，而且想要什么便能得到什么。和孔令侃一样，她也谁都不放在眼里。在南京和后来的重庆，她都横行霸道且无人敢管。曾有书中记载：

孔令伟15岁便敢独自开车上街。尽管孔祥熙、宋蔼龄吩咐过秘书要管住孔令伟，但秘书们哪里敢惹孔令伟，最后的结果就是浪费了半天口舌，孔令伟还是把车开了出去。虽说她会开车，但毕竟年龄小经验不足，所以常出事。有一次她在南京开车兜风，违犯交通规则，警察不知道她是孔家二小姐，就上前训斥了几句。孔令伟看一个警察竟敢训斥她，掏出枪来就打。可怜那警察被子弹打中，送到医院后因流血过多而死。当即孔祥熙令

218

人给警察的家属送了一笔抚恤金，才算了事。孔令伟照旧没事人似的，开车在大街上乱转。这件事后来在南京的交通警中传开了，以至后来流行这样的笑话，两个人一斗嘴，一方便说："你不要神气，小心出门碰上孔二小姐！"

抗战时期，国民党的首都从南京移到了重庆。为了防止日军的空袭，夜间实行灯火管制。车辆在街上行驶不能开灯，而且要限速。有一次，孔令伟晚上出门办事，回家的路上，正遇上空袭警报，所有的车都关了车灯。可孔令伟不但不关车灯，还加大油门向孔家的住所——范庄官邸驶去。警察一看有车子违反规定，想上前阻拦，孔令伟竟丧心病狂地开车向警察身上撞，当时就把这个警察撞倒在路边。

重庆警备司令部有个稽查处，是军统直接管理的部门。官阶不高却权力极大，平时在老百姓头上作威作福，对一般的资本家也不放在眼里。不料有一次碰上孔令伟，惹来不少麻烦。

那是一天深夜，稽查处处长陶一珊和军统本部的总务处长沈醉两人带着几个特务去机场处理一件案子。车开到一个涵洞附近，迎面开来一辆轿车，亮着大灯，速度很快。陶一珊的车停在原地未动，并用开灯熄灯的方式示意对方让开，不料对方不但毫不理会，反而向陶一珊的车直冲过来。陶一珊虽是处长，却是上面的红人。看见这辆轿车的骄横，气就不打一处来。当下他也开着大灯迎了上去。结果，因道路狭窄，车速又快，两辆车的前保险杠撞在一起。

陶一珊气势汹汹地跳下去，张口就骂。不料对方车里也下来一个穿军装、看上去像个年轻军官的人。她抬着眼皮瞥了一下陶一珊领章上的军衔，不屑一顾，气势逼人。陶一珊也不相让，出言不逊。就在双方即将准备开战的时候，重庆警察局局长唐毅开车赶来，在唐毅的相劝下，才了结了此事。

第二天，唐毅带着陶一珊到孔府去赔礼道歉，以至后来成为军统中的一则笑话。可陶一珊并不以为然，他说你们别笑话我，要是你们遇到了那种情况，说不定还得管孔令伟叫大姐呢。

还有一次更邪乎，孔令伟竟在光天化日之下和云南军阀龙云的三公子因一点口角，在重庆中央公园开枪对射，误伤了不少游人，当即成为重庆市轰动一时的新闻。

　　重庆又名雾都，难得有几个晴空万里的好天气。某一日阳光灿烂，万里无云，又正好是个公休日，市民纷纷走出家门，来到位于北碚的中央公园。孔令伟也带着两个随从，骑马来到公园。不过她破天荒地没穿男装，而穿了一身猎装，露出了女儿的本色。

　　她们经过一片绿林时，忽然听到一阵放荡的笑声。孔令伟侧目一看，不远处的假山旁，四、五个公子哥模样的青年，正向她们打着飞吻。

　　孔令伟哪受得了这个，对两个随从一摆手说，走，教训教训他们。就径直向那几个青年走了过去。一阵纠缠后，孔令伟已从怀中掏出了手枪。令孔令伟吃惊的是，对方并没有像她想象的那样，一见手枪就下跪求饶或吓得屁滚尿流地逃跑。为首的皮夹克额头上青筋直跳，也从怀中掏出一支瓦蓝瓦蓝的驳壳枪。

　　孔令伟还没受过如此奇耻大辱，脑袋瓜一热，向对方扣动了扳机。只听"啪"的一声枪响，刚才还宁静温馨的公园顿时变成了杂乱无章的闹市，人们叫着、跑着、哭闹着……霎时乱成了一团。

　　一时间，公园里枪声大作，宛如战场，有几个游人因躲避不及倒在了血泊中。

　　后来警察宪兵闻讯赶来，才平息了这场枪战。事后，双方才知道了对方的底细，原来那"皮夹克"是当时云南省主席、军阀龙云的三公子。

　　孔令伟虽然没吃什么大亏，但也憋了一肚子火。因为这是她第一次碰壁，第一次有人不买她的账，跟她真刀真枪地干。回家后，她在孔祥熙、宋蔼龄面前又哭又闹，说龙三公子如何欺侮她，要他们为她做主，一定要严惩龙三公子，否则孔家太丢面子。

　　孔祥熙照例安慰了孔令伟一番，并把龙云大骂了一顿，说一定要到蒋介石那里告上一状。实际上，孔祥熙什么也没说。因为他明白，国民党政权退守西南以来，这些西南的土皇帝身价倍增。这龙云集云南的军政大权为一身，号称"云南王"。他的滇军名义上归蒋介石指挥，实际上老蒋一兵一卒也调不动。日本鬼子要进攻云南他就打日本，中央军要进云南他也会打中央军，连蒋介石现在都让他三分。再说滇缅公路是国民党政府的战略要道，连孔祥熙的走私货也要从那里走，要真是把龙云得罪了，对孔家也没有好处。

孔令伟虽然嘴上吵得凶，心里也明白，强龙压不过地头蛇，再说又是自己先开的枪，先伤的人。所以她吵闹了一阵后，也就把龙三公子的事忘到九霄云外去了。

●**孔令伟自尊心极强，个性极强，总觉得这个世界上有些事情不公道。她最崇拜的是武则天，一心想做一个不受任何约束、我行我素的女强人，以致后来发展到同性恋。**

孔令伟常对她的随从说，男人没一个好东西，女人天生也贱，为了几个臭钱就让男人胡折腾，还恬不知耻地说什么爱呀情呀，她要把这一切颠倒过来。

她平时从不着女装，骑马、开车、打枪、射箭，言谈举止样样模仿男人。最可笑的是，她这种个性的畸形发展又没有人加以引导，而是一味地姑息放纵，使孔令伟最后发展成为同性恋。

她先后结交了四川军阀范绍增的老婆邓某和顾祝同重庆办事处庞处长的老婆葛某，成天鬼混在一起，闹得满城风雨。邓某病逝后，她干脆和葛某同居，形影不离，俨然夫妇。一个"葛太太"还不够，她还要依照旧中国男人的传统做法"纳妾"。为此，她经常出入酒吧舞厅，看中了漂亮的女孩，就想方设法接近，或托人去当说客。有一次，孔令伟在一个舞会看中了一位陆小姐。那位陆小姐和孔令伟一支舞跳下来，也动了芳心，情意绵绵。孔令伟一看有戏，就陪陆小姐又吃又喝，一直折腾到午夜，最后用车把陆小姐拉进自己的别墅。

几天后，陆小姐如梦初醒，觉得自己一个姑娘和孔令伟这样鬼混实在不清不白，就提出要和孔令伟分手。不料孔令伟恼羞成怒翻了脸，无奈陆小姐只得强颜欢笑，陪着孔令伟，由其胡闹，等孔令伟又有了新欢后，才离开那个魔窟。

孔祥熙和宋蔼龄对孔令伟虽然娇宠，但对她在外面的行迹也有所闻，觉得毕竟是孔家的千金，将来应该有个好的出路。经商量决定，还是要先给她弄一张文凭，再谋其他的发展。

可孔令伟生性好动，喜武厌文，让她坐下来读书，比什么都难受。宋蔼龄想了一个办法，打通了老关系，从上海的圣约翰大学请了一名美国教授武道来重庆。欢迎筵席上，宋蔼龄直截了当地说，请你来的目的就是为了给孔令伟弄一张大学文凭。武道在中国多年，对中国的事情门清，所以便答应下来，并出主意说，可以在重庆找一些老师，就算是圣约翰大学的特邀教授，按大学的要求专门教孔令伟，读满了一定的学分后，就算毕业。

宋蔼龄采纳了这个建议，就找了几个才学出众的青年学者，聘为圣约翰大学的特邀教授，轮流来为孔令伟上课辅导。

孔令伟原本不想学习，对宋蔼龄说，弄个文凭还不容易，随便到哪个学校盖个章不得了。宋蔼龄说，圣约翰大学的文凭值钱，美国都承认，拿了这个学校的文凭，将来到美国很吃香的。一想到去美国，孔令伟便动了心。再说，她大姐和哥哥都有大学的文凭，她也就无话可说。

给孔令伟安排的课程是每天一小时，可实际上，每次上课只有十几分钟，多数情况下只是聊天。宋蔼龄给这些教师的报酬也大大高于学校，所以，这些老师对宋蔼龄、孔令伟百依百顺，就这样"读"了一年多，一张圣约翰大学的文凭就到手了。事后孔令伟说，以前光听姐姐（孔令仪）、哥哥（孔令侃）讲什么圣约翰大学如何如何，看起来不过如此，关键还要有钱。

孔令伟拿到文凭后，孔祥熙、宋蔼龄又开始关心起她的婚事了。虽说孔令伟成天疯疯癫癫、女扮男装，但她毕竟不是男的，是女的就要出嫁。搞同性恋只能是暂时的刺激，找个可靠的男人才是正当的归宿。可孔家子女的婚姻没有一个让孔祥熙、宋蔼龄满意的。孔令仪找了个乐队指挥的儿子，门不当户不对；孔令侃找了个半老徐娘，更是荒唐。孔令伟的婚姻一定要慎重。

当然，关心孔令伟婚事的人大有人在，谁都想借这个机会讨好孔祥熙，成不成的总有人想着，尽的是一份"孝"心。但那些人介绍的，孔祥熙一个也看不上，或者说，孔祥熙根本不想领他们的情，唯一能让孔祥熙和宋蔼龄动心的就是陈立夫介绍的那个。

陈立夫给孔祥熙、宋蔼龄推荐的"乘龙快婿"，就是当时被称为"西北王"的胡宗南。

胡宗南祖籍浙江孝丰，读过几天私塾，在家乡当了个小学教师，后不满县城闭塞平淡的生活，到广州考上了黄埔军校，是黄埔军校第一期学生。在蒋介石的所谓中央军中，黄埔一期学生最受重用，而胡宗南就是他们中的佼佼者。在陈立夫给孔令伟介绍对象的 1942 年，胡宗南已升任第八战区副司令长官，统辖 29、37、38 几个集团军。在黄埔军校毕业的数千名军官中，第一个被蒋介石授予陆军三星上将，可见其深得蒋的重用。因此，胡宗南也是国民党军队高级将领中最有实力的少壮派。

青年胡宗南

胡宗南在家乡当小学教师时，曾娶过一个妻子。后来因官运亨通、飞黄腾达，便把糟糠之妻抛到九霄云外了。在以后的日子里，胡宗南也没少拈花惹草。抗战以后，他还常到成都、重庆，叫人找些漂亮的女孩陪他过夜，但并未再娶，仍是单身一人。

再说孔令伟虽然热衷于同性恋，但也并非不想尝试与异性交往的感觉，只是天下男人没一个她看得上的。听说胡宗南后，也颇动了动心。胡宗南虽说大她十几岁，但毕竟刚刚 40 出头，年轻有为，志向远大；在同龄的国民党军官中，最受蒋介石的赏识。所以她就答应了这件事。

胡宗南听了陈立夫的介绍后，心里也有几分欢喜。上次孔大小姐对他无意，很是失落了一阵。这次如能抓住机会，光明的前途自不必说。孔祥熙是中国最大的财神爷，不仅和蒋介石连襟，在国民党政府中也举足轻重，是蒋介石的左膀右臂。尤其那位孔夫人宋蔼龄也神通广大，做了他们家的女婿，等于给自己的前途加了双保险。

就在胡宗南暗自得意之时，有人暗地给他捎过话来，说孔令伟平时行为不轨，和有夫之妇搞同性恋，而且性格乖戾，娶她当媳妇可是引狼入室，引火烧身，劝胡宗南三思而行。

胡宗南一想也是，孔令伟不比其他女子，不顺眼就休了，玩腻了就甩了。这孔令伟要能对自己俯首称臣，百依百顺也行，可这望门闺秀哪个没有点脾气，弄不好自己成了"妻管炎"，不成了天大的笑话，还怎么领兵打仗？！

胡宗南能从一个教书匠平步青云，也颇有心计，在处理和孔令伟的关系上，就很有分寸。首先不能贸然拒绝，否则必定得罪孔府，留有后患。但也不能马上答应，他决定还是先接触接触再说。眼见为实，耳听为虚，心想你孔令伟只要到西安来一趟，就能露出庐山真面目。因此，他电告陈立夫，近日军务繁忙，不便离开，只能烦孔二小姐大驾亲自到西安来一趟了。

孔令伟没那么多心眼，来西安就来西安，相亲不成可以旅游一趟，重庆那个潮湿烦闷的地方她住上两天就已够了。

胡宗南将孔令伟安排到临潼华清池，蒋介石到西安住的地方，但没有去迎接。胡宗南的心计是，先来个"微服私访"，看看孔令伟的真相，然后再决定取舍。

孔令伟在华清池住了几天后，没听到胡宗南的消息，这天突然说有个记者要来采访，便欣然应允。

这位"记者"其实便是胡宗南乔装改扮的。胡宗南被侍从引进孔令伟的临时客厅，只见孔令伟一身标准的男装打扮，嘴里叼着雪茄，对着窗户吐烟圈。这第一印象确实令胡宗南不敢恭维。为了继续将戏演下去，胡宗南很职业地做了一番自我介绍。不料孔令伟态度甚是傲慢，出言也相当不逊，如此言行一再考验着久经沙场、脾气暴躁的胡宗南。另有记载称，胡宗南借机想给孔令伟拍照索要照片，不料孔令伟口出狂言："在上海，我的一张照片值10万块。滚吧！"孔令伟对胡宗南更加不屑一顾。

照片没拍成，胡宗南却憋了一肚子气。回到住所，大爆粗口，以泄私愤。

孔令伟给胡宗南的印象实在不好：举止粗俗，毫无教养，不男不女，目无一切，还端着个臭架子。这样的婆娘娶进来，还不得像姑奶奶供着。胡宗南出了一身冷汗，心想多亏长了个心眼，没直接和她见面，要是见了面再说不同意，这个台阶怎么下。这没见面就好说了，她孔令伟和孔家也不会丢人。

胡宗南给陈立夫打了个电话，说日军在秦岭准备发动进攻，他必须立即到前线督战，军情紧急，个人的事只好暂时放一放，请他原谅。

陈立夫不知道胡宗南的葫芦里卖的什么药，只好通知孔令伟，说胡宗南有紧急军务到前线去了，一时不能见面。

孔令伟虽说不通人情世故，但也不是傻子。她是孔家的二小姐，大老远地从重庆跑到西安，就是为了和胡宗南见上一面。现在突然说胡宗南有紧急军务，纯粹是胡说八道，想唬三岁的小孩。要有军务他干嘛不早说，再说能有什么军务。

孔令伟没理陈立夫，直接把电话打到胡宗南的司令部，对胡的参谋说，她这次来是见胡宗南的，如果胡宗南约她来又故意躲着不见，必须讲明原因，否则她就待在这儿不走，看看胡宗南还能耍什么花招！

有人很快把话传给了胡宗南，胡宗南才发现问题不像他想得那么简单。他一计不成又生一计，便叫部属给孔令伟打电话，说两天后亲自到华清池向孔令伟道歉。

两天后，胡宗南带着两个贴身卫士来到华清池。这次他一身戎装，腰扎武装带，手带白手套，肩挎左轮手枪。孔令伟也学乖了，身着套裙，脚穿高跟鞋，头上和脖子撒满了香水。

胡宗南故意装出粗鲁木讷的样子，和孔令伟故作多情形成鲜明的反差。胡宗南提议，能不能到外面边走边聊，孔令伟随胡宗南出去后便发觉上当了。沿华清池攀援而上的山路越走越难走，孔令伟平时以车当步，也很少穿高跟鞋，走了不一会儿便磨出了血泡，疼痛难忍。她提出能否休息一下，胡宗南说当然可以。可在那山上，既无椅子可坐，又无水可饮，孔令伟只能坐在一块冰凉的石头上。胡宗南在一旁说，当兵就得吃苦，打起仗来几天几夜吃不上饭，睡不着觉是常有的事。

孔令伟跟胡宗南出来，对他没留下什么好印象，即没风度又没情趣，说话办事像个木头桩子，一点不知道拐弯。特别是明知道孔令伟走不惯山路，还一个劲地往上爬，还说些什么当兵吃苦的鬼话。她原来想象的胡宗南可不是这样的，要嫁给这么一个只知道打仗吃苦的土老帽，还不如像姐姐那样找个温顺体贴的小白脸。

胡宗南似乎对孔令伟的情绪毫无反应，过了一会儿说，再往上爬爬？

"回家！"孔令伟说完，头也不回，一瘸一拐地向山下走去。

于是，由陈立夫牵线、孔家和胡宗南都做了精心准备的"联姻"还没开始就结束了。从此孔令伟再没有和任何男人正式谈过恋爱，更不要说结婚。

●**孔令伟这位在蒋公官邸中最有权势的人物，官邸上上下下都尊称她为"总经理"。而这位女总经理，经常都是西装革履，作男士打扮；而且不只是在官邸，她在外也是着男装，即使是在美国白宫作客，当时的罗斯福总统也直呼她为："BOY"。**

有些事情就是这么不可思议。孔令伟不男不女，很多人都讨厌回避，连她的亲生母亲宋蔼龄都嫌她三分；但她却得到宋美龄的宠爱。宋美龄性情优柔寡断，就觉孔令伟敢作敢为的性格特别可爱，似乎她个性中失去的东西在孔令伟身上得到了补偿，这也是她们宋家的荣耀。所以当孔令伟和胡宗南的"恋爱"失败以后，宋美龄就把孔令伟认做干女儿。

孔令伟的婚结不成，就决心学习武则天。她觉得女人要想成就大事，就必须抛弃儿女情长。所以，她当着宋蔼龄、宋美龄的面发誓终身不嫁，要在政治上有所作为。孔祥熙听说后，也不知道她到底想干什么，就让秘书陈延柞带带她。陈延柞对孔令伟百般迎奉，只要孔令伟张口，什么文件都拿给她看，什么事都说给她听。以致后来出现了这样的怪现象，中央银行、财政部的很多公文，都是先由孔令伟过目，然后再送到孔祥熙那里。孔令伟觉得这个文件要压一压，文件就送不到孔祥熙那里去。有的人发现了这个情况以后，就来拍孔令伟的马屁，想通过孔令伟打通和孔祥熙的关系。

孔令伟不仅管孔祥熙的事，还管蒋介石的事。有一次，参谋总长何应钦起草了一份关于军事编制装备的报告，准备交蒋介石。碰巧蒋介石不在，孔令伟在宋美龄那儿发现了，就拿回去看。几天后何应钦打电话问蒋介石，蒋说他根

左起：蒋介石、宋美龄、孔令伟

本没看到这份文件，问侍从也说不知道。何应钦才想起那天他送文件时看见了孔令伟，就打电话找孔令伟。原来文件就在她那儿，那天她看完后随手丢在卧室，后来又忘了。这份重要的文件在孔令伟那里被压了好几天，事后蒋介石也没有责备她。

还有一次，蒋介石的车队要从重庆码头乘轮渡过江。码头戒严，任何车辆不得入内，碰巧孔令伟也驾一辆车要过江。宪兵将她拦住，让她等下一趟，她大吵大闹，非要乘这一班船，宪兵不认识她，就要将她扭送警察局。她一见宪兵动手，勃然大怒，狠狠打了宪兵一个耳光，然后拔出枪说，要再拦她她就开枪。

这时蒋介石的车队到了，见了孔令伟在这里吵闹，也打起官腔训了几

227

句，但没做任何处罚。孔令伟打了宪兵，最后还是和蒋介石一块过了江。

1945 年，孔祥熙大势已去。宋美龄访美时，便带上孔祥熙的两个孩子，孔令侃任代表团秘书长，孔令伟任秘书。宋蔼龄、孔祥熙希望孔令侃、孔令伟能通过这次访问，打开在美国的局面，多结识美国的军政要人，为将来到美国定居打下基础。这兄妹二人也四处活动、八方串联，还真拉了不少关系，只是孔令伟到美国后又出了洋相。因为她爱着男装，有几次弄得美方接待人员不知所措。因为他们开始常分不清她是男是女，不知如何安排住处。

从美国回来后，孔令伟也学着孔令侃的样子，在上海开了一个公司，自任总经理，专门干投机倒把、套汇走私的勾当，大发国难财。后来，国民党在军事上节节败退，她看蒋家王朝也大势已去，就把资金和财产向美国转移。最后同她的父母一样，她也移居美国。但她和孔令仪、孔令侃、孔令杰不同，在美国待了一段时间后，就又返回台湾，一直跟随宋美龄身旁。

●孔令伟在这么多年里始终是孤身一人，没弄出任何可以让新闻界炒作的"桃色新闻"。她默默地做着宋美龄的干女儿、贴身管家，而且变得循规蹈矩，实在难以置信。

起初人们以为她消失了，孔氏家族的人也闭口不谈，一晃就是 20 多年。直到 1975 年，她搀着宋美龄出现在蒋介石的葬礼上，人们才发现她原来隐居在台湾。

一些好事的新闻记者开始打探她的个人生活，他们极想知道这位在抗战时期红极一时的孔二小姐是如何"隐姓埋名"、远离功名尘世 20 多年的。然而他们得到的结果，却索然无味。

蒋介石死后，蒋经国主持国民党的朝政，宋美龄为了避嫌移居美国。但这时孔令伟又爆出了一个大冷门——就像她隐居 20 多年让新闻界大吃一惊一样，这次她竟没跟她朝夕相处的干妈一块走，没去美国找她的兄弟姐妹，而是独自一人留在了台湾。1975年宋美龄定居美国后，孔令伟仍留在台湾，继续处理宋美龄当年建立的相关机构，如妇联会、圆山饭店、振兴医院、华兴学校等。后来，她当上了圆山大饭店的总经理。

据悉，圆山大饭店始建于1952年。为修建圆山大饭店，国民党成立了台湾敦睦联谊会，以便向当时的台湾省政府筹集资金及征用政府的专用地。创建时并非以营利为目的，而以经营国际水准的旅馆餐厅和附属事业、开发国际观光事业、招待国际贵宾、促进国民外交为宗旨。饭店巍峨高耸于圆山之腰，前临基隆河，后倚阳明山，东望松山，西瞰淡水。据佟静的《晚年宋美龄》中记载："据台北的'立法委员'调查，圆山饭店的设备和建筑都归宋美龄所有，但下面的地皮则是归当局所有。"可以推断，这个饭店最初的掌门人便是宋美龄。1972年8月蒋介石病重之后，宋美龄为集中精力照顾蒋介石，才把饭店的大权交给了她最信任的孔令伟。圆山饭店总资产达23亿元，其规模之巨在台湾屈指可数。它虽然没评星级，但装修之豪华，设备之现代，在台湾人眼中，就是真正的"国宾馆"。蒋介石在世时，就常在这里举办"国宴"，或招待外国使团。

后来的孔令伟已不再神秘，公开对外营业的饭店使她成为公众心目中的新闻人物。她也常常身着西装出现在饭店内。在年轻的台湾人看来，孔令伟根本不像他们听说的那么怪异、可怕。孔令伟像一个受过高等教育的职业妇女，在彬彬有礼、井井有条地管理着一座现代化的圆山大饭店。

人们渐渐将她遗忘了，将孔氏家族遗忘了。但历史似乎成心要和孔家过不去。1988年7月，在孔祥熙故去21年、宋蔼龄故去15年之后，孔令伟突然又成了社会关注的热点。

一家台湾报纸首先向公众披露，说孔令伟在圆山饭店藏匿了一批价值连城的故宫博物院的珍宝，并随时准备偷运出台湾。

消息传出，立刻在台湾各界引起轰动。这时的人们对"四大家族"早已失去了敬畏感，只是像欣赏古董一样谈论着当年的国民党元老。当他们听说孔令伟还有如此神奇的本领，竟能把国宝藏匿数十年而不露声色（这种贪污的技能恐怕是从她老爹那里继承的），皆愤怒至极。

台湾圆山饭店

民进党籍委员林纯子当即主动请缨，前去查办。8月中旬，林纯子带领一帮人马突然来到圆山大饭店。孔令伟不在饭店，经理徐润勋闻讯出来迎接。二人相遇，表面上虽然客套，心里却都打着鼓，有道是来者不善善者不来。林纯子是怀着提赃必胜的决心气宇轩昂，徐润勋则是胸有成竹不卑不亢。

林纯子在会客室只呆了几分钟，就直奔事先了解的可能藏宝的三楼一间屋子。进门一看，里面果然有很多只木箱摞在一起，林纯子一行顿时情绪高涨，认为赃物必藏此内。于是一边吆喝一边动手开箱，不料打开箱子后，里面全是些旧衣物，并无故宫珍宝，不禁失色。这时一旁的徐润勋不紧不慢地说："林兄是否还要到别处转转？"

林纯子本想抢一头功，为民进党在台湾民众中捞几张选票，不料竟当众难堪，只好以退为进了。

林纯子走后，徐润勋即打电话和孔令伟通报情况。话筒那边，孔令伟冷笑了几声，想那林纯子一个毛头小伙不知深浅，刚入道就想摆威风，哪有不栽的道理。要知道孔家自1927年正式进入政界，风风雨雨五六十年，什么场面没见过，什么人物没遇过。

林纯子"兵败"圆山饭店后，无人再找孔令伟的麻烦了。但在台湾民众中，这种传闻依然很多。有的说，早年蒋介石常在圆山饭店举行"国宴"，招待外国使团和各方宾客，宴会前往往要向客人赠送礼品，这些珍宝可能已被赠送一空；有人说，这批珍宝原是蒋介石兵败大陆时带来的，属宋美龄的私人财物，曾托孔令伟寄藏于圆山饭店，很可能早已被秘密转移；还有人说蒋经国掌权后，宋美龄移居美国，宝物一时不好运走，肯定还在饭店。但不论人们如何猜测，报纸如何分析，再也没人敢贸然前去检查了。于是，此事最终不了了之。

孔令伟住在台湾，过着几乎与世隔绝、深居简出的生活。1994 年 11月，孔令伟因直肠癌病逝于台湾，后葬于美国纽约上州西切斯特县哈茨代尔郊外的芬克里夫墓园的孔氏家族墓地。同年 11 月 16 日，葬礼于纽约举行。有媒体这样记载，在纽约市曼哈顿上东城著名的堪贝尔殡仪馆，"孔二小姐"孔令伟安详地躺在沉重硕大的铜棺里。银白色的铜棺，下半部缀满了花朵，上半部棺门打开，躺着一位中年贵妇，深蓝色的长袍，头发松松地向后梳，面部表情平静而安详，方形的脸显得很有福气，脸上完全没有皱纹，一点也不像 70 多岁。这和传说中达官贵人都怕三分、喜作男子打扮的"孔二小姐"，不像是同一个人，倒像是中国古时的女豪杰花木兰，在尘世征战之时作男子打扮，回老家之后便"还我女儿身"了。孔令伟的灵堂设于这家曾为很多著名人士办理后事的殡仪馆四楼，这一层楼有 3 间灵堂，孔二小姐所占的是梅迪森北厢房。乘电梯到四楼之后，经过宽敞的走廊，走到尽头便是灵堂，这一中型大小的灵堂四周摆满了花牌，而这些花牌上 90% 的下款都是英文，中文的花牌只有熊丸、王晶、警卫室等少数几面，而这些中文花牌上款都尊称孔令伟为"总经理"。

另据转述，追思礼拜开始时，宋美龄尚能自持；但到了牧师祈祷时，对孔令伟"视同己出"的宋美龄，一度失去控制，掩面哭泣。

四、孔祥熙的小儿子孔令杰和儿媳狄波拉·贝姬

●孔令杰曾在英国军官学校上学，一度在中国陆军大学读书受训。1949 年，蒋介石政府委任其为驻联合国和美国外交官，1950 年劝尼克松竞选参议员，后又支持尼克松竞选美国总统，孔家与尼克松关系甚密。1960年后，孔令杰弃官专营石油，成为旅美华人中之大亨。

孔令杰是孔祥熙和宋蔼龄夫妇最小的儿子，排行老末，1921 年 5 月 30

231

左起：孔令杰、孔令伟、宋美龄、孔令侃

日出生于上海，英文名Louis（？即路易斯）。年轻时曾到英国留学，后来一直过着类似"隐居"的生活，快30岁时才出任国民党政府的"外交官"。而那时，蒋介石已被中国人民解放军赶到了台湾岛。当时蒋氏在清算大陆失败之责时，方痛悔误信了当年对孔祥熙的中伤，致使他失去了理财专家。为此蒋介石也极想做出一些补偿，于是他的助手告诉说孔祥熙还有一个小儿子，长得英俊漂亮，人也聪明老实。因此蒋介石就任命孔令杰为外交部的一个司长，不久又派到德国。

孔令杰和孔令侃、孔令伟一样，对孔祥熙那种热衷于权力的愿望嗤之以鼻，所以最好的办法是自己当老板，自己给自己打工。

在国民党台湾当局的所谓外交圈子里，孔令杰做了10年官，也为蒋介石卖了10年命。同时也为自己后来的发展奠定了基础；待他认为已还清了蒋介石的情，就毅然弃官经商。当时，他瞄准了美国德克萨斯州那片广袤神奇的土地，那下面蕴藏着丰富的石油资源。他决心以洛克菲勒为榜样，白手起家成为举世瞩目的石油大亨。

靠着孔祥熙、宋蔼龄在经济上的资助和自己在外交界交的朋友，他在休斯敦组建了"西方石油开发公司"。趁多数美国人还没有反应过来的时候，在德克萨斯州用很便宜的价格购置了大片看似荒原的土地，自然也取得了那里的石油开发权。

这决定性的一步使孔令杰在美国一举成功，埋藏在地下的滚滚石油变成了滚滚而来的财富流进他的腰包，使他一下成为超过孔令侃、孔令伟的巨富。到了后来，连孔祥熙和宋蔼龄都不知道他到底有多少财产。

此后的一段时间里，孔令杰似乎又过起了与世隔绝的隐居生活。人们只是从报纸上发表的豆腐块似的消息中知道，1964 年 6 月 19 日孔令杰娶了好莱坞影星狄波拉·贝姬（Debra Pgaet）为妻。

狄波拉·贝姬（Debra Paget）

狄波拉·贝姬原名狄波拉丽·格瑞菲（Debralee Griffin），出生于 1933 年 8 月 19 日美国科罗拉多州丹佛市，身高 5 英尺 2 英寸即 1.57 米。在嫁给孔令杰之前有过两次短暂的婚姻，1958 年 1 月 14 日与 David Street 结婚，同年 4 月 10 日离婚；1960 年 3 月 28 日与 Budd Boetticher 结婚，第二年 8 月 24 日离婚。1964 年 6 月 19 日与 Louis C. Kung（即孔令杰）结婚，三次婚姻唯有一个孩子，也就是她与孔令杰的儿子孔德基。狄波拉·贝姬是 1948 年以《城市的哭泣》登上银幕的，她经常扮演富于异国情调的角色，曾出演过多部电影。

孔令杰和狄波拉婚后不久，便有了一个棕色头发、蓝眼睛的漂亮混血儿即孔德基。好景不长，1980 年孔令杰与狄波拉·贝姬离婚。人们还发现，在休斯敦最繁华的地区，一座现代化的建筑物拔地而起，后来才知道那是孔令杰出资建造的。这座建筑物后来成了孔令杰公司的本部，那里可以起落飞机。又有传闻说，孔令杰个人拥有的财产已达 10 亿美元。他拥有 4 架飞机，一辆装甲卡迪拉克车，一个专供他打猎的狩猎场，并雇有一队武装卫士。孔令杰在美国公众中，已成为一个神秘人物，这在信息发达、新闻界无孔不入的美国，是极为罕见的。

然而，没有不透风的墙。1985 年美国的一家杂志以《天下奇闻的详情与内幕》为题，向美国公众和海内外华人揭开了蒙在孔令杰头上的这层神秘面纱。

这篇报道中说，在德克萨斯州休斯敦郊区，一位神秘的人物修建了一座神秘的建筑。这位神秘人物就是孔令杰——已故的中国名人孔祥熙的最小儿子，蒋介石夫人宋美龄女士的外甥，现为美国石油业首屈一指的大亨。孔令杰修建的这座建筑，奢侈豪华、防范严密、坚固异常，是一座拥有地下城堡的巨厦。它不是那种一般美国人想象的古典式的城堡，而是用巨额投资兴建的、总价值为 1800 万美元、既能办公又能作为别墅的私人官邸。它的坚固程度可以抵御一切投弹的袭击，面积大到可以容纳 1100 人长期在里面生活……不知这位记者从哪里得来的材料，在这篇报道中，记者对"城堡"内的结构和设施也做了详尽的描写：

在这座建筑物内，有最现代化的中心空调和冷暖器设备；有能清洗和消除任何辐射污染的淋浴器；有供人们消遣娱乐的酒吧、迪厅、游泳池、健身房；有图书室、阅览室、储水池和可供近千人吃饭的餐厅，地下城堡内的门全是电动的，只要轻轻一按电钮，门窗就会自动打开、升降，宛若一个梦中的科幻城。

这座建筑周围约有 1500 英亩占地，全部用交流电的铁丝网包围着。建筑物的所有窗户，全由防弹玻璃制成，各个出口皆由荷枪实弹的警卫把守。在办公大楼以西，有一栋两层小楼。小楼的旁边，开凿了一个占地约 1 英亩大小的人工湖。在这座小楼附近，特别修建了两座小型宝塔，两座宝塔的底端，就是地下城堡的两个入口处。

本来，孔令杰耗费巨资修筑这座建筑是在极秘密的情况下进行的，新闻界一无所知。可是，由于孔令杰与承包这一巨大工程的负责人陶布森博士之间，因金钱问题出现纠纷，又因没有及时沟通形成僵局，两人成见越来越大，隔阂越来越深，最后终于变友为敌，双双走上法庭，控告对方，孔令杰秘密修建豪华建筑一事终于被披露出来。

说来有趣，孔令杰比陶布森大 26 岁，年龄可以做陶布森的父亲。可是在一次狩猎中，两人却一见如故，成为密友。

那年陶布森才 14 岁，可已经完全发育成熟了，像一个威风凛凛的男子汉。陶布森出身贫寒，没有机会受教育。14 岁时为了生计，在一家俱乐部的狩猎场里做一个侍童，专门为客人提供服务。孔令杰见陶布森长得很帅气，人也机灵，为客人服务周到热情，就对他产生了好感。因此便以长辈的身份邀请他一道狩猎一起用餐，并与陶布森的父母建立了友谊。

穷人的孩子早当家，陶布森虽然年幼，却颇有志向，决心用自己的奋斗来改变命运。他靠平时打工，积攒些钱缴纳学费，读完了小学到中学、大学的课程，并且学习成绩优异。大学毕业后，陶布森又读建筑设计的博士学位。在这期间，孔令杰虽然一直未同他见面，但两人的联系始终没中断，孔令杰一直关注着这个年轻人的学业和发展。

1980年，孔令杰59岁了。一次到网球场打网球时，和陶布森不期而遇。两人都十分兴奋，就找了个酒吧聊起来。这时陶布森正在德克萨斯州专门从事网球场的设计和建筑业务，并变得老道成熟。他告诉孔令杰，他刚刚和太太离婚，孤身一人，恰巧孔令杰前不久刚好也和那位前好莱坞影星分手了。于是两人更觉得这是缘分，大有相见恨晚之感。那一天，他们从上午一直聊到深夜。

不久，孔令杰在德克萨斯州创立了"游骑兵建筑公司"，并以该公司最大股东的身份，聘任陶布森担任公司总裁。除每年给他6万美金的年薪外，还分给他10%的公司股票做酬劳。这对陶布森来说，等于是天上掉馅饼，他苦苦奋斗都没能得到的东西却在一夜之间降临了。他因此窥探到了孔令杰的全部秘密，他的私欲和野心也由此而膨胀。他发现了一个他那个阶层原来所无法想象的奢侈豪华的世界。而那铺张和豪华的主人，竟是一个来自太平洋彼岸的黄皮肤黑眼睛的中国人；有人分析说，这也许是后来陶布森和孔令杰反目成仇的根本原因。

孔令杰为什么这么重用陶布森？这始终是一个谜。一般认为，孔令杰觉得陶布森出身低微，因此工作勤奋、能吃苦、忠于职守。而且一般说来，美国人比中国人要直率和简单。在处理人际关系时，一般不拐弯抹角兜圈子，要两面派，加上他们几十年的友谊。但这些说法都并不可靠，在金钱和利益面前，谁也不是君子。

"游骑兵建筑公司"的第一项工程，便是孔令杰的西方石油开发公司计划兴建的总部和那座神秘而又耗资巨大的办公楼加别墅。

陶布森在回忆文章中写道："我承认，当初我听了工程的规模与复杂的情况后，大吃一惊。因为这和我原来从事的修建一个普通的网球场大相

235

径庭。在这个庞大工程的蓝图中,几乎所有的建筑、附属建筑都要求绝对安全,要求超过普通的标准以上。我看不出这样做有什么必要,比如只有4层防弹玻璃窗的大楼,实际比6层还高。在这座大楼中,公司办公室在中间两层,底层是专供职员用餐的餐厅,第四层全部是孔令杰的私人住宅。房顶有人造花园,还有一片空地,可以停落4架直升飞机。

"孔令杰在休斯敦郊区设计修建的地下堡垒,甚至比德国的大独裁者希特勒在柏林的地下室,还要大。其特殊的设备,也比希特勒多得多。这座地下城堡的设计师,即是美国在加州设计MX飞弹发射窖(又为发射井)的设计师。城堡共分上下两层,总面积38000平方米,所有由钢筋水泥造的墙壁都有两尺多厚。地下的防空厅备有3套发电与紧急时期的供电设备。此外,在这座地下城堡中还有3套消防灭火与各种防毒系统的设备,有500到700个简单的床位,十几间豪华的双人卧室,男女厕所、盥洗室、急诊所、文娱康乐室,以及4间分别用钢栏隔开但却是四四方方的所谓拘留室。"

然而,就在这座坚固的地下城堡及办公楼即将完工的时候,孔令杰和陶布森突然闹翻了。1982年6月,也就是陶布森担任"游骑兵建筑公司"总裁两年之后,孔令杰和陶布森这对昔日的好友和忘年交,居然反目为仇,并且一直闹到对簿公堂。

关于这场官司实在没什么好说。陶布森是原告,孔令杰是被告。陶布森说孔令杰拖欠他一笔巨款不还,孔令杰说陶布森是欺诈,还说他玩忽职守、浪费公司财物、贪污等等。

两人的委托律师在法庭上唇枪舌剑,官司一直打了两年,最终不了了之。1984年10月,休斯敦地方法院以证据不足为由,驳回了陶布森对孔令杰的指控。但陶布森不服,声称要继续上诉。事实上他并没再上诉,而是就此罢手了。

陶布森和孔令杰的正式合作是从修筑这座"别墅"开始,他们的矛盾也是从这里开始的。出身贫寒的陶布森对孔令杰如此的奢华感到惊讶,他尤其不能理解一个公司的办公室为什么要修建得像导弹发射井那样坚固。

孔令杰自己也说不清，或许是蒋介石被共产党打败的痛苦记忆在潜意识中作祟，或许是当时美苏之间的对抗威胁世界，而令人担忧和恐惧。陶布森和孔令杰在观念上、阶级地位上的不同，引发了他们对许多事情的看法不同，认识不一致。另外，从孔令杰方面讲，他渐渐发现陶布森并不是一个忠实的"奴才"。他的个性、独立性太强，而且什么事都较真。再者，他的才气也并不像孔令杰原来想象的那样大，他设计、组织的施工破绽百出。当然，这只是人们的猜测和分析，因为孔令杰是最讨厌记者的，对任何采访他永远是一付冷冰冰的面孔，永远是那四个字："无可奉告"。

倒是陶布森利用这场官司大出风头，一时间成了休斯敦的新闻人物。

孔令杰欠了陶布森多少钱？更准确地说到底是谁欠了谁的？孔令杰把陶布森从一个不名一文的平头百姓一下子推到了一个大公司总裁的位子上，使陶布森拥有了过去他想都不敢想的权力，拥有了超过过去几倍的年薪。但孔令杰是否有权力解雇他，或者是降低他的年薪；抑或是他们发现彼此的矛盾并且准备私了，却没谈好条件？所有这些都扑朔迷离令人费解。

反正在陶布森宣布离开"游骑兵建筑公司"后不久，这个公司在一次董事会上宣布自行解散，名义上分给陶布森的 10% 的股票顷刻化为乌有。陶布森愤怒之下，要求孔令杰付给他应得的 10 万美金。孔令杰断然拒绝，并说公司因经营不善而破产，所有的股东都遭受了损失而无法补偿，为什么要单单付给你。

陶布森不信，他认为这是孔令杰玩弄的一个阴谋，因此再次向法院提出起诉，要求赔偿他 100 万美金的损失。陶布森的要求当然没有实现，从此两

芬克里夫墓园外景

237

人分道扬镳，陶布森也因此销声匿迹。

孔令杰晚年过着深居简出的生活，极少与外界来往。美国《德州月刊》杂志记者曾这样描写到：他是一个体型略胖的人，身高约 5.6 英尺，体重 185 磅，满头是略带灰丝的黑发。他虽已年逾花甲，但因为保养极好，看上去要比实际年龄低得多。他行迹诡秘，一切言行都非常谨慎而保守。他不愿为人所知，也不想跟外人打不必要的交道。他拒绝接受记者的采访。因此，人们只能从陶布森向休斯敦市地方法院控告他的公案中，获知一些这位休斯敦神秘市民的秘密。在美国，即使熟悉他的人，一般只知道他叫路易. C. 孔，却很少有人知道他就是孔令杰。而且，自从陶布森出走以后，关于孔令杰和他那座神秘别墅包括地下城堡及一切其他细节，就几乎成为永久的秘密，再也无人知晓了。

1996 年，孔令杰亦因癌症病逝于美国休斯顿，享年 75 岁，葬于美国纽约上州西切斯特县哈茨代尔郊外的芬克里夫墓园的孔氏家族墓地。

至于孔氏家族最后的子嗣，也就是孔祥熙唯一的孙子孔德基，因其出生成长于美国，从不公开露面，使得媒体很难发现他的踪迹。于是，孔氏家族唯一的后人的情况也成为一个谜。

第三编　陈果夫、陈立夫的后代

序幕　陈果夫与陈立夫

●陈果夫，名祖焘，字果夫，浙江吴兴东林镇人，陈其美的侄子。因陈其美曾经有恩于蒋介石，蒋对陈果夫一路提携。无论政治上还是经济上，陈果夫可谓一帆风顺，但在婚恋和家庭方面却艰辛曲折。

一直以来我们所熟知的"四大家族"中的陈果夫是用"陈其美的侄子"、"CC 系的创始人之一"、"中统的缔造者"等词汇来形容的。在跟随蒋介石的岁月里，他小心翼翼地做事，忠心耿耿地侍主，曾经担任过国民党的组织部部长、监察院副院长、中央政治学校教育长、江苏省省主席、中国农民银行董事长等要职。

陈果夫的婚姻生活很普通，没有令人留恋的花前月下，也没有感人的悲欢离合。

1914 年，陈果夫与湖州商界富豪朱五楼的女儿朱明结婚。此前陈果夫曾有过 3 次比较正式的相亲经历，终因一些世俗观念而夭折。第一次是在陈果夫十二三岁就读私塾时，他的老师沈若臣帮他物色了一个姑娘，陈家因为女方是穷家小户而拒绝。后来，当地一家姓赵的富户来说亲，对方是标准的美女，贤良淑德，无奈陈母认为赵家门风不好，结果也没答应。第三次的媒人是远在湖南的三叔陈其采，说湖南当地有一大户贺家求亲，郎才女貌，甚是般配。但陈果夫的母亲认为距离太远，分隔两省，还是没有同意。

后来，一位热心人将吴兴县荻港镇朱家的姑娘朱明介绍给了陈果夫的父母。由于门当户对，双方很快答应了这门婚事。朱明，1893 年出生，自幼性格直爽，活泼可爱。其父朱五楼是一位金融天才，纵横钱庄金融界，曾当选为上海会商处总董事长。1917 年，上海钱业会商处改组为上海钱业公会，朱五楼又当选为首任会长，并一直担任这个职务，一直到去世时为止。美中不足的是，朱家长期受到封建思想的束缚，朱明久困深闺之中，终年从事女红，没有读过书，是一位典型的传统女子。因而订婚时，陈果夫提出了两个条件：入校读书和放足。

对此，朱家满口答应，将朱明送进启明女校念书。很早就盼望入学念书的朱明，在进入学校后，尽情地在知识的海洋里畅游，成绩总是排在班上的前几名。22 岁时，已在学校读了 5 年的她才依依不舍地结束了学校生活，回到家中。由于长期在外求学，陈果夫一直未能与自己的未婚妻见上面，对于自己来说，她犹如雾中的女神一样，虚无缥缈。直到新婚时，两人才第一次见面。他们采用民国新订的结婚仪式，以完全崭新的形式隆重举行了结婚仪式。

婚后，他们的夫妻关系非常好。陈果夫生活正派，朱明也是一位好妻子，从不干涉陈果夫的政事，默默无闻地做自己该做的事情，也不像国民党其他高官夫人那样飞扬跋扈。此外，朱明非常贤德，有一事为例：1933 年陈果夫同父异母的小弟弟陈衍夫出生。陈衍夫 6 岁时他的亲生母亲去世了，这时身为嫂子的朱明担当起了抚养弟弟的任务。一直到陈衍夫大学毕业，都是由朱明在照顾。长嫂幼弟之间的感情，非寻常所能比。

然而，美满婚姻背后却也有着些许无奈和遗憾。由于早年陈果夫在参加汉阳战役中不幸染上肺结核病，经常咳血，缠身的疾病使得这对看似幸福的夫妇一

青年时代的陈果夫

241

生没能生育儿女。这一宿疾也造就了陈果夫夫妇患难与共、相濡以沫的恩爱夫妻形象。陈果夫的身体一直孱弱，经常卧病在床，朱明要为丈夫更换衣服和被褥，数十年如一日，而且从不让其他人插手。陈果夫经常称赞妻子朱明动作敏捷勤快，办事果断坚决，而且很有耐性，可见妻子朱明在丈夫心中的地位。

●到台湾后政治上失意，生活上捉襟见肘，当顽疾再次来袭时，在人生最后的岁月里，他由昔日的宠臣变为弃臣，潦倒而死。其人一生勤奋，又颇有文采，著述甚多。

1948 年，陈果夫在上海由于劳累过度，旧病复发，在医院里医治数月也没有痊愈，甚至肺膜从肋骨穿通。这时候，人民解放军转入全面反攻，国民党统治区内人心惶惶。陈果夫接受蒋介石指示，去台湾养病。陈果夫与妻子朱明到达台湾后在台中市找到住处安顿下来。不久，陈立夫全家也来了台湾，一同住在台中市。由于两家住在同一个城市，来往很多，经常在一起叙叙话，拉拉家常，日子过得也很充实。

然而，好景不长。1950 年，陈立夫携全家赴美，其后陈果夫的病情进一步恶化，家庭经济也发生了危机。治疗肺结核，需要巨额医疗费，陈既无财产，也没有以前的地位，医疗费都是靠朋友支持。

更糟糕的是，他的病情再度加剧，背后炎症流脓不止。这时的陈果夫非常潦倒，连治病的钱都拿不出。当时，"农民银行"看在老董事长的面子上，借给陈果夫一辆小车，用于治病。后来"农民银行"撤销，车还可以继续用，但汽油得自己解决。有车无油，也是枉然。陈果夫、陈立夫两兄弟虽被中国共产党宣传为民国四大家族之一，但始终未有二陈以公谋私敛财的证据。穷困潦倒的陈果夫还曾迫不得已放下架子，给当时台湾"交通银行"行长赵棣华写信借钱治病。

屋漏偏逢连夜雨，船迟又遇打头风。1950 年 7 月中旬，蒋介石下令免去陈果夫"中央财务委员会主任"职务，裁撤"中央合作金库"（任理事长)、"中国农民银行"（任董事长）办事机构，保留名义，从而一举削去CC系三大经济支柱。7月26日，蒋介石宣布"中央改造委员"和"中央评议委员"名单，陈果夫挂名为"中央评议委员"，仅仅是一个安慰而已，陈立夫则榜上无名。8月初蒋介石下令改组农业教育电影公司（任董事长），由蒋经国接办，削去了CC系的一大舆论阵地。就这样，陈果夫被蒋介石一撸到底，成为无职无权的光杆一人。

蒋介石虽然将陈果夫作为他的替罪羊打入冷宫，但念其多年的忠心，对他还是有一定感情的。蒋介石曾两次登门探病，询问陈果夫的身体状况，并建议用西医方法治疗。还批给陈果夫5000银元作为医疗费，另外又特批了一笔费用，作为陈果夫日常的生活补助。有了这笔钱，陈果夫才摆脱了经济危机。

1951年8月25日上午，陈果夫病势急转，体温骤然增高，口中发出呓语，到下午2时，进入昏迷状态，体温高达摄氏40.5度。医生匆匆赶到，进行紧急会诊后，便觉再无回天之力，延至4时52分，陈果夫溘然长逝，终年60岁。

多年后朱明回忆起陈果夫去世的事，很动情地说："当时他的脸蜡黄蜡黄的，人瘦成了一副骨头架子。临死的时候，他死死地抓住我的手不放，我想他肯定想说些什么，可是当我把耳朵俯在他嘴上时，好长时间，他却一句话也没说出来，直到死。"

8月26日，陈果夫的父亲，81岁高龄的陈其业专程从台中赶至台北护丧。儿子先他而去，陈其业的心情是可以想见的。特别是次子立夫，竟不能回台送兄一程，老父心中十分悲哀。蒋介石送来了亲笔写有"痛失元良"的挽额，并于26、27日两次到存放遗体的极乐殡仪馆吊唁。他望着陈果夫的遗体，脸上现出哀痛的神情，几度鞠躬，似乎要陈果夫的在天之灵对他予以原谅。其他一些国民党上层人物，即使是陈果夫的政敌，也跟着蒋介石来称赞陈果夫，说他是"标准党人，是北伐到迁台之前的中心人物"，"在党内确有其组织的天才和领导的高度智慧，非常人所能及"等。总之，一夕之间，陈果夫成了千古完人。

9 月 15 日，蒋介石亲自颁布了"褒扬令"，称陈果夫"资性弘毅，志行纯笃，缵承革命家风，效忠三民主义，越四十年如一日"。蒋介石还下令为其出版了《陈果夫先生全集》，收录了陈果夫一生所著的有关教育文化、政治经济、礼俗、生活回忆、医药卫生、杂著等 6 个方面的文章，近 200 万字，以表纪念。

此时，远在美国的陈立夫得知乃兄逝世的消息后，悲从中来，但他没得到蒋介石的许可，不敢贸然返台参加葬礼，只能独处异乡、洒泪遥祭。

陈果夫的墓地选在台北市郊观音山西云寺右侧一块山地上，那里环境优美，景色宜人，是十分理想的地方。但陈果夫喜欢他的家乡浙江吴兴，莫干山的娴雅多姿、太湖水的涟漪波涛，始终萦绕于他的心中。陈果夫曾经写过一首名为"故乡"的诗："我希望我的故乡，山河无恙；我希望我的故乡，人文发扬；我希望我的故乡，腥膻洗尽，从此无人敢侵占；我希望我的故乡，爱我如慈母，不让我漂泊他乡；我爱我的故乡，我永远不离开我的故乡。"诗行中，体现了他的爱国心，寄托了他的乡情。可他离开了深深眷念的家乡，只能抛骨异乡。1951 年 11 月 4 日，陈果夫灵柩在观音山墓地举行了安厝典礼，鼓乐声中，一代特务政治的始作俑者就此长眠。

朱明的健康状况远远好于陈果夫，但是也有胃病和咳嗽的老毛病。陈果夫撒手人寰后，妻子朱明强忍着悲恸，处理了丈夫的后事，并遵照陈果夫父亲陈其业的意思，以二弟陈立夫的长子陈泽安为嗣。陈果夫夫妇平常几乎没有积蓄，陈果夫去世后，家庭便没有了收入来源。

后来，朱明也得了肺病，刚开始，她自己还不相信，但后来不断咳嗽，甚至痰里带血，才去医院作检查。经 X 光透视，确诊为肺结核，跟陈果夫是同样的病。朱明跟陈果夫一起生活多年，深知这种病给人带来的痛苦。所以，很害怕，曾一连几日茶饭不思、夜不成寐。陈立夫夫妇知道此事后，赶来劝慰朱明，让她想开些，病情会好的。所幸有陈立夫夫妇昼夜守护，精心照料。

然而不久，朱明的病情恶化，由吐血到肺里化脓，跟陈果夫的病情晚期十分相似。她的身体一天天渐瘦，脸色变得蜡黄，四肢无力，呼吸微弱，已经病入膏肓。1974 年 4 月 5 日凌晨，朱明逝世。

●陈立夫在其百年的漫长生涯中，大半生纵横政海，曾历任蒋介石机要秘书、国民党秘书长、教育部长、立法院副院长等各项要职。如果说陈果夫的婚姻还带有旧式的色彩，那么陈立夫的婚姻则赶上了时代的潮流。

陈立夫的父亲陈其业，当年十分热心地方公益事业。而当时在湖州有声望、有地位的除了陈家，还有孙家孙蓉江。孙蓉江从事典当业，家中十分殷富，与陈其业一样，也热心公众事务。因此，乡里间有婚丧嫁娶等事，总是请他们两位作执事先生，家庭、邻里出现纠纷，人们也总是听他们一句话，便烟消火熄。

陈、孙二人在为地方办事过程中，相互信任，同心协力，处理了一个又一个难题，办成了一件又一件大事，二人

陈立夫

关系越来越好，成为莫逆之交。孙蓉江有一女儿叫孙禄卿，与陈立夫年龄相当，生得文文静静，知书达理，陈其业很喜欢这个侄女，便提出与孙蓉江结为儿女亲家。孙蓉江常在陈家走动，也很喜欢长得机灵清秀的陈立夫，于是满口答应。这样，陈立夫与孙禄卿的婚事在陈立夫 13 岁时由父母之命定了下来。孙禄卿为孙蓉江次女，生于 1900 年，与陈立夫同庚。孙禄卿从小喜欢画画，而且在绘画方面颇具天资，几岁时画的作品，就能抓住所画对象的特征，反映事物的内在美，一时为乡里称奇。孙蓉江对女儿的爱好不但不压制，而且为其创造条件，让女儿发展自己的特长。他曾带女儿去拜名画家王一亭先生为师，在王先生指导下，孙禄卿专攻山水画，取

得了很好的成绩。

陈立夫虽然知道孙禄卿其人，但也仅仅是在乡间亲友举行的婚宴上远远望见而已。他感觉这个女孩生得文静，颇有大家闺秀的气质，现在双方父母撮合，陈立夫也表示愿意，但双方一直没有晤面交谈。直到 1923 年夏天，陈立夫要到美国深造，才有机会与孙禄卿见面，此时，孙禄卿已考入上海美专学习。在一处名叫沈氏义庄的私家花园里，陈立夫与孙禄卿第一次见面。当时，两人都已 20 多岁，且读了大学，受到新思想的影响。然而，传统礼教的约束仍像一堵无形的墙，将两颗跳动的青春之心隔开，两人仅说了些礼节性的客气话而已。虽然如此，这次见面使两人都平添了对对方的深深爱意，"金风玉露一相逢，便胜却人间无数。"陈立夫在美国留学两年，二人便锦书相连，鱼雁不断。有时，孙禄卿给陈立夫写的信中，如觉意犹未尽，总要拿起墨笔，在素笺上勾上几笔，或是疏影横斜，或是晓莺残月，流露出淡淡的离愁。而陈立夫给孙禄卿的信，则是一手漂亮的书法，裹夹着一份真情。

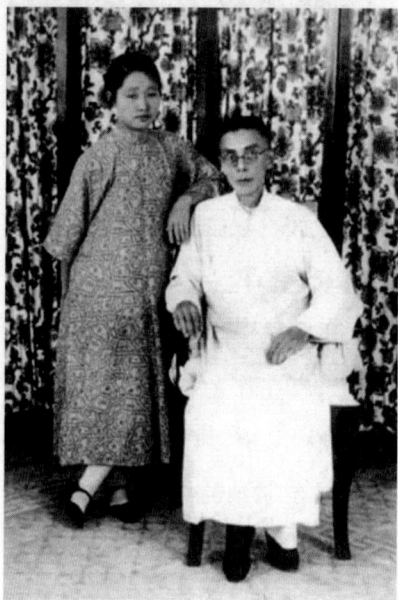
陈立夫与孙禄卿

1925 年，当陈立夫从美国回来，风度翩翩地出现在上海滩时，孙禄卿已从上海美专毕业，成为小有名气的青年女画家。一个是刚刚学成归国的青年学子，一个是多年苦练丹青的画坛新秀，真可谓工艺交辉，智慧双修。本来，当时便可喜结良缘，但陈立夫又到广州去投奔蒋介石，参与北伐战争，把婚期耽误下来。好事多磨，直到 1926 年冬，当北伐军占领江西全省、取得歼灭孙传芳主力的重大胜利后，陈立夫才脱下戎装，化装成商人模样，来到上海，与孙禄卿正式结婚。

有情人终成眷属，陈立夫与孙禄卿内心充满了无限幸福。婚礼上，孙禄卿一时动情，拿起笔来，泼墨作画。很快，一幅"桃柳蜜蜂图"出现在众人眼前。画上桃花盛开，柳叶吐翠，几只蜜蜂穿绕花间，在香馨的陶醉中辛勤采蜜。其意境与"风摇竹影有声画，雨打梅花无字诗"有着异曲同工之妙。这无字的诗、有声的画，赢得大家一阵喝彩。此情此景，使主持婚礼的陈果夫也十分激动。他走上前来，望着画沉思一下，便欣然命笔，为孙禄卿画题词："桃红柳绿含春意，从此相亲蜜蜜甜"。以此来祝贺弟弟与弟媳新婚幸福，白头偕老。弟媳作画，兄长题词，成为一时的佳话。

婚后，夫妻之间相亲相爱，并始终如一，白头偕老。陈立夫夫妇共育有三子一女。值得一提的是，二陈在私生活方面都十分严谨，既不寻花问柳，也不移情别恋，这在国民党高层官僚中是不多见的。而朱明与孙禄卿都能很好地操持家务，相夫教子，并从不干预丈夫的政务，默默无闻，这在国民党高层官僚家庭中也是不多见的。

●蒋经国当权，CC 系解体。陈立夫无奈赴美养鸡近二十载。晚年陈立夫潜心于研究中国文化，著述甚丰。身为学者引起华人学术界重视，并努力推进中医药的发展和国际认可，晚年竭力推动海峡两岸的交流。

1949 年 12 月，陈立夫随蒋介石逃到台湾。1950 年，惊魂甫定的蒋介石，迎来了在台湾的第一个新年。3 月 1 日，蒋介石重登"总统"宝座。

面对内外交困的严峻现实，蒋介石开始冷静思考在大陆失败的教训，决意不惜牺牲感情和颜面，彻底改造国民党。而"改造"的一个重要方面，就是削弱 CC 系的政治力量。蒋介石决意整肃 CC 系，出于三方面考虑。

首先，国民党内其他各派系已相继削弱、解体，不再具备争权夺利的实力，CC 系的利用价值已降低，而 CC 系仍具有实力，反倒成了蒋经国扩张势力的障碍。

其次，蒋介石深知，今后台湾的前途还须仰仗美国老板，而美国对 CC 系一向反感，并抨击蒋介石重用 CC 系。1948 年冬天，陈立夫带着大笔金钱到美国，为杜威竞选总统助威，谁料当选的竟是杜威的对手杜鲁门。这一次"押错宝"使杜鲁门对 CC 系和蒋介石一直怀恨在心。为了取悦美国，就必须牺牲二陈。

再则，蒋介石的"顾命大臣"陈诚，初来台湾便与 CC 系闹得不可开交。围绕"行政院"授权问题，陈诚控制的"行政院"与陈立夫把持的"立法院"的矛盾发展到白热化程度，以致陈诚勃然大怒，扬言马上辞职，"行政院"会议立即休会。陈诚还向蒋介石建议，把陈立夫和 CC 系骨干分子统统送到火烧岛上监禁，这在台湾政坛掀起轩然大波。为保持内部团结，蒋介石感到必须抑制 CC 系。此时，陈立夫知道自己大势已去，乃避居台中，并写信给蒋介石请求出国。

7 月 26 日，蒋介石宣布酝酿已久的国民党改造方案和"中央改造委员"人选，由陈诚、张其昀、张道藩、谷正纲、蒋经国等 16 人组成"中央改造委员会"。"中央执行委员会"、"中央监察委员会"撤销，改由 25 人组成的"中央评议委员会"代替。陈氏兄弟，陈立夫榜上无名，缠绵病榻的陈果夫挂名为评议委员，这对 CC 系不过是一种姿态而已。

夏日的台湾岛，天气异常闷热。国民党的高官显贵们正考虑到阿里山避暑，而曾决心与台湾共存亡的陈立夫，却默默地打点行装，准备离台出走。

陈立夫离台前最后一次在公众场合露面，为出席"中国工程师协会"的年会。临行前，蒋介石送陈立夫 5 万美元的程仪。在向宋美龄辞行时，宋美龄捧出一本《圣经》，对陈立夫说："你在政治上负过这么大的责任，现在一下子冷落下来，会感到很难适应。这里有本《圣经》，你带到美国去念念，会在心灵上得到不少慰藉的。"陈立夫的反应，大大出乎宋美龄的意料。他神情凄然地指着墙上挂的蒋介石肖像，声音低沉地说："夫人，活着的上帝都不信任我，我还希望得到耶稣的信任吗?"

8月4日，陈立夫以参加世界道德重整会议的名义，带着妻子和两个子女离开台湾，心情凄怆无比。

8月5日，国民党"改造"正式拉开序幕。"改造"进行得热火朝天之时，陈果夫却枯卧病榻，于1951年8月25日去世。陈氏兄弟一逐一亡，CC系这个曾经显赫20多年的国民党内最大派别如日落西山，树倒猢狲散。

国民党"改造"历时两年零三个月，最后成立的第七届"中央委员会"中，CC系唯有张道藩和谷正纲入选，而自陈立夫以下的近百名原CC系的第六届"中央常委"、"中央委员"、"中央候补委员"及"中央监察委员"纷纷落马。

离开台湾之后，陈立夫先到瑞士，稍事停留之后迁往美国，一家人在新泽西州湖林城外的来克坞镇定居。

靠银行贷款和朋友资助，陈立夫办了一个小型养鸡场。鸡场从老板到伙计只有陈立夫和夫人孙禄卿两人，最兴盛的时候，他们曾养了6500多只鸡。平日陈立夫的职责就是添加饲料、清扫粪便，陈夫人则负责捡鸡蛋、管理家务，老夫妇俩过着清苦恬淡的田园生活。养鸡不仅让陈立夫摆脱了经济上的困窘，还让他的精神得到了振奋。更令他高兴的是，因多年伏案工作而导致的背部肌肉劳损，竟因从事体力劳动而好了。陈立夫还在家中制作皮蛋、咸蛋、豆腐乳、粽子，为唐人街的中餐馆供货。闲下来的时间，陈立夫和夫人读书、写字、绘画，还担任了普林斯顿大学的客座教授，隔几天就去大学讲课，进入了无忧、无辱、常乐的人生境界。

一年后，得知其兄果夫的死讯时，陈立夫曾痛哭一场，但却不能回去参加葬礼，只能望洋哀悼。

1959年，陈立夫的老朋友蒋匀田去看他，刚进农庄，就看到陈立夫在捣鸡粪。陈夫人对蒋匀田说："现在总算不错了，我们已经买了部车子，以前到镇上买鸡饲料，都是他自己扛来扛去的。"

当蒋匀田提起往事时，陈立夫只是淡淡地说："已经失败了，还谈什么呢？"

陈夫人则在一旁插言道:"别看现在这样忙碌辛苦,我倒觉得这是人的生活。从前在南京,那哪里是人应有的生活呢?"

1961年2月,陈立夫92岁高龄的父亲陈其业病重,蒋介石批准陈立夫回台湾省亲。

24日下午,在绵绵细雨中,陈立夫搭乘的泰航班机抵达台北。当他走下飞机扶梯时,机场上已有上千名欢迎人员,副"总统"陈诚和蒋经国也伫立在雨中。

关于此行的目的,陈立夫未向记者发表谈话,只作一书面声明:此次返台,纯粹为探望病中的父亲陈其业,无任何政治意义。

抵台的第二天,陈立夫即前往蒋介石官邸,与蒋介石晤谈了一个多小时。蒋经国则亲自陪陈立夫往祭陈果夫,还到陈家探望陈其业。一个多月后,陈其业病逝。蒋介石夫妇亲往吊唁,蒋经国任治丧委员会副主任,2000多名国民党要员参加了葬礼。台湾一家报纸发表社论,要陈立夫"不要介于十几年前早已烟消云散的往事","再次报效国家"。但是,丧礼一办完,陈立夫就乘轮船离开了台湾,又静悄悄地回到农庄。返回美国后,陈氏夫妇立即又忙于割草、打扫,继续过恬淡宁静的田园生活。

1964年10月,农庄附近的森林起火,将陈立夫的鸡场烧毁。好在此时陈的两个儿子陈泽安、陈泽宁都已获得博士学位,并有了工作;两个女儿泽蓉、泽宠半工半读念大学,不需要家里负担。陈立夫可从两个儿子处得到一些接济,家里经济条件已有所好转。

鸡场被毁后,陈立夫和夫人就在家里做些家乡小吃,然后卖给华人开的餐厅挣些收入。陈夫人曾在艺专学过美术,偶尔也画几张国画卖钱,以贴补家用。

1964年11月,于右任在台北去世。陈立夫寄去一副挽联,其中一联是"同是清风余两袖",这便是他自己在海外艰苦岁月的真实写照。蒋介石闻读后,指令拨款资助陈立夫,但并没有表示让陈立夫返台。得到汇款的陈立夫,生计有了着落,于是开始计划写一部《四书道贯》,意在阐明孔孟之道与三民主义一脉相承的"道统"关系。

1966年10月，蒋介石80大寿时，陈立夫应邀回台祝寿，并以《四书道贯》第一册作为寿礼献给蒋介石，蒋介石亲自题写"四书一贯之道"六字，印于该书首页。在台湾的两个多月里，陈立夫应邀四处演讲，后因劳累过度而染上肝炎，即返回美国治病。

1967年6月，台湾当局成立了"中华文化复兴运动推进委员会"，蒋介石自兼会长，提名陈立夫为副会长。蒋介石还特派人赴美，邀陈立夫返台定居，并在台湾为其营造官邸。1969年，陈立夫偕夫人回台定居。

受招回台湾后，陈立夫多次婉拒蒋介石提出的政治职务，最后只接受蒋介石所授之"总统府资政"，襄助文化复兴运动。陈在大陆时已大力提倡中华文化，回台后更专注于文化上的工作，在蒋介石授命下于台中市"中国医药学院"担任董事长，将"中国医药学院"提升到现今的规模，并成立"中国医药学院"附属医院，尤其对中医的保存以及贡献功不可没。也就是说，返台后的陈立夫，除读书自娱，就是全力推动中医之学，不过问政治。

1988年7月7日至13日，中国国民党召开第十三次代表大会，会议通过了一项"现阶段大陆政策案"。这项提案及有关报告中，有一些具有积极意义的地方，如明确指出"中国只有一个，中国必须统一"，任何分裂国土的主张"都与民族大义所不容，国家法令所不允许"等等。这些主张对于缓和两岸关系、实现祖国和平统一是具有一定积极意义的。但是，从总体来看，国民党十三大制定的大陆政策仍是开放不足，保守有余。使台湾舆论、民众和一些国民党高级人士极为失望。

但就在国民党十三大的帷幕刚刚落下，7月14日第一次召开的"中评委"会议上，以陈立夫为首、包括蒋纬国在内的34位国民党"中央评议委员"，向国民党"中常会"提出一项"以中国文化统一中国，建立共信"提案。尽管提案中有不切实际之处，但也有一些很有价值的主张。如"以中国文化统一中国"，"谋求统一必先建立共信，有了共信，互信乃生，互信生，自会团结统一"，而"中华文化为建立共信的最佳条件"，"发挥和利用大陆和台湾各自的经济优势"，"共同成立国家实业计划推进委员会"，合作发展大陆经济，并且石破天惊地提出，在台湾1988年初累计的767亿美元的外汇存款中，拿出50至100亿美元，以向大陆提供长期低息贷款。这一系列主张，尤其是经济援助大陆的构想，使得台湾朝野震动，"立夫案"一时间成了热门话题。

原来，经济援助大陆的构想是陈立夫的儿侄辈赵耀东最先提出来的，陈立夫从中受到启发，立即兴致勃勃地拟定了一个3000多字的经援大陆方案，方案从中国文化的四维八德讲到海峡两岸共同成立"国家实业计划推进委员会"。在国民党十三大开会前夕，陈立夫亲自拿着方案，一一找人联署，在"中评委"会议期间，身边仍时时带着案文，逢人散发。

尽管"立夫案"最终没有被国民党当局采纳，但却表明了台湾与大陆和平统一为大势所趋，甚至一向被认为保守的国民党元老也开始寻找增进共识、促进和平统一的有效渠道。国民党十三大后不久，在一次会见台湾"中国统一联盟"代表时，陈立夫慷慨陈词，他认为，海峡两岸若通过合作而达到中国统一，中国必将壮大起来，在世界发挥无比的影响力。

后来他在自传《成败之鉴》中提到："我与赵耀东同志、连同中央评议委员32人，提案以中国文化建立两岸之共信，并以一百亿元与中共共同开始建设国父实业计划之一部分。藉以建立互信，进而达致两岸之和平统一，此案通过中央评议会议，此一构想有胜于三民主义统一中国之号召，中共方面有赵紫阳政之反应赞成，但吾政府方面，似怕中共之乏诚意，未有进行"，胎死腹中，殊为可惜。

1990年，陈立夫以募款所得成立财团法人立夫医药研究文教基金会，用以鼓励国内外从事中医药及文化学术高深之研究，在当时中医不被相信以及被打压的情况下极力推崇中医，因此有"中医保镖"的称号，对中华文化以及儒家思想也有极大贡献。虽返台后主动退出政坛，但因是国民党元老并对中华文化贡献许多，陈立夫仍非常受两岸政治人物、学者及中医界人士尊敬。

　　1992 年 9 月 29 日，陈立夫的夫人孙禄卿去世，享年 93 岁。夫人的逝世对陈立夫是个重大打击，但政治压力，丧失亲友的悲痛，都不能压垮这位老人。他依旧豁达大度，精神饱满，乐观微笑着干他自己的工作，继续自己的生活。

　　夕阳无限好，只是近黄昏。9 年后即 2001 年 2 月 8 日，新华社发布一份新闻通稿："陈立夫先生今晚在台中病逝，享年 101 岁。"就这样，献身国民党几十年、经历了沉浮宦海、看透了百态人生的一代国民党教父就此远离了喧嚣世界。

第一章　陈氏兄弟的第二代

一、陈果夫的"后代"
——陈泽宝、陈泽安、朱月琴

●从小体弱的陈果夫，因有肺病缠身，一生没有生儿育女，其名下的儿女陈泽宝、陈泽安皆为嗣子女。其中陈泽宝原为陈敬夫的亲生女儿。

1926 年 2 月，陈果夫的二妹陈敬夫生了一个女儿，过继给陈果夫，取名陈泽宝，后来和沈百先的儿子沈华祝结婚。沈华祝，1929 年生，字颂衢，是沈家同祖同宗的一个孩子过继给沈百先和陈顺夫夫妇的。1949 年沈华祝随父母去台，就读于台湾大学，学的是农业机械专业，后来去美国留学，在伊立诺州的州立大学获得机械工程博士学位，之后在伊立诺州的一个卡特比突柴油机公司担任工程师，并加入美国籍。

"卡柴"是美国最大的柴油机厂之一，上海柴油机厂曾经与其有订货关系。上海柴油机厂方面曾经派 4 个人去美国"卡柴"参观，当时就是沈华祝接待他们的。1989 年沈华祝退休后，应邀到上柴讲授柴油机的设计、功能、操作等学术问题，前后共两周时间。第一周讲完之后，沈华祝陪父亲沈百先、夫人陈泽宝到家乡湖州扫墓，当时沈百先已经是 95 岁的高龄了，坐轮椅参观故居，访问当年湖州故友健在的谭建丞、李承威等耆宿。

恰巧遇到湖州市政协、英士书画社在铁佛寺举办海峡两岸书画展，书画展上陈列着陈立夫、孙禄卿、沈百先、陈其美的儿媳温淑静等海外陈氏家族人的作品，让他们甚是激动。

第二周回上海讲学的时候，正值上海市内交通混乱阻塞，他坚持步行到工厂上课，深得上柴职工的敬重。有人曾经问沈华祝："你是陈果夫的女婿，为什么教学还这样下劲?"沈华祝真诚地回答说："我传授的是知识、技术，不是政治。"

他与陈泽宝有3个孩子，儿子沈国阳、沈国安，女儿沈国美，均在美国。

1999年10月，经过海峡两岸的共同努力，旅台陈氏家人将在台湾客逝的陈其业（陈果夫父亲）、陈其美夫人姚文英及其儿子陈惠夫、陈其采夫妇、陈果夫夫妇、沈积夫（沈百先之父）、沈百先等亲人的骨灰，送回湖州，在道场乡的灵安公墓购地安葬，这些新坟就是湖州的陈氏墓园（台北观音山有陈氏墓园）。

为了完成父亲陈果夫和母亲朱明的遗愿，陈泽宝夫妇在台湾桃园国际机场与刚在圆山大饭店度过百岁寿庆并专程送行的陈立夫挥别后，带着几代亲人的骨灰从台湾飞回大陆。

10月8日上午，一架香港起航的飞机在上海浦东国际机场降落。之后再束装就简，直驱灵安公墓。

这一次陈泽宝、沈华祝在旁人的帮助下，亲手将陈果夫和朱明的骨灰安放入土，这位曾经大半生把自己绑上蒋介石战车的，国民党元老重臣，终于魂归故里，安息长眠了。

陈果夫如果九泉有知，相信会心满意足了。

●陈氏兄弟之间相处得非常和睦，可谓兄友弟恭。为了使陈家的香火绵延不绝，陈立夫将他的大儿子陈泽安过继给陈果夫夫妇。

陈泽安，1928年出生。原为陈立夫的长子，由于陈果夫没有子嗣，被过继给陈果夫。1946年毕业于南开中学，长大成人后并没有子承父业，而是给自己找了一个喜欢的舞台。陈泽安从台湾大学园艺系毕业获得学士学位后，进入美国的威斯康辛大学农学院留学，攻读园艺专业水果学，获得硕士学位。他又在新罕姆息大学攻读植物病理学，获得博士学位。

学业完成后，陈泽安选择了三尺讲坛，教学育人。作为植物病理学的权威，陈泽安长期在美国新泽西州立大学罗格斯分校教书，曾任系主任多年。陈泽安在植物病理方面是知名专家，有很高的学术成就，曾经在美国的《科学杂志》上发表过 25 篇以上的学术论文，中国的一些专业期刊上也曾见到过他的研究成果。如《南京农业大学学报》1991 年 04 期中有一篇名为《枣疯病研究的进展》的文章，就是陈泽安与中国农业科学院植物保护研究所的陈子文以及南京农业大学土壤农业化学系的陈永萱合作完成的。

1983 年，他仅仅以两票之差，没有当选台湾的"中央研究院"院士。1984 年，陈泽安应南京农学院的邀请，来到大陆讲学。10 月 28 日，到浙江省柑橘研究所就柑橘病毒研究访问交流，并到浙江黄岩帮助农民种植橘子和提高橘子的质量，还顺道到湖州老家访问。只是当时的环境和他的身份比较特殊，那次行动是低调的，家乡很多人也不太清楚。随后，陈泽安又曾经 3 次到过湖州。

据报道，陈泽安来大陆讲学的时候，在陈立夫的要求下，回到老家湖州，拍了许多祖国大陆和家乡的照片。捧着这些如获珍宝的照片，陈立夫情绪异常激动，还将照片分类入册，一有空闲时间，就翻来看看。据知情人称，陈泽安曾亲自向当地政府提出陈果夫迁葬事宜，当地政府根据其请求向上提请，最后，中共中央统战部和中共中央台湾工作办公室（国务院台湾事务办公室）同意该项请求。

陈泽安的妻子张智真，毕业于美国的西顿荷大学，获得教育学硕士学位，曾经在家中教烹饪技术，从事家政培训。

●陈果夫与朱明有一个干女儿，名叫朱月琴。

陈果夫与妻子朱明在重庆时收留过一个使女，名字叫朱月琴，后来跟着陈果夫夫妇到了台湾。她为陈家做了多年的家务活,因此陈果夫对她很感激。朱月琴找男朋友的时候,请陈果夫帮忙找一位至少是科长一级的官儿,陈果夫意味深长地劝告她:"我看还是商界的人好,政界的人不可靠。"所以,朱月琴最后嫁给一位在台湾和美国两处开珠宝店的商人。朱月琴出嫁的时候,陈果夫和朱明夫妇还认她作干女儿,使男方觉得很有面子。现在朱月琴定居在美国。

二、陈立夫的子辈——陈泽宁、陈泽容、陈泽宠

●陈立夫与孙禄卿共生有三子一女,依年龄长幼排序分别为:长子陈泽安,次子陈泽宁,唯一的女儿陈泽容,三子陈泽宠。

由于长子陈泽安过继给了兄长陈果夫,次子陈泽宁便成了陈立夫的长子。

陈泽宁毕业于台湾大学,是研究工科的,后来又在麻省理工学院攻读机械工程专业,获得博士学位,毕业后在美国的英格沙兰德总公司工作。陈泽宁的妻子陈掬英是陈广沅的二女儿。陈广沅曾就读于南洋大学(即今西安交通大学),1923年9月曾被南洋大学学生会选为主

陈立夫全家福

席。陈广沅还曾在由美国"飞虎队"原创始人陈纳德创建的中美合资的民航空运大队任职董事会副总经理。毕业于加拿大奥托尔大学,获得硕士学

257

位之后，在一家公司担任研发，做计算机方面的工作。

陈泽容 16 岁时就赴美学习音乐，曾经在纽泽西州湖林城的一所名叫 GEORGLANCOURT 的私立学院读书，并获得美术学士学位，毕业后从事会计计算机工作，曾任职于鲁洲大学图书馆。她的丈夫俞润身，是俞鸿钧的侄子。

俞鸿钧于上海圣约翰大学毕业，国民政府高级官员、财经专家。抗战初期已担任上海市长，国民政府撤往重庆后调任外交部政务次长、中央信托局局长、财政部长。胜利后接任中央银行总裁，于动员戡乱时受命主持上海央行黄金储备运往台湾。国民政府迁台后复任"财政部长"兼任"央行"总裁与"交通银行"、"中国农民银行"、台湾银行董事长。1953 年出任台湾省政府主席，兼任台湾"后备司令部"司令。1954 年至 1958 年升任"行政院长"，因拒绝"监察院"约询案遭到弹劾。辞职后复任"中央银行"总裁，1960 年病逝台北，享年 64 岁。

其侄俞润身是宾州大学化学专业的博士，后来他又读工商管理专业，获得硕士学位，在波登公司担任研究部主任。在美国做了四十几年化工新产品的开发研究工作，取得了很大成就，拥有众多的产品专利。退休后，常去老人中心锻炼身体，并选些课程来读。2000 年 4 月，俞润身曾应上海化工厂之邀来沪讲学。

陈立夫的小儿子陈泽宠，毕业于美国普渡大学，获得航空工程专业的学士学位，又获得工业艺术和工商管理硕士学位。

毕业后，他在台湾做进出口贸易方面的生意。陈立夫的子女中留在台湾的，只有小儿子陈泽宠一家，其他人都在美国定居。他的妻子林颖曾，是林尹教授的女儿。林尹幼承家学，1925 年，16 岁即入北京大学国学系，从蕲春黄侃受业。1930 年，入北京大学研究所国学门，为研究生。毕业后先任河北大学教授，讲授声韵学；后任金陵女子大学教授；1935 年，任北平师范大学中文系教授。林尹擅长文字训诂，博通经史，兼及诸子，尤明音韵之理。林颖曾毕业于西班牙马德里大学，获得文学硕士学位，是台湾"外交部"专员及科长。

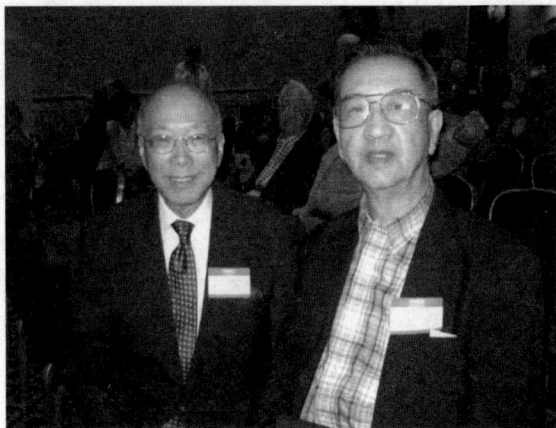
俞润身于拉斯维加参加原上海圣约翰大学校友会，左为俞润身，右为刘广恒

陈泽宠一家过着低调而平凡的生活，丈夫陈泽宠从不张扬，"总是等到他做到某个程度时，人家才发现他原来是陈家的儿子"。在陈泽宠的心目中，父亲陈立夫在为人处事上是一个很好的榜样。

1993年，林颖曾向"国有财产局"承购陈立夫宿舍后，遭到台湾银行以无权占有及必须拆屋还地起诉，经过14年缠讼后，法院判决她败诉。虽然林颖曾一再恳求，期望将陈立夫台北宿舍改成文物纪念馆，但陈立夫在台北市的故居还是被强行拆除，无奈的陈林颖曾只有在拆迁现场为故居拍照留影。即便如此，她仍希望通过"司法"途径继续她的抗争，她认为台湾银行送交法院的证据，至少有超过两份以上与"国有财产"和家属原始资料不同版本，"我们维护自己权益的行为跟一般公民相同，没想到政府出现伪造文书的嫌疑。在李登辉时代，他们都是用这种手法拿回了政府配给国民党后代的房子，民进党时期，这样的事情仍在延续，发生在我们身上的事情都有迹可循。"曾有人劝林颖曾放弃，但她显然并不准备这样做。

2001年4月15日，陈泽宠在台湾《中央日报》上发表了纪念陈立夫的文章《忆往述怀——追思我的父亲》，文章写道：

"从小到现在与父亲生活，学做事、做人，忆想起，备加思念。父亲最大的特色之一是不停地动脑筋。为任何事、任何人能服务的、能解决的，他一定乐于去做。做之前，想好大方向，便不怕困难去做，碰到困难，便想办法解决。这就是家人、朋友、亲戚等都认为父亲没有不能解决的问题。

"我9岁时，1950年蒋公（指蒋介石）要父亲带着我们匆忙去欧洲，再辗转到美国，在纽约度过两年四处搬迁的日子，最后选择在纽泽西养鸡，准备定居美国，以代表国民党改革派对国内政治的负责任。——当时我只11岁，父亲上了年纪，我又年少，每天养鸡，面对要扛每包重达100磅的饲料相当吃力，父亲便为我们想办法，设计出一个木造的饲料运输台，可以很轻松地移动饲料，没想到经美国饲料工人传播，而广为美国养鸡界采用。父亲给我的言教、身教，就是要学着解决问题做贡献，而且是利人、利己。

　　"父亲向来节俭，家中东西甚少丢弃，总是一修再修，只要是自家能做的，都不假外人。一个小秘密就是1958年姐姐结婚，母亲与父亲自二三月份开始自己做蛋糕、点心，一盘一盘累积冷冻起来，直到6月婚礼时才拿出来供应300多人宴客，这可说是时下冷冻食品的前身。由于父亲节俭的个性，在蒋公三请父亲于1969年返国，三四年后，奉命接办中国医药学院，并于创办医院的过程中，由于苦于经费短少，医院设计的3部电梯不因为没钱而减少，只是按设计上的3个设备，刻苦地先安装一部，可见是父亲之发挥克勤克俭的精神，方能建立起今日台中学校、北港分校及附设医院这样的基础与规模。

　　"父亲以身教、言教，让我明白了人不分贫富老少，都生而平等，使我一生处事、待人接物都能抱持谦恭的态度；而遇到挫折或不平、委屈，也都能尽量保持不生气，而且有相当信心的态度去面对，这种人格上的训练，使我一生受益无穷。陪伴父亲多年，父亲能长寿的秘诀是活到老，学到老，对任何新事物都感到新鲜好奇。父亲99岁时，我陪他经瑞士到德国参加'立夫国际中医学院'成立，他表示未到过北欧，我便再陪他往瑞典、挪威旅游，再到美国住一阵子才回台湾，99岁高龄还环游世界一圈，大家莫不惊奇、羡慕。

　　"父亲早年以政治事务而驰名，但他始终以矿冶工程师的精神对政府、党、文化、医学的需要及根本来开发与治理，忘却了自己有时危险的可能。他一生待过的单位、做过的事极多，对民族、国家、社会的贡献，更是有目共睹。对我们而言，这位有丰富人生、精华智慧、活过 3 个世纪的父亲，他是一位了不起的人瑞，了不起的父亲。记得多年前香港转达周恩来先生曾托人对父亲赞许说：'陈立夫是一位值得被尊敬的敌人。'因为他是一位爱国家、爱文化、爱民族的正直中国人。

"父亲常对我说，很多人做的事，以为别人会不知道，其实不对，无论任何事，不管好坏事，时间到了一定会被知道的，所以父亲最相信的就是良心。父亲的名言就是要做一位'顶天立地'的人。梁肃戎伯伯对父亲的赞称是'人间国宝'。做儿子的我，在这里谢谢！以后有机会再向亲朋好友讲述一些父亲的事迹，谢谢各位对家父之敬爱，谢谢！谢谢！

"父亲，我想念您！也舍不得您！

三子陈泽宠叩上"

从中可以看出，陈泽宠心中的父亲既平凡又伟大，为了继续弘扬中医文化，完成父亲的心愿，陈泽宠筹设了"立夫医药研究文教基金会"，陆续举办了"立夫中医药学术奖"，经常往来于海峡两岸，推广中医药结合知识，闻名业界。

然而，天有不测风云。2005 年 7 月，陈泽宠带妻儿到北京旅游，其间身感疼痛，8 月初住院体检并接受肿瘤切除手术，术后病情恶化，最后不治身亡。陈泽宠的突然辞世，给陈家一个重重的打击，一家人很长一段时间都沉浸在这个噩耗中，不能恢复。林颖曾说："我先生在我们家是全能的百科书，他本来想两年之后退休，现在却突然离去，事情发生得太突然，恍若一梦。"陈泽宠去世后，妻子林颖曾仍然为陈家的大事小事操心。其中就包括轰动一时的"紫砂壶事件"：

林颖曾代表陈立夫的子女，于 2005 年 8 月对北京中拍国际拍卖有限公司将拍卖 120 件"陈立夫旧藏紫砂壶"一事发表声明，称陈立夫一生从没有收藏过紫砂壶，关于"所拍紫砂壶系陈立夫当年所有"的说法纯属子虚乌有。

林颖曾向媒体展示了居住美国的陈立夫次子陈泽宁的亲笔信函，信中写道："泽宠弟、颖曾妹：近日读新闻之'陈立夫珍藏紫砂壶将在京拍卖'大感错愕。此事决非事实，有害父亲生前的清名。我们都知道父亲一生不是个有收藏嗜好的人，难得有几件有价值的艺术品，他一向都让母亲和我们兄弟们知道，我们既然都不知道这些紫砂壶，那就绝不可能是事实。兹请弟妹查清此次消息的来源，作充分的了解和适当处理，以免让此事有伤于父亲的清名。"

北京中拍国际拍卖公司于 2005 年 8 月 14 日以人民币 780 万元起拍"陈立夫旧藏紫砂壶" 120 件，但由于紫砂壶是否为陈立夫珍藏有争议，导致无人竞投而流拍。

第二章　陈氏兄弟的第三代

一、陈果夫的外孙女陈梅月
　　和孙子陈绍虞、陈绍舜

●在陈氏兄弟的第三代中，人们了解比较多的是陈泽宝的女儿陈梅月。陈梅月一生历经波折，充满传奇色彩。

1945 年 12 月，陈泽宝与沈华祝的女儿陈梅月来到了人世间，由于她出生时窗外的古城南京雪花飞舞。母亲陈泽宝便给女儿取名叫梅月，企盼着女儿能像傲雪的梅花一样清新高洁。

名门的后代往往都过着锦衣玉食的优越生活，陈梅月却饱尝了比常人更多的凄风苦雨。

尚未品尝到甘甜母爱的陈梅月，在出生后不久，就被送到一家孤儿院。只因她的母亲在进步思想影响下，一心追求自己的理想，而无暇自己的亲生骨肉。陈梅月在孤儿院里一直长到 5 岁。后来，父母双双去了美国，陈梅月被一位近亲的姨妈接到河南开封，跟外婆一起生活。

年幼的陈梅月在姨妈家过着寄人篱下的生活，名门望族的豪门风光无存，生活平凡而艰苦。有一天，陈梅月突然对外婆说她想读书，窘迫的生活状况无法让陈梅月像正常孩子一样走进学校，接受教育。外婆心想，上学是指望不上了，只有学唱戏不用学费。

1953 年，8 岁的陈梅月如愿进入郑州一家豫剧团，幼年的不幸和自身的天赋，让陈梅月在学校比别人多了一分努力，收获了一分成功。在河南，4 年的专业培养，陈梅月成为学校的佼佼者。

在陈梅月的人生字典中，没有气馁，只有坚持。1958 年，天津小百花豫剧团刚刚成立，来河南寻找新人，优异的陈梅月被选中了。在天津，陈梅月凭借学过的知识，加上自己的领悟，唱念做打样样精通，手眼身法生动周到。这一年她才 12 岁，于是被人称为"十二红"。只要是她的戏，就特别受欢迎，逢场爆满，座无虚席。

1963 年，一部《十三妹盗刀》更是将陈梅月推向巅峰，这是她艺术人生最为辉煌的一刻。这部戏由陈梅月领衔主演，受到党和国家领导人刘少奇、周恩来的热烈鼓掌。舞台上，刀马旦陈梅月将侠肝义胆、仗义救人的十三妹塑造得栩栩如生，"你就是一个活生生的十三妹！"这是周恩来对陈梅月演戏的充分肯定和殷切的鼓励。在当时，这不仅是陈梅月个人的辉煌，更是大时代下所需要的声音。

●计划赶不上变化，陈梅月正在享受大红大紫的演艺生涯时，一场史无前例的浩劫悄然而至，陈梅月和身边的人都没能脱身。

"文革"造反派们当然不会放过四大家族的后人，这位红遍大江南北的角儿陈梅月遭到了无情的批斗。

这突如其来的改变让她不知所措，自己遭罪也就算了，但不能连累那些无辜的孩子们啊！因为在此前，陈梅月先后收养了 20 多个孤儿，尽心尽职做好单亲妈妈。其中，有 3 位是曾经教自己画脸谱的刘师傅的儿女。她永远忘不了恩师临终前不舍无奈的眼神，看看孩子，又看看陈梅月，仍旧闭不上眼睛。那一年，陈梅月只有 21 岁，是女人一生最好的开始。陈梅月已经顾不上那么多了，为了让孩子们生活得好些，她用自己的手艺到处奔波，卖命赚钱。期间又陆续收养一批孩子，还有两个孤寡老人，达 17 姓之多。

虽然自己还是个没有谈恋爱的花季少女，面对恩师的嘱托和孩子们的眼神，陈梅月不断地告诉自己，一定要坚强，要勇敢。

2005 年，香港《镜报》月刊在报道中这样叙述的：有一次，在邢台火车站，陈梅月的目光无意间被两个"煤黑子"似的小乞丐牵扯住了，再也挪不开脚步。刺骨的寒风中，这对仍穿着单衣的小兄妹已冻得嘴唇青紫，手似冰棍。陈梅月走上前去，关切地询问起来。原来，由于种种原因，家中突遭变故，兄妹俩无家可归，只得乞讨为生。"走，可怜的小弟弟小妹妹，父母没了，大姐我就是你们的靠山！"她将其带到河南农村找了一户可靠的人家安顿下来，每月按时寄来生活费用。陈梅月觉得，不能让这些孩子再像自己一样，无依无靠。陈梅月下定决心，将他们抚养长大。

陈梅月拥有一腔菩萨心肠，1965 至 1985 年间，在自己生活并不宽裕的状况下，先后供养过两位孤寡老人和 23 个孩子，这些孤儿如今已全部读完大学，其中有 4 个获得硕士学位、7 个获得博士学位。

●陈梅月的一生可谓多姿多彩，充满传奇色彩。陈梅月在演出之余，还潜心钻研中国纸塑戏曲脸谱，竟画了上万个脸谱。因其技艺精湛，还曾一举夺魁，为中华传统艺术的发展再添靓丽一笔。

受其工作性质的影响，陈梅月不仅迷恋动态的戏曲，还喜欢上了静态的戏曲脸谱。她选材国史、文学名著，用绘画和纸塑脸谱制成长 28 米的长卷及项链、念珠、壁画、蜡染、扎染、木刻等。在她的作品中，充满着江湖味道，将忠奸善恶表现得淋漓尽致，而且技术精湛。她的脸谱独具风格，具有重量轻、耐摔抗碎、防虫蛀、宜保存等特点。

这门独特的纸塑脸谱工艺，随着时间的流逝逐渐成熟起来。

1986 年，陈梅月利用到美国探望母亲的机会，参加美国正在举办民间工艺大赛，并以精心制作的关公脸谱一举夺冠。

1993 年 4 月，河南省首届民间工艺博览会在古城开封举行。陈梅月的纸塑脸谱格外引人注目,受到了高度的评价。国家新闻出版署署长于友先先生亲自为此题词:"形神兼备,意蕴无穷,再现了舞台戏剧艺术的风采。"她的作品《对花枪》、《秦琼救驾》、《西厢记》等不断问世,在香港、新加坡、美国等国受到热烈的追捧,不少人都将她的作品购买收藏。

1995年,联合国教科文组织和中国民间文艺家协会授予她"民间工艺美术家"称号。被誉为中华纸塑戏曲脸谱第一人的陈梅月,其作品和传略被收入《中国国际名人录》、《中国当代民间艺术界名人总鉴》、《中国国际名人辞书》。

在实现个人价值的同时,陈梅月用自己的爱心感染别人,帮助别人。

1997年,为了庆祝香港回归,陈梅月设计了一条由上万个脸谱组成的巨龙。她回到家乡,准备同乡亲父老们一起献上这份贺礼。可没想到,家乡的兄弟姐妹们依然生活得很穷苦,有孩子不能上学的,有工人下岗的。她立刻意识到致富的重要性,于是开始办各种培训班,免费传授手工艺品的制作技术,教别人学习扎染,购买原料,依托自己的好人缘,拓展经销商,这些富有民族文化内涵的艺术品,市场发展潜力无限广大。

许多媒体争相对陈梅月的艺术成就和爱心行动进行报道,1995年中国新闻社为她拍摄的专题片在美国播出,受到更多人的喜爱。据《洛阳日报》报道,作为世界陈氏联谊会总会长,陈梅月对河南新安县的万山湖库区、千堂志斋等重点旅游资源进行了考察,认为新安县有良好的水资源和生态文化,是休闲度假的好地方。她希望通过自己的关系,积极联系海外陈氏家族企业家和相关人员,来新安县投资开发旅游产业。

晚年陈梅月

自改革开放以后,陈梅月不止

266

一次前往台湾探亲访问，每次她都把自己在河南生活的方方面面以及所取得的成就告诉亲人们，引起了他们的强烈反响。同时，她还利用作为书画家的身份经常和海外人士联系，以自己的亲身经历向他们讲述祖国所发生的巨大变化。

2004 年 12 月 27 日上午，陈梅月在河南郑州展示她代表全球 8000 万陈氏宗亲于日前给台湾陈水扁发出的专函。专函呼吁陈水扁以民族大义为重放弃"台独"主张，促进祖国的和平统一。她曾承诺："我绝不离开中国，我要为祖国的富强和统一继续贡献自己的力量。"

陈果夫有两个孙子即陈绍虞、陈绍舜。一个毕业于美国威斯康辛大学，一个毕业于美国新泽西州州立罗杰大学，具体情况外人所知甚少。

二、陈立夫孙辈代表陈绍诚

●在陈立夫众多的孙辈中，最受媒体关注的，恐怕当属陈泽宠的长子陈绍诚。近年来因出席许多时尚派对、电视节目，与蓝钧天、高以翔、丁春诚四人被台湾媒体封为"时尚界 F4"。

陈绍诚，英文名字 Victor，是陈立夫三子陈泽宠与林颖曾的长子。1979 年 2 月 19 出生于美国洛杉矶，在台北美国学校读完高中后就读于普渡大学和上海交通大学。在演艺界，陈绍诚与丁春城、高以翔、蓝钧天组成"时尚 F4"，时常出现在时尚、娱乐版面和综艺节目中，陈绍诚俨然成功走进娱乐圈。他拍过广告，和女明星传过绯闻。现为立夫医药研究文教基金会董事兼副执行长。

身为贵公子的陈绍诚外形帅气，常常混迹于夜店。鉴于家族的身份，外界对陈绍诚的期望值就会很高，也显得有些苛刻。虽然总有一些负面新闻报道缠身，陈绍诚坦言有自己的原则，不论在交朋友还是在玩乐上，做真实的人最重要。

2005 年，父亲陈泽宠意外手术失败过世后，为了把爷爷和爸爸的愿望继续传承下去，原本可以好好念书工作的陈绍诚，接手爷爷一手打拼的立夫医药研究文教基金会。他希望通过自己的努力，继续在中医文化方面做贡献，用新时代的声音致力于中医文化交流。

在慈善活动上，陈绍诚也总是会尽自己的能力。据媒体报道，面对 2008 年四川震灾，陈绍诚积极参加台湾法鼓山文教基金会在台北市举办的"重建希望——从四川震灾谈起座谈会"，并以实际行动协助爱心捐款，还亲自下厨招待参加捐款的爱心民众，陈绍诚觉得"年轻人不该置身事外，除捐钱外，应该要身体力行参与这类的活动"。

一、蒋介石世系简表

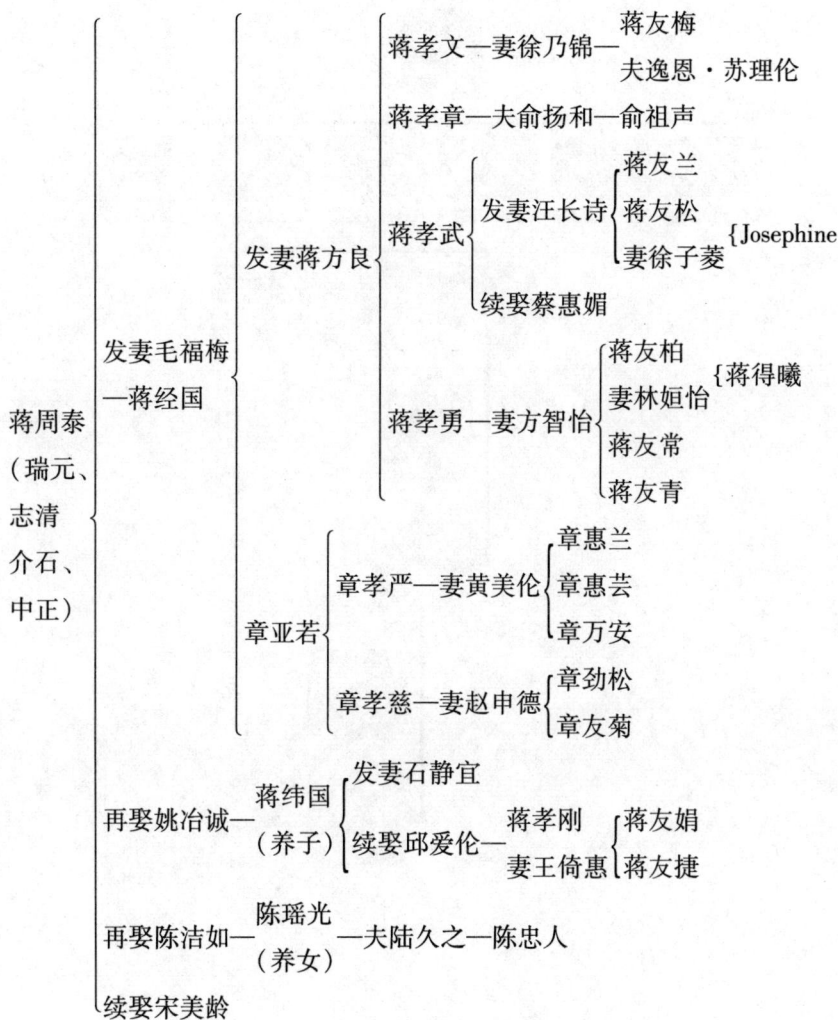

蒋周泰
（瑞元、
志清
介石、
中正）

　发妻毛福梅
　—蒋经国

　　发妻蒋方良

　　　蒋孝文—妻徐乃锦—
　　　　蒋友梅
　　　　夫逸恩·苏理伦

　　　蒋孝章—夫俞扬和—俞祖声

　　　蒋孝武
　　　　发妻汪长诗
　　　　　蒋友兰
　　　　　蒋友松
　　　　　妻徐子菱 {Josephine
　　　　续娶蔡惠媚

　　　蒋孝勇—妻方智怡
　　　　蒋友柏
　　　　妻林姮怡 {蒋得曦
　　　　蒋友常
　　　　蒋友青

　　章亚若

　　　章孝严—妻黄美伦
　　　　章惠兰
　　　　章惠芸
　　　　章万安

　　　章孝慈—妻赵申德
　　　　章劲松
　　　　章友菊

　再娶姚冶诚—
　蒋纬国
　（养子）
　　发妻石静宜
　　续娶邱爱伦—
　　　蒋孝刚
　　　妻王倚惠
　　　　蒋友娟
　　　　蒋友捷

　再娶陈洁如—
　陈瑶光
　（养女）
　—夫陆久之—陈忠人

　续娶宋美龄

269

二、宋子文的后代

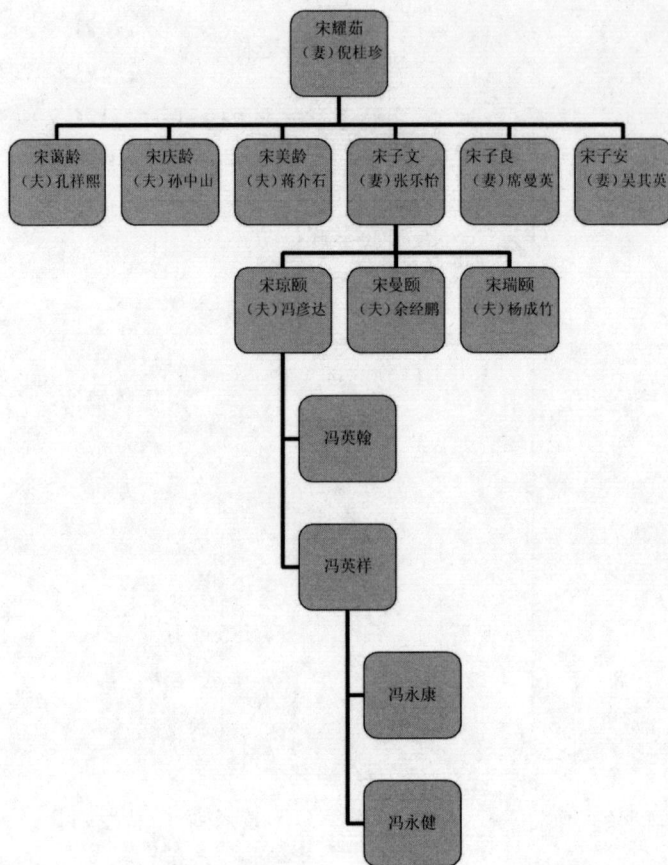

```
                        宋耀茹
                       (妻)倪桂珍
    ┌─────────┬─────────┬─────────┼─────────┬─────────┐
  宋蔼龄      宋庆龄      宋美龄      宋子文      宋子良      宋子安
 (夫)孔祥熙  (夫)孙中山  (夫)蒋介石 (妻)张乐怡 (妻)席曼英 (妻)吴其英
                              ┌─────────┼─────────┐
                            宋琼颐      宋曼颐      宋瑞颐
                          (夫)冯彦达  (夫)余经鹏  (夫)杨成竹
                              │
                            冯英翰
                              │
                            冯英祥
                              ├─────────
                            冯永康
                              │
                            冯永健
```

270

三、孔祥熙的后代

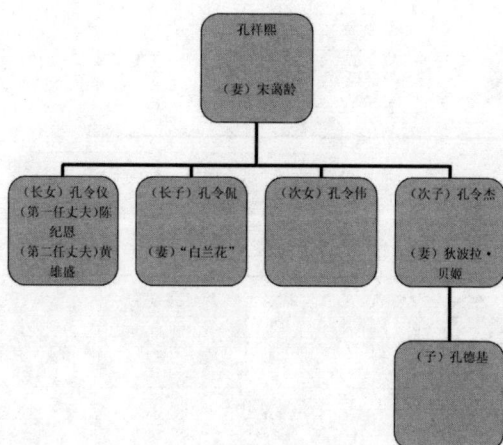

```
                    ┌─────────────┐
                    │   孔祥熙     │
                    │             │
                    │ (妻)宋蔼龄   │
                    └──────┬──────┘
     ┌───────────┬─────────┼─────────┬───────────┐
┌─────────┐ ┌─────────┐ ┌─────────┐ ┌─────────┐
│(长女)孔令仪│ │(长子)孔令侃│ │(次女)孔令伟│ │(次子)孔令杰│
│(第一任丈夫)陈│ │         │ │         │ │         │
│纪恩       │ │(妻)"白兰花"│ │         │ │(妻)狄波拉·│
│(第二任丈夫)黄│ │         │ │         │ │贝姬      │
│雄盛       │ │         │ │         │ │         │
└─────────┘ └─────────┘ └─────────┘ └────┬────┘
                                          │
                                     ┌─────────┐
                                     │(子)孔德基│
                                     │         │
                                     └─────────┘
```

271

四、陈氏兄弟的后代

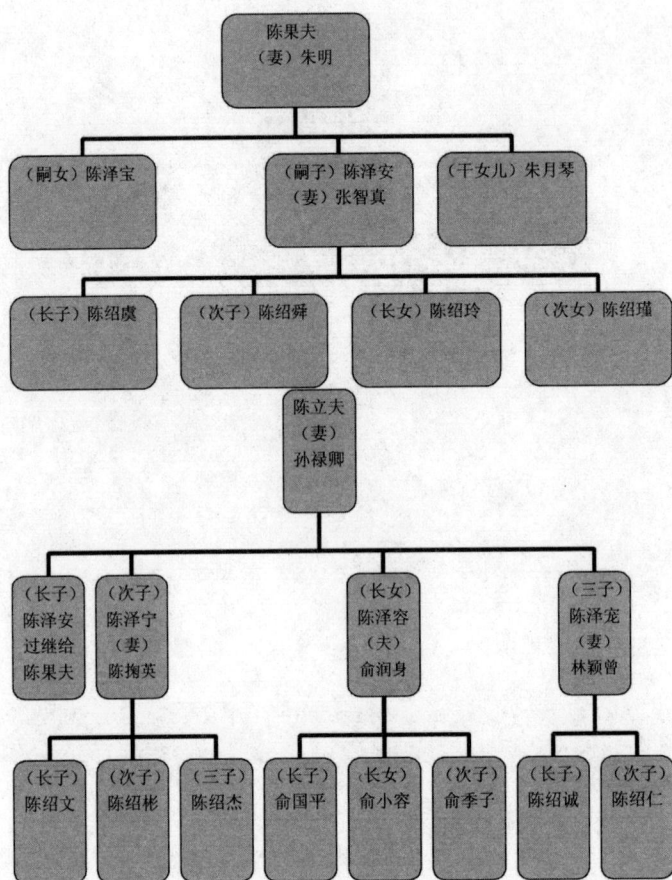

```
                        陈果夫
                       （妻）朱明

     （嗣女）陈泽宝      （嗣子）陈泽安      （干女儿）朱月琴
                       （妻）张智真

   （长子）陈绍虞   （次子）陈绍舜   （长女）陈绍玲   （次女）陈绍瑾

                        陈立夫
                       （妻）
                       孙禄卿

  （长子）     （次子）           （长女）           （三子）
  陈泽安      陈泽宁            陈泽容            陈泽宠
  过继给      （妻）            （夫）            （妻）
  陈果夫      陈掬英            俞润身            林颖曾

 （长子） （次子） （三子）   （长子） （长女） （次子）   （长子） （次子）
 陈绍文   陈绍彬   陈绍杰    俞国平   俞小容   俞季子    陈绍诚   陈绍仁
```